D1620372

Renate Kissel / Ulrich Triep

Zu Gast am Romantischen Rhein

Herzlichen Dank allen Restaurants, Gasthäusern, Cafés, Winzern und Freunden,
die uns mit zahlreichen Rezepten, Tipps und Hinweisen unterstützt haben.
Ein besonderer Dank auch an die Firma ARTCOM,
ohne die das Buch in dieser Form nicht möglich gewesen wäre.

Renate Kissel / Ulrich Triep

Zu Gast am Romantischen Rhein

Eine kulinarische Entdeckungsreise
von Bonn bis Mainz

mit Bildern von Andreas Bruchhäuser

Inhalt

Graues Licht

Eine Romantische Rheinreise

Der Mittelrhein, ein herrlicher Strom — inspirierend und prägend nicht nur für zahlreiche Dichter und Maler, sondern auch für jene Gastronomen und Winzer, die uns auf dieser kulinarischen Entdeckungsreise begleiten.

Welch reiche Geschichte — diese zahllosen Kulturen, die hier aufeinander stießen, die vielen Mythen, die hier entstanden, die vielen Völker, die sich hier mischten und noch heute zueinander finden, die zahllosen Tafelfreuden, die hier die Menschen glücklich machten und machen!

Eine unverzichtbare Aufgabe der Gastronomischen Akademie Deutschlands ist die Wahrung der Kochkunst und der Tafelkultur. Auch das vor Ihnen liegende schön gestaltete Buch erfüllt dieses Ziel auf eine unbeschwerte und sehr kompetente Weise. Es ist allen Interessierten eine gute Hilfe beim Suchen und Finden und wird dazu beitragen, die Geschichte und die Kulturen des Rheins zu vermitteln und erlebbar zu machen.

Lassen Sie uns zusammen die Pfade erkunden und dabei die Kultur des Essens, des Trinkens und der Tafel genießen!

Dabei wünschen wir Ihnen, verehrte Leser, viel Freude!

Friedwolf Liebold
Präsident der Gastronomischen Akademie Deutschlands

Wintergold am Rhein

200 Jahre Deutsche Rheinromantik

„Deutschland kulinarisch – Reisen durch Kunst, Kultur und Köstlichkeiten" heißt für Urlauber, unsere Regionen von ihrer appetitlichsten Seite kennen zu lernen. Ebenso wie Dialekte, Temperamente oder Baustile wechseln auch die Spezialitäten der Ess- und Trinkkultur von Region zu Region. Gerade die Rheinlandschaft ist für Gourmets, die gerne einen guten Tropfen genießen, zu empfehlen – sei es Bier oder Wein aus dem Rheingau und vom Mittelrhein. Der Rebensaft prägt auch die Küche entlang Deutschlands bekanntestem Strom. Charakteristische Gaumenfreuden sind unter anderen Weinsuppen, Spargelgerichte oder fein gewürzter Sauerbraten.

Im Themenjahr 2002 rückt die Deutsche Zentrale für Tourismus (DZT) den romantischen Rhein unter dem Titel „200 Jahre Deutsche Rheinromantik – Flusslandschaften in Deutschland" in den Mittelpunkt der Marketing-Aktivitäten. Die Popularität der Rheinlandschaft in den letzten zwei Jahrhunderten und der 200. Geburtstag des Loreley-Liedes sind dafür der Anlass. Nicht nur ursprüngliche Landschaften, steile Weinberge und historische Burgen machen den Mittelrhein so attraktiv, sondern auch moderne Zentren.

Das Buch „Zu Gast am romantischen Rhein" hilft dabei, den ganz eigenen Reiz der Rheinlandschaft kennen zu lernen, indem es Reiseziele und kulinarische Besonderheiten des romantischen Rheins gemeinsam vorstellt. Ich wünsche diesem Buch viel Erfolg und seinen Lesern viel Freude – sei es nun, dass sie sich das Ambiente des romantischen Rheins in die heimische Küche zaubern, sei es beim Reisen durch diese einzigartige Kulturlandschaft.

Ursula Schörcher
Vorstandsvorsitzende der Deutschen Zentrale für Tourismus e. V.

Weinberge im Sommerdunst

Burgen, Wein und Rheinlandschaften

Der Rhein ist mehr als Europas verkehrsreichste Wasserstraße. Der Rhein ist Abwechslung pur. Neben Schwerindustrie finden sich idyllische Landschaften, malerische Felsen – denken wir nur an die Loreley –, verträumte Dörfer mit Fachwerkhäusern und Kopfsteinpflaster, Romantik überall. Beliebtes Reiseziel für Touristen, die es genießen, für kurze Zeit auf die Vergangenheit zu treffen. So unterschiedlich wie seine Landschaften sind die Weine des Rheins. Egal ob rot oder weiß, süß oder trocken – jeder Wein wird seinen Liebhaber finden.

Schon seit vielen Jahrhunderten wird entlang des Rheins Wein angebaut; beliebt und bekannt sind beispielsweise jene von der so genannten Rheinfront. Hier, in der Region um Mainz, findet man die besten Lagen von Rheinhessen. Direkt gegenüber liegt der renommierte Rheingau, dessen Weine unter dem Namen „Hock" (benannt nach dem Ort Hochheim) in der ganzen Welt bekannt sind. Der Mittelrhein schließlich, berühmt für seine stolzen Burgen und verträumten Ortschaften, wird von Weinliebhabern wegen seiner ausgezeichneten Rieslinge geschätzt. Sie faszinieren durch „stahlig-frischen" Charakter. Eine neue Generation von Winzern überrascht hier, wie auch in den anderen Regionen des Rheins, mit innovativen Weinen.

Ich wünsche Ihnen viel Freude am kreativen Kombinieren und Ausprobieren rheinischer Köstlichkeiten.

Markus Del Monego
Internationaler Weinfachmann; Weltmeister der Sommeliers 1998

Goldener Rhein

Vater Rhein – Lebensader – Verkehrsader

Überall belebt durch die geschäftigen Ufer, immer neu durch die Windungen des Stroms, und bedeutend verziert durch die kühnen, am Abhange hervorragenden Bruchstücke alter Burgen scheint diese Gegend mehr ein in sich geschlossenes Gemälde und überlegtes Kunstwerk eines bildenden Geistes zu sein, als einer Hervorbringung des Zufalls zu gleichen.

So empfand Friedrich von Schlegel, als er 1802 auf seinem Weg von Jena nach Frankreich am Rhein Station machte und zwei Jahre später anlässlich einer erneuten Reise seine Eindrücke niederschrieb. Er war es auch, der in der Folge mit anderen Gleichgesinnten die Rheinromantik ins Leben rief.

Als die Natur den Rhein erschuf, hatte sie etwas Wüstes und Leeres im Sinn, der Mensch machte eine Straße daraus.

Auch der französische Schriftsteller Victor Hugo, der Anfang des 19. Jahrhunderts Europa bereiste, würdigte Deutschlands meistgepriesenen Fluss.

In Millionen von Jahren hatte sich der Rhein seinen Weg durch die aufsteigenden Platten des Schiefergebirges graben müssen, war durch den Taunus zeitweilig sogar von seiner Süd-Nord-Richtung abgelenkt worden, um sich nach der Bewältigung des so genannten Binger Lochs dann durch nichts mehr von seiner ursprünglichen Richtung abbringen zu lassen.

Als nach den prähistorisch-geologischen Vorarbeiten der Mensch in Erscheinung trat, fand er am Rheinstrom vergleichsweise günstige Lebensbedingungen. Ehe der Fluss zur Verkehrsader wurde, waren Menschen an seinen Ufern sesshaft geworden, hatten sich durch Brandrodung Nutzflächen geschaffen, auf denen sie alsbald Ackerbau und Viehzucht betrieben. Die ältesten Zeugnisse dieser Besiedlung weisen ins fünfte Jahrtausend v. Chr. und werden aufgrund der ornamentalen Gestaltung von Töpferwaren den so genannten Bandkeramikern zugeordnet. Zur Verkehrsader entwickelte sich der Rhein erst unter den Kelten und ungleich stärker unter den ihnen nachfolgenden Römern. Stromschnellen, Untiefen und Klippen machten den Rhein jedoch zu allem anderen als zu einem bequemen Fluss. Das Lied von der auf dem gefährlichen Felsen ihr goldenes Haar kämmenden Loreley hält das tragische Ende manchen unvorsichtigen Schiffers für immer fest. Übrigens erhielt der Fluss seinen Namen von griechischen Kaufleuten, die sich in Massalia, dem heutigen Marseille, angesiedelt hatten und bis weit nach Norden Handel trieben. Sie nannten ihn „rhenos". Als Cäsar 58 v. Chr. an den Rhein kam, berichtet er vom „rhenus", woraus sich im Laufe der Zeit der Name Rhein entwickelte. Vielleicht waren es jedoch die Kelten, auf die alles zurückzuführen ist: „rin" bedeutete für sie so viel wie fließen.

Seit die Römer Germanien besetzt hatten, nahm der Handel in Nord-Süd-Richtung ständig zu. Was lag da näher, als auch die Wasserwege zu nutzen. Zwar hatten die Römer, als Meister des Straßenbaus, Straßen durch unwegsames Gelände angelegt, doch der Transport von Massengütern wie Sand, Steinen für Kolossalbauten, Ton für Töpfereien, Erzen, Edelmetallen, Tuchen, Getreide und natürlich auch Wein war auf den Wasserstraßen bequemer und zudem zeitsparender. Die Hauptgefahrenstellen mussten allerdings über Landwege bewältigt werden. Noch bis weit ins Mittelalter wurden die Waren in Rüdesheim auf Wagen umgeladen und auf dem so genannten Kaufmannsweg durch den Niederwald bis Lorch transportiert. Das Binger Loch galt als zu großes Risiko.

Die Römer blieben fast 500 Jahre am Rhein. Der Strom wurde zur Grenze, und die Legionäre errichteten zum Schutz gegen die Völker im Osten Kastelle und Burgen, so zum Beispiel „Confluentes" und „Mogontiacum", aus denen sich später die Städte Koblenz und Mainz entwickelten. Der ungewollte Besatzungsstatus brachte den Menschen am Mittelrhein mehr Vor- als Nachteile. Dank der ausgezeichneten römischen Ingenieurkunst beim Bau von Straßen, Wasserleitungen sowie festen Steinhäusern, verbunden mit vielfältigem Organisationstalent, bildete sich am Rhein ein bis dahin nicht gekannter Wohlstand heraus. Vor allem im Weinanbau verdanken die Rheinländer den Römern nicht nur den Namen für das köstliche Getränk, sondern das entscheidende Wissen, das bis auf den heutigen Tag den Rheinwein weltweit berühmt gemacht hat. Zwar war wilder Wein schon vorher bekannt, doch wurden die kleinen sauren Trauben wie anderes Obst gesammelt und alsbald verzehrt.

Mit den Römern war auch das Christentum nach Norden gebracht worden und hatte sich inzwischen über Gallien bis an den Rhein ausgebreitet. Trier war sogar Residenz der römischen Kaiser. Als Konstantin der Große, der erste christliche Kaiser, 326 n. Chr. seine Residenz von Trier nach Byzanz, dem späteren Konstantinopel, verlegte, brachen für die linksrheinischen Gebiete unruhige Zeiten an. Franken, Alemannen und Hunnen fielen ein. Die Hunnen konnten jedoch 451 n. Chr. auf den Katalaunischen Feldern geschlagen und zum Rückzug gezwungen werden. In dieser Zeit ist der historische Kern des Nibelungenliedes zu suchen.

Damals setzten sich die Burgunder am Main und Mittelrhein fest. Zusätzlich drangen Franken als Siedler in das linksrheinische Gebiet ein. Die Wirren jener Zeit verdeutlicht ein Bericht des Mönches Hieronymus aus Gallien:

Alles Land zwischen Alpen, Pyrenäen, Ozean und Rhein haben Vandalen, Gepiden, Heruler, Sachsen, Burgunder, Alemannen und die Feinde aus Pannonien verwüstet. Die einst berühmte Stadt Mainz ist zerstört worden. In der Kirche dort wurden viele Tausende niedergemacht. Vor den Toren der Städte wütete das Schwert, drinnen der Hunger.

Der fränkisch-merowingische Einfluss setzt sich durch. Der Annahme des Christentums durch König Chlodwig folgten die Christianisierung der Franken und zugleich der politische wie geistige Aufschwung der Region; das Mittelalter beginnt. In den Kastellen links des Rheins von Bonn, Remagen, Andernach, Boppard über Bingen bis Mainz kommt kirchliches Leben zu neuer Blüte. Klöster – oft entstehen daraus Stifte und Domkapitel – entwickeln sich zu geistigen Zentren. Durch Schenkungen werden sie mit Besitztümern vornehmlich aus königlichem Gut ausgestattet. Unter dem Frankenkaiser Karl dem Großen kehrt mit der Eroberung Sachsens Ende des 8. Jahrhunderts auch auf der rechten Rheinseite bis zur Elbe hin Ruhe ein. Der Rhein mit seinen Nebenflüssen entwickelt sich zum Zentrum der Binnenschifffahrt, und die Städte werden zu Handelsknotenpunkten. Auch der Weinbau erfährt eine intensive Wiederbelebung. (Der bis heute erhalten gebliebene Brauch der Straußwirtschaften geht auf eine Verordnung Karls des Großen zurück.)

Aber die Einheit zwischen Ost und West ist nicht von Dauer. Im Vertrag von Verdun – die Vorverhandlungen finden in Koblenz in der St. Kastor-Kirche statt – erfolgt 843 die Teilung des Frankenreiches zwischen den Enkeln Karls des Großen. Lothar erhält die Kaiserwürde und Mittelfranken, Lotharingien genannt, bestehend aus Burgund, der Provence und Italien. Ludwig der Deutsche erhält Ostfranken – Deutschland und Karl der Kahle Westfranken – Frankreich. Die ursprüngliche Reichseinheit wird noch weiter geschwächt werden. In der Folgezeit wird sieben Kurfürsten das Recht der Königswahl übertragen, die jedoch zunehmend eigene Machtinteressen verfolgen. Von ursprünglich Rhens (früher: Rhense, bei Koblenz) wird der Wahlort später nach Frankfurt übertragen. Dort müssen die Könige ihren Treueeid leisten, ehe sie in Aachen gekrönt werden.

Könige brauchen Geld, oft sehr viel. Wer den Handel kontrollieren konnte, verfügte über gute Einnahmequellen. Überall und besonders am Rhein wurden Zollstätten errichtet. Sie wurden häufig an markanten Punkten wie Felsvorsprüngen als Festungen ausgebaut, so dass man sie weder umgehen noch erobern konnte. Trotzdem werden die zu ihrer Zeit für uneinnehmbar gehaltenen Burgen in späteren Kriegen, vor allem im Pfälzischen Erbfolgekrieg, von den französischen Truppen gesprengt. Seitdem mahnen sie als Ruinen.

Zeiten erneuten Friedens folgen. Dann die Unruhen der Französischen Revolution, in deren Folge sich Frankreich bis zum Rhein ausdehnt. Koblenz wird 1798 Hauptstadt des französischen Départements „Rhin et Moselle". Europa muss sich dem Willen Napoleons fügen, bis auch seiner Herrschaft im Zuge der Befreiungskriege unter Blücher 1814 ein Ende gesetzt wird. Allerdings muss sich der katholische Mittelrhein alsbald einer neuen Vorherrschaft unterordnen: Er wird Teil der preußischen, protestantisch dominierten Rheinprovinz.

Blaues Licht

Der Rhein
wird neu entdeckt

Im Gegensatz zu Gebirgen verbinden Flüsse die Menschen und Völker auf den getrennten Ufern miteinander. Der Rhein macht hier keine Ausnahme. Verbindendes Element war und ist der Handel. Viele Güter ließen sich am leichtesten auf dem Wasserweg befördern. So definierte sich die Bedeutung eines Flusses vor allem durch seine praktische Nutzbarkeit. Als dann Reisende, Dichter und Maler auch die Schönheit, vor allem des Mittelrheins, entdeckten und feierten, war dies die Geburtsstunde der Rheinromantik. Engländer, die Italien besucht hatten, wählten für die bequemere und schnellere Heimreise den Rhein und schwärmten von den Schönheiten der den Fluss einrahmenden Natur, den mittelalterlichen Burgen und den Städten, in denen sie Halt gemacht hatten. Natürlich machten sie dabei fröhliche Bekanntschaft mit den Menschen und ihrem Lebenselixier, dem immer schon fröhlich stimmenden Rheinwein. Was William Turner, Clarkson Stanfield und Adolf Lasinsky in romantischen Bildern festhielten, verewigte ein Lord Byron in seinem poetischen Reisebericht „Ritter Harold's Pilgerfahrt". Als Washington Irving 1822 den Rhein bereist hatte, übertrafen seine romantischen Schwärmereien die bisherigen Schilderungen der Europäer noch. Der Rhein wurde zu einem Idol, dem sich so bedeutende Geister wie Friedrich von Schlegel, Clemens Brentano, Achim von Arnim, Johann Wolfgang von Goethe und etliche andere nicht zu entziehen vermochten; sie alle fühlten sich unwiderstehlich zu Deutschlands bedeutendstem Fluss hingezogen.

Das Haus der Brentanos in Winkel im Rheingau wird für ein Jahrzehnt Treffpunkt rheinbegeisterter Romantiker. Geschichtliche Ereignisse, aber auch Mythen, Sagen und Legenden bieten oft die Grundlage für Gedankenausflüge.

Clemens Brentano:

Zu Bacharach am Rheine
Wohnt eine Zauberin,
Sie war so schön und feine
und riß viel Herzen hin.

Und brachte viel zu schanden
Der Männer rings umher,
Aus ihren Liebesbanden
War keine Rettung mehr.

Die weltweit bekannteste Sage von der "Lore Lay" erdachte sich Clemens Brentano für seinen Roman „Godwi" so glaubhaft, dass sie später immer wieder als Thema aufgegriffen wird, so zum Beispiel in Eichendorffs Roman „Ahnung und Gegenwart". Heinrich Heine verfasst das unsterbliche Gedicht, das Friedrich Silcher zu einer nicht minder melancholischen Begleitmelodie inspiriert:

Ich weiß nicht, was soll es bedeuten,
Daß ich so traurig bin;
Ein Märchen aus alten Zeiten,
Das kommt mir nicht mehr aus dem Sinn.

Die Luft ist kühl und es dunkelt,
Und ruhig fließt der Rhein,
Der Gipfel des Berges funkelt
Im Abendsonnenschein...

Ein Magnet
für Touristenströme

So viel Romantik konnte nicht ohne Folgen bleiben. Wenigstens einmal musste man den Rhein besucht haben. Dem kommt Anfang des 19. Jahrhunderts der Ausbau der Verkehrswege entgegen.

In den Jahren 1844 bis 1858 wird das Rheintal von der Eisenbahn erschlossen. Auch auf dem Wasser wird durch neue Techniken das Reisen schneller und angenehmer. Angetrieben durch eine Dampfmaschine von James Watt befährt ein Dampfboot 1817 erstmals den Rhein. Es kommt bis Koblenz, allerdings bei starker Strömung zeitweise unter Zuhilfenahme von Pferdegespannen. Wenige Jahre später nimmt die Preußisch-Rheinische-Dampfschiffahrtsgesellschaft den regelmäßigen Güter- und Personenverkehr zwischen Köln und Mainz auf. Aus ihr geht 1853 die Köln-Düsseldorfer-Rheindampfschiffahrtsgesellschaft „KD" hervor, deren Weiße Flotte heute Touristen den romantischen Rhein präsentiert. Als Attraktion verkehrt auch noch ein Oldtimer, die „Goethe", auf dem Rhein. Dieser 1913 gebaute Raddampfer wurde allerdings inzwischen von Kohle auf Ölfeuerung umgestellt. In seinen Salons finden etwa 1000 Gäste Platz. Eine Fahrt zwischen Koblenz und Rüdesheim wird so zu einem nostalgischen Erlebnis. Neben erlesenen Speisen sorgen dezente Musik und natürlich mehr oder weniger bekannte Rheinlieder für Unterhaltung und Stimmung. Dem Rheinwein wird dabei die Kraft zugesprochen, selbst kranke Herzen zu heilen.

Einmal am Rhein, und dann zu Zwei'n alleine sein,
einmal am Rhein beim Gläschen Wein, beim Mondenschein,
einmal am Rhein, du glaubst die ganze Welt ist dein,
es lacht der Mund zu jeder Stund,
das kranke Herz, es wird gesund,
komm', ich lade dich ein, einmal zum Rhein.

Text und Melodie von Willi Ostermann
(1876 bis 1936).

Morgenrot mit Festung Ehrenbreitstein

Die Dampfschiffe befördern bald pro Jahr bis zu einer Million Passagiere den Rhein hinauf und hinunter, wovon in den Anfangsjahren fast die Hälfte Engländer sind. Die Eisenbahnen tragen nicht minder zu diesem Touristenboom bei. Bereits seit 1847 besteht durchgehender Zubringerverkehr von Berlin an den Rhein und seit 1863 von Rotterdam entlang des Rheins bis zum Bodensee.

Es gibt viele Arten der Fortbewegung, um die Schönheiten des Rheins zu entdecken. Wer Transportmittel wie Schiff, Bahn oder Auto benutzt, sollte sich immer wieder Zeit zum Innehalten gönnen, in einem kleinen Weinort, dort die rheinisch-herzliche Gastfreundschaft genießen, und sich in der Betrachtung des majestätisch dahinfließenden Flusses Zeit zum Nachdenken über sich selbst nehmen oder etwa über die Aussage des griechischen Philosophen Heraklit: dass alles fließt!

Am nachhaltigsten wird den uralten Fluss mit den Zeugnissen seiner bewegten Geschichte und den zugleich unbegrenzten Möglichkeiten, Neues hervorzubringen, erleben, wer den Rhein erwandert. Bekannt sind die markierten Rheinhöhenwege, der Mittelrhein-Wein-Wanderweg oder der Rheingauer-Riesling-Pfad. Ein Kompromiss zwischen Wandern und Gefahrenwerden ist das Fahrrad. Ehemalige Lein- und Treidelpfade sind zu Radwegen geworden, und am letzten Sonntag im Juni stehen die beiden Bundesstraßen links und rechts des Rheins autofrei exklusiv den Radlern zur Verfügung.

Für Sportler besteht natürlich auch die Möglichkeit, sich in einem Paddelboot dem Fluss anzuvertrauen, gegen den Strom mit ihm seine Kräfte zu messen oder sich müßig von ihm davontragen zu lassen.

Einmal im Jahr steht der „Rhein in Flammen". Europas größtes regelmäßig wiederkehrendes Feuerwerk taucht dann Burgen, Schlösser, Festungen und alte Fachwerkhäuser in bengalisches Licht, ein Schauspiel besonderer Art, von dem sich auch ungezählte Touristen begeistern lassen. Wenn man die vielen lokalen Feste wie Wein- und Schützenfeste, Kirchweih und Karneval und anderes mehr einbezieht, gibt es am Rhein immer irgendwo etwas zu feiern, und alles trägt das Markenzeichen der rheinischen Fröhlichkeit.

Sonnenspiegelung mit Tanne

Rhein und Wein

Immer wieder spielte bei den bisherigen Schilderungen des Rheins der Wein eine Rolle und das zu Recht: Rhein und Wein sind nicht zu trennen. Der Weinanbau und die ihn begleitenden Feste prägen den Verlauf des ganzen Jahres. Es beginnt mit dem 25. Mai, dem Fest des Heiligen Urban, Schutzheiliger des Weinanbaus.

Wenn St. Urban lacht, müssen die Trauben weinen,
scheint die Sonne am Urbanstag, wächst guter Wein nach alter Sag',
und das Korn im Getreide;
wenn's aber regnet, ist nichts gesegnet.

Wenn im Herbst anlässlich der Weinlese die letzten Trauben in einer Rückentrage zum Ladefass gebracht und dann feierlich zum Kelterhaus gefahren werden, wartet dort als Lohn für die schwere Arbeit bereits ein üppiges Festmahl. Der reichlich servierte Wein lässt schnell die Mühsal der vergangenen Tage und Wochen vergessen. Jetzt muss gefeiert werden.

Die lokalen Wein- oder Winzerfeste haben lange Tradition. Galten und gelten sie zuerst der Stärkung der Dorfgemeinschaft, sind sie zugleich auch immer offen für Besucher, einerlei ob diese aus den ortsansässigen Familien stammen, die regelmäßig auch von weit her anreisen, oder ob man mit gleicher Herzlichkeit Touristen willkommen heißt. Dabei soll nicht verschwiegen werden, dass Touristen zugleich als potentielle Weinkäufer betrachtet werden. Immerhin brauchen sie nach einem mitgefeierten Fest die Katze nicht im Sack zu kaufen, sondern können genau die Weinsorten mit nach Hause nehmen, die ihnen ein paar unbeschwerte Stunden und hoffentlich am nächsten Tag einen katerfreien Kopf beschert hat.

Und jetzt noch etwas für Weinkenner beziehungsweise solche, die es noch werden möchten. Wenn am Mittelrhein über Jahrhunderte bevorzugt rote Trauben angebaut wurden, so wird dieses Gebiet im 18. Jahrhundert eine Domäne des weißen Rieslings, einer aus wilden Reben nachgezüchteten Rebsorte. Fruchtige Eleganz ist ihr Erkennungszeichen. Weicher, aber auch mit elegantem Bukett, ist der Müller-Thurgau, lieblicher der Silvaner und mild-aromatisch der Weißburgunder.

Das Rheintal gehört zu den wärmsten Gebieten Deutschlands. Nachdem man ihn zunächst nur im Tal angebaut hatte, fand man bald heraus, dass auf den Steillagen, möglichst in Südhanglage wegen der intensiveren Sonneneinstrahlung der Wein am besten gedeiht. Außerdem wirkt der Schieferboden wie ein Akku. Die gespeicherte Wärme wird in der kühleren Nacht wieder freigesetzt. Die Schiefer- und Grauwacken-Verwitterungsböden geben dem Wein ein edles Bukett und Aroma. Nördlich von Koblenz beeinflussen mehr vulkanisches Gestein, Bims- und Tuffböden den Wein. Er gibt sich hier etwas runder und gehaltvoller.

Auch der Rheingau von Lorch bis Hochheim ist klassisches Weinanbaugebiet. Dem edlen Riesling gehören davon mehr als 80 Prozent. Eine Besonderheit ist der Assmannshäuser Rote, ein Spätburgunder. Das Klima meint es mit dieser Region besonders gut. Der Rhein, der hier eine Breite von bis zu 1000 Metern erreicht, übernimmt die Rolle des Wärmespeichers. Zudem wirkt der Taunus wie ein Schutzschild gegen kalte Nordwinde. Lehm- und Tonböden im Uferbereich sowie die Schieferverwitterungsböden der höheren Lagen bilden die besten Voraussetzungen für rassige Weine.

Tages Arbeit, abends Gäste,
saure Wochen, frohe Feste.

Wenn zu einem guten Essen ein guter Tropfen gehört, so wird umgekehrt ein edler Tropfen durch das begleitende Essen nicht etwa profaniert, sondern gleichsam auf einen Thron gehoben; nur müssen Speise und Trank zueinander passen. Diese Harmonie herzustellen ist das ureigene Privileg der jeweiligen Regionen. So liefern Eifel, Hunsrück, Siebengebirge und Westerwald aus Feldern und Wäldern das "Rohmaterial" für die solideren Gerichte des täglichen Bedarfs oder die Spezialitäten raffinierter Kochkunst. Genießen Sie wie bei Muttern, aber nun in Restaurants, Rieslingsuppe, Rheinischen Sauerbraten mit Kartoffelklößen und Rotkohl oder Himmel und Erde, einen Kartoffelbrei mit Apfelmus und

Blutwurst, Krebbelcher oder Döppekuchen oder, oder, oder... Und wenn es dann einmal etwas ganz Besonderes sein soll – vielleicht mit jemand ganz Besonderem –, reservieren Sie sich im Gourmetrestaurant einer Burg den besonderen Zweiertisch mit Blick auf den im Abendsonnenschein funkelnden Berggipfel, und lassen Sie sich dann nur nicht von der blonden, ihr Haar kämmenden Loreley ablenken. Ich wünsche Ihnen einen romantischen Abend!

Rhein im Dämmerlicht

Collegium Albertinum in Bonn

Das Tor zum romantischen Mittelrhein

2000 Jahre Geschichte, 300 Jahre Karneval, 200 Jahre Universitätsstadt, faktisch 50 Jahre Bundeshauptstadt; 1990 ist Bonn zur Bundesstadt erklärt worden. Alle Epochen haben ihre Spuren hinterlassen und aus Bonn eine charmante Stadt gemacht. Im Norden der Stadt zwischen den Straßen Rosental und Rheindorfer Straße hat alles begonnen. Hier errichteten etwa 16 bis 12 v. Chr. die Römer ein Legionslager, wobei sie den Namen „Bonna" sehr wahrscheinlich von den Kelten, die in diesem Raum siedelten, übernahmen. An die Kelten erinnern interessante Ausgrabungsstücke, die im Rheinischen Landesmuseum liebevoll zusammengetragen wurden. Fränkischer Zeit entstammt in der Nähe des heutigen Münsters das Cassiusstift, das unter Probst Gerhard von Are im 12. Jahrhundert zu einem geistigen Zentrum erblühte. In dieser Zeit wird auch mit dem Bau des Münsters und der Stiftsgebäude begonnen. Das fünftürmige Münster, ein von frühgotischen Elementen durchsetzter spätromanischer Bau mit einem bemerkenswerten Kreuzgang ist allein schon eine Reise wert. Bonn wartet jedoch noch mit vielen anderen ehrwürdigen Sehenswürdigkeiten auf. Im 17. und 18. Jahrhundert beginnt unter dem Wittelsbacher Kurfürsten der Ausbau des kleinen Rheinstädtchens zu einer barocken Residenz. Es entsteht das Kurfürstliche Schloss, seit 1818 Universität, sowie das durch eine Prachtallee verbundene Poppelsdorfer Schloss Clemensruhe. Das alte Rathaus stammt aus der gleichen Zeit. Von seiner doppelseitigen Freitreppe haben namhafte Persönlichkeiten zu den Bürgern gesprochen – 1949 Theodor Heuss als erster Bundespräsident, 1962 Charles de Gaulle, 1963 John F. Kennedy und jedes Jahr der Karnevalsprinz. Dem Rathaus vorgelagert ist der Marktplatz, auf dem täglich Markt abgehalten wird. Zugleich laden die ihn umgebenden Terrassencafés ein, bei einer Tasse Kaffee das geschäftige Treiben geruhsam zu beobachten. Gleich nebenan liegt in der Bonngasse das Geburtshaus Ludwig van Beethovens, eines der schönen Bürgerhäuser aus kurfürstlicher Zeit. Dem bedeutendsten Sohn der Stadt wurde auf dem benachbarten Münsterplatz ein Denkmal gesetzt. Nicht weit von dort befindet sich der „Alte Friedhof", der mit seinen Grabdenkmälern und den darauf verzeichneten Namen an das geistige Leben im 18. und 19. Jahrhundert erinnert. So haben hier bekannte Persönlichkeiten ihre letzte Ruhestätte gefunden, wie der Literaturhistoriker A. W. von Schlegel; Ernst Moritz Arndt und seine Frau; Maria Magdalena von Beethoven, die Mutter des Komponisten; Charlotte von Schiller, Ehefrau des Dichterfürsten; Robert Schumann und seine Frau Clara Schumann; der Germanist Karl Simrock; die Freundin Richard Wagners, Mathilde Wesendonk, und viele andere mehr. Als Friedhofskapelle wurde Mitte des 19. Jahrhunderts die um 1230 erbaute romanische Kapelle aus Ramersdorf hierher versetzt. Sie ist die älteste Zeugin vergangener Zeit.

Noch älter und besonders sehenswert ist die romanische Doppelkirche im Stadtteil Schwarz-Rheindorf am rechtsrheinischen Ufer. 1151 eingeweiht, diente sie als Burgkapelle des Grafen Arnold von Wied, des späteren Erzbischofs von Köln. Sie birgt in der Unterkirche die bedeutendsten romanischen Fresken am Rhein.

In Richtung Bad Godesberg schließt sich südlich der Altstadt Bonn längs der Adenauer-Allee das ehemalige Regierungsviertel an: der „Lange Eugen", das Abgeordnetenhaus des Bundestages; das Bundeskanzleramt mit der bekannten Henry-Moore-Plastik „Large Two Forms" auf dem Vorplatz; Villa Hammerschmidt, Palais Schaumburg mit dem Adenauer-Denkmal von Hubertus von Pilgrim – noch bekannte Namen, die an Bonn als ehemalige Bundeshauptstadt erinnern.

1992 wurde im damaligen Regierungsviertel die „Museumsmeile" eröffnet. Das Museum Koenig zeigt anschaulich zoologische Exponate; das Haus der Geschichte führt die politische, wirtschaftliche und kulturelle Zeitgeschichte der alten und neuen Bundesländer vor Augen. Im Mittelpunkt des Städtischen Kunstmuseums Bonn steht der Rheinische Expressionismus. Die vom Wiener Architekten Gustav Peichl geschaffene Kunst- und Ausstellunghalle der Bundesrepublik Deutschland zeigt anspruchsvolle Wechselausstellungen.

Was ist von Bonn seit dem Regierungsumzug nach Berlin geblieben? Die Universitätsstadt mit etwa 40.000 Studenten, viele Museen und Theater, die Beethoven-Halle für Konzerte und Kongresse, wissenschaftliche Forschungsinstitute, wie das Zentrum der Wissenschaften CAESAR (Center for Advanced European Studies and Research), das Arithmeum, das CEF (Zentrum für

Konrad-Adenauer-Brücke im Abendgelb

Restaurant Le Petit Poisson
Rudolf Ludwig Reinarz
Wilhelmstraße 23a, 53111 Bonn
Tel. 02 28 / 63 38 83
Fax. 02 28 / 9 63 66 29

**Matjes im Crêpemantel
mit Meerrettich-Gurkenrahm**

**Roulade von der Ochsenlende
mit Pfifferlingen und Rübstiel**

**Mandel-Kirsch-Auflauf
mit Spätburgunderschaum**

Entwicklungsforschung), das CEI (Zentrum für Europäische Integrationsforschung) und etliche Unternehmen wie Telecom, HARIBO mit seinen bei Klein und Groß beliebten Bärchen, die Vereinigten Aluminiumwerke, um die bekanntesten zu nennen. Sie alle sorgen dafür, dass es in der ehemaligen Hauptstadt positiv weitergeht. Einen nicht unwesentlichen Anteil am städtischen Leben stellt der Fremdenverkehr mit fast einer Million Übernachtungen, davon etwa ein Drittel Ausländer, dar. Bietet Bonn doch einen günstigen Ausgangspunkt für die Entdeckungsfahrten entlang des Mittelrheins.

Wer einen anspruchsvollen Besichtigungstag mit einem anspruchsvollen Abendessen beschließen möchte, dem sei das von Rudolf Ludwig Reinarz elegant-nostalgisch eingerichtete Abendrestaurant *Le Petit Poisson* empfohlen. Es zählt zu den besten Fischrestaurants in und um Bonn. Für den, der sich nicht für ein Fischgericht entscheiden kann, bietet die feine Küche auch erlesene Fleischgerichte. Die große Auswahl an guten, auch älteren Weinen soll eigens erwähnt werden und kann mit dazu beitragen, dass Sie noch lange gern an Bonn zurückdenken.

Matjes im Crêpemantel

2 Tomaten, 1 Schalotte
4 vorbereitete Matjes
2 EL Senfmayonnaise
2 EL Schnittlauchröllchen
1 Salatgurke
1/8 Liter Sahne
Saft 1 Zitrone, Salz
1 EL geriebener Meerrettich

Für die Crêpes:
2 Eier, 200 ml Sahne
100 g Mehl, Salz

Butter, 1 EL Crème fraîche
*Zur Fertigstellung einige Kirschtomaten
und 1 EL Schnittlauchröllchen*

Die Tomaten überbrühen, häuten und würfeln. Die Schalotte abziehen und fein schneiden. Die Matjes würfeln. Alles mit Senfmayonnaise und Schnittlauch vorsichtig mischen.
Die Salatgurke schälen, entkernen und mit der Küchenmaschine in Streifen schneiden. Mit Sahne, Zitronensaft, Salz und Meerrettich vorsichtig vermischen.
Alle Zutaten für die Crêpes in der Küchenmaschine mixen und 1 Stunde ruhen lassen.
Die Butter in einer beschichteten Pfanne erhitzen und die Masse portionsweise bei mittlerer Hitze zu Crêpes backen.
Diese mit Crème fraîche einstreichen, mit Matjestatar füllen und einrollen. Die Crêperolle in drei Stücke teilen und mit Meerrettich-Gurkenrahm anrichten. Mit Kirschtomaten und Schnittlauchröllchen garniert servieren.

Roulade von der Ochsenlende
mit Pfifferlingen und Rübstiel

Zunächst die Füllung herstellen: Die Pfifferlinge putzen und klein schneiden. Die Schalotten abziehen und hacken. Das Weißbrot würfeln. Pfifferlinge, Schalotten- und Weißbrot in der Butter anbraten. Die heiße Sahne und das Ei unterrühren. Mit Salz, Pfeffer, Muskat und Petersilie würzen.

Die Mastochsenfilets in Frischhaltefolie dünn klopfen. Die Scheiben mit Senf und der Füllung einstreichen und fest in das Schweinenetz einrollen. Öl oder Butterschmalz in einer Pfanne erhitzen und die Rouladen von allen Seiten anbraten. Im Ofen etwa 15 Minuten weiterbraten.

Für die Burgunder-Schalottensauce die Schalotten abziehen und fein würfeln. Den Zucker karamellisieren lassen. Die Schalotten kurz darin glasieren und mit Rotwein und Portwein auf die Hälfte einkochen. Die kalte Butter in Würfeln einrühren. Mit Cayenne, Salz und Pfeffer abschmecken.

Die Pfifferlinge putzen. Die Schalotten und die Knoblauchzehe abziehen. Die Schalotten fein würfeln und die Knoblauchzehe zerdrücken. Die Pfifferlinge mit Schalotten und dem Knoblauch in Butter braten. Mit Salz, Pfeffer und Petersilie abschmecken.

Die Kartoffeln waschen, schälen und kochen. Den Rübstiel waschen und fein schneiden und mit der Butter im Topf andünsten. Die Kartoffeln fein zerstampfen und mit Rübstiel und Crème fraîche verrühren. Mit Salz, Pfeffer und Muskatnuss abschmecken.

Die Rouladen mit der Schalottensauce, Pfifferlingen und Rübstielmus anrichten.

Für die Füllung:
100 g Pfifferlinge
100 g Schalotten
100 g Weißbrot
50 g Butter
1/8 Liter Sahne, 1 Ei
Salz, Pfeffer, Muskat
1 EL gehackte Petersilie

4 Mastochsenfilets à 180 g
4 EL Senf
1 vorbereitetes Schweinenetz
Öl oder Butterschmalz

Für die Burgunder-Schalottensauce:
4 Schalotten, 2 EL Zucker
1/4 Liter Burgunder
1/4 Liter Portwein
100 g Butter, Cayennepfeffer
Salz, schwarzer Pfeffer

Für die Pfifferlinge:
400 g Pfifferlinge
50 g Schalotten
1 Knoblauchzehe
100 g Butter
1 EL gehackte Petersilie

200 g Kartoffeln, 500 g Rübstiel
50 g Butter, 2 EL Crème fraîche
abgeriebene Muskatnuss

Mandel-Kirsch-Auflauf mit Spätburgunderschaum

5 Eier, 100 g Butter
120 g gemahlene Mandeln
120 g Zucker
Schale von 1 abgeriebenen,
   unbehandelten Zitrone
150 g Biskuit
150 g Kirschen ohne Stein
vorzugsweise Sauerkirschen/
   Schattenmorellen
Butter und Zucker für die Förmchen

4 Eigelb, 60 g Orangenzucker
1/4 Liter Spätburgunder
40 ml Mandellikör

Die Eier trennen. Die Butter schaumig rühren, nach und nach die Eigelbe daruntermischen, ferner die Mandeln, den Zucker, die Zitronenschale und Biskuitwürfel. Das Eiweiß steif schlagen und mit den Kirschen unterziehen.
Auflaufförmchen buttern und mit Zucker ausstreuen. Die Masse einfüllen und im vorgeheizten Backofen bei 180°C 30 – 40 Minuten garen.
Eigelb und Orangenzucker im Wasserbad schlagen. Den Spätburgunder und den Mandellikör zufügen, bis eine homogene Masse entstanden ist. Herunternehmen und kurz weiterschlagen.
Zu dem Auflauf servieren.

Abendhimmel über dem Rhein

Bistro im Kaiser Karl Hotel
Inhaber F. Gerhardt, I. Lieback
Vorgebirgsstraße 50, 53119 Bonn
Tel. 02 28 / 69 69 67
Fax. 02 28 / 9 85 57 77

*Lachstatar mit kleinen Reibekuchen,
Salatgarnitur und Lachskaviar mit
leichter Senfsauce*

*Gebratenes Karpfenfilet auf
Sauerkraut mit Champagnersauce*

*Taubenbrust an Pumpernickelsauce
mit Wurzelgemüse und
Gratin von Kartoffeln*

*Quittenstrudel mit Honigsauce
und Maroneneis*

320 g Lachs
1 Schalotte
2 – 3 EL Olivenöl
4 TL Kapern
Salz, Pfeffer
1 – 2 EL Zitronensaft
einige Salatblätter
8 vorbereitete kleine Reibekuchen
4 TL Lachskaviar, Dill

Für die Senfsauce:
1 TL Senf, 1/8 Liter Sahne
Salz, Pfeffer
2 TL weißer Balsamico-Essig
3 EL Sonnenblumenöl

Nach einem Streifzug durch die Innenstadt gelangt man über den Berliner Platz und die Maxstraße recht bald zum *Bistro im Kaiser Karl Hotel*. Man glaubt, in die Belle Epoque zurückversetzt zu sein. Das Interieur aus Paris wurde mit viel Charme originalgetreu hier eingebaut. Alles harmoniert gut mit einer gehobenen Bistro-Küche des Küchenchefs Fabrice Gerhardt aus dem Elsass. Schön, dass es ein solches Restaurant gibt, in dem man bei kulinarischen Genüssen den Tag Revue passieren lassen kann.

Lachstatar mit kleinen Reibekuchen Salatgarnitur und Lachskaviar mit leichter Senfsauce

Den Lachs mit einem Messer klein hacken. Die Schalotte abziehen und fein würfeln. Lachs, Schalotte und Olivenöl vermischen. Mit Kapern, Salz, Pfeffer und Zitronensaft abschmecken.
Den Salat putzen und waschen. Lachstatar zu Nocken formen, lauwarme Reibekuchen anlegen, mit Lachskaviar garnieren, mit Dill dekorieren und den Salat gefällig dazulegen.
Eine Sauce aus Senf, Sahne, Salz, Pfeffer, Balsamico-Essig und Sonnenblumenöl mixen, in einer Sauciere anrichten und extra servieren.

Gebratenes Karpfenfilet auf Sauerkraut mit Champagnersauce

Das Sauerkraut wie gewohnt vorbereiten, wobei eine Speckschwarte und die Wacholderbeeren hinzugefügt werden.

Die Schalotten abziehen, fein hacken und in Butter anschwitzen, mit Champagner ablöschen, einkochen und den Fischfond zugeben. Nochmals einkochen lassen, mit etwas Beurre manié (Butter und Mehl zusammen verkneten) abbinden und mit Salz, Pfeffer und Crème fraîche abschmecken.

Das Fischfilet in geklärter Butter goldgelb braten.

Das Sauerkraut auf der Tellermitte anrichten, den Fisch darauflegen und mit der Sauce umgießen.

Dazu tournierte Kartoffeln servieren.

400 – 500 g Sauerkraut
1 Speckschwarte
6 Wacholderbeeren
2 Schalotten, 2 EL Butter
1/4 Liter Champagner
1/4 Liter Fischfond
wenig Butter und Mehl
Salz, Pfeffer
100 g Crème fraîche
4 Stück Karpfenfilet von je 180 g
60 g geklärte Butter

Taubenbrust an Pumpernickelsauce mit Wurzelgemüse und Gratin von Kartoffeln

Die Tauben in zwei Hälften auslösen. Mit Suppengemüse und Karkasse einen Fond herrichten, einkochen, leicht abbinden und abschmecken.

Die Karotten, den Sellerie und Kohlrabi à la Julienne (in Streifen) schneiden, in Butter knackig garen, ohne zu braten, und mit Salbei abschmecken.

Die Taubenhälften anbraten, die Fleischseite zuerst, und im Ofen rosa garen.

Den Pumpernickel mit eingekochtem Portwein einweichen, in die Sauce geben und mit etwas Honig noch mal 10 Minuten köcheln lassen. Mit dem Zauberstab glatt mixen und abschmecken.

Das Gemüse anrichten, das Fleisch dazulegen und mit der Sauce umgeben.

Dazu Kartoffelgratin servieren.

4 Tauben
Suppengemüse
und extra 2 Karotten,
*   1 Stück Sellerieknolle, 1 Kohlrabi*
Salz, Pfeffer
Salbei
Butter
2 Scheiben Pumpernickel
1/8 Liter Portwein
1/2 – 1 EL Honig

Quittenstrudel mit Honigsauce und Maroneneis

2 – 3 Quitten
50 g Rosinen
80 g Mandeln
1 – 2 Msp. Zimt
100 g Zucker, 3 – 4 EL Rum

Für den Strudelteig:
300 g Mehl und Mehl zum Ausrollen
1 Eigelb, 40 ml Öl
150 ml lauwarmes Wasser
Salz
Butter zum Bestreichen

Für die Honigsauce:
1/2 Liter Milch, 4 Eigelb
75 g Zucker, 2 EL Honig

200 ml Schlagsahne
Minzblätter
geröstete Mandeln
Puderzucker
Maroneneis

Die Quitten schälen, entkernen und in dünne Scheiben schneiden. Mit Rosinen, Mandeln, Zimt, Zucker und Rum für etwa 1 Stunde bei Zimmertemperatur einlegen.

Den Strudelteig aus Mehl, Eigelb, Öl, dem lauwarmen Wasser und Salz herstellen. Zu einem glatten Teig verarbeiten, zu einer Kugel formen und einölen. 1/2 Stunde ruhen lassen.

Ein Leinentuch mit Mehl bestäuben. Den Strudelteig ausrollen und dünn ausziehen. Die Füllung aufstreichen, die Ränder umschlagen und den Strudel aufrollen. Das geht sehr gut, wenn man das Tuch anhebt. Mit Butter bestreichen und auf ein gefettetes Backblech legen. In den auf 220° C vorgeheizten Backofen für 40 – 45 Minuten geben.

Währenddessen die Milch für die Honigsauce zum Kochen bringen, dann vom Herd nehmen. Eigelb und Zucker in einem Topf aufschlagen. Die kochende Milch und den Honig hineingeben. Bei mittlerer Temperatur zur Rose abziehen. Das bedeutet mit einem Holzlöffel rühren, so dass nichts ansetzen kann. Wenn sich die Sauce von alleine bindet vom Herd nehmen.

Die Teller mit einem Saucenspiegel bedecken, Schlagsahne, Minze und geröstete Mandeln als Dekoration verwenden.

Den Strudel mit Puderzucker bestäuben und kurz unter dem Salamander oder Ofengrill glasieren, auf der Sauce anrichten und Maroneneiskugeln dazulegen.

„n." steht für Aennchen

Im Süden Bonns schließt sich das reizvolle Bad Godesberg an. Seinen Namen verdankt es dem alles überragenden Godesberg mit der Ruine Godesburg. Dort befand sich eine Kultstätte der germanischen Ubier – Wuodenesberg, Wodansberg; sie hat dem Ort seinen Namen gegeben. Auf der Nordseite des Berges steht die im 17. Jahrhundert erbaute Michaelskapelle. Die Heilquelle Draitschbrunnen war schon den Römern bekannt, aber erst Ende des 18. Jahrhunderts entwickelte sich unter dem letzten Kölner Kurfürsten und Erzbischof ein regelrechter Kur- und Badebetrieb. Es entstanden herrliche Parkanlagen, Bade- und Gesellschaftshäuser. Das klassizistische Kurhaus „Redoute" dient heute vielfältigen Veranstaltungen.

Nach einem ausgedehnten Bummel empfiehlt sich der Besuch des historischen Gasthauses *Zur Lindenwirtin „Aennchen"* unterhalb der Godesburg. „Wißt ihr, wer die Wirtin war?" Anna Schumacher, die sich, 1860 geboren, schon als junge Lindenwirtin einen Namen machte. Sie war weltweit bekannt und so beliebt, dass sie 1902 sogar die Postkarte eines Offiziers der kaiserlichen Marine aus China erreichte, obwohl diese nur mit einem kleinen „n. Deutschland" adressiert war. In Aennchens Gasträumen fühlten sich vor allem die Studenten wohl. Ihr widmeten sie das 1878 ins Kommersbuch aufgenommene Lied „Keinen Tropfen im Becher mehr" und darin speziell die 7. Strophe:

Zur Lindenwirtin „Aennchen"
Hans Hofer
Aennchenplatz 2,
53173 Bonn-Bad Godesberg
Tel. 02 28 / 31 20 51
Fax. 02 28 / 31 20 61

*Wißt ihr, wer die Wirtin war,
Schwarz das Auge, schwarz das Haar?
Aennchen war's die Feine,
Wißt ihr, wo die Linde stand,
Jedem Burschen wohlbekannt?
Zu Godesberg am Rheine.*

Der Geist der Lindenwirtin ist geblieben. Im *Aennchen* lässt es sich immer noch vortrefflich speisen. Der Inhaber Hans Hofer bietet im nostalgisch romantischen Ambiente seines Restaurants eine bürgerliche bis feine Küche mit erlesenen Weinen vom Rhein und aus vielen internationalen Weinregionen.

Eifeler Lammrücken mit Bärlauch und Birgeler Mühlensenf

Den Lammrücken von Fett und Haut befreien, waschen, abtrocknen, mit Salz und Pfeffer bestreuen. Die Knoblauchzehen abziehen, das Fleisch damit spicken. Die Tomaten waschen und in Stücke schneiden. Die Zwiebeln schälen und achteln. Einen Bratentopf mit Speiseöl ausfetten. Die Hälfte der Rosmarinnadeln hineingeben, das Fleisch darauf legen, Tomaten und Zwiebelstücke hinzufügen, mit den restlichen Rosmarinnadeln bestreuen. Den Bratentopf auf dem Rost in den auf 180 – 200°C vorgeheizten Backofen schieben. Sobald der Bratensatz bräunt, etwa $1/8$ Liter heißes Wasser hinzufügen. Den Lammrücken ab und zu mit dem Bratensatz begießen, verdampfte Flüssigkeit ersetzen.
Nach etwa 1 $1/4$ Stunden Bratzeit die gehackten Rosmarinnadeln, den gehackten Bärlauch sowie den Senf verrühren und auf das Fleisch streichen. Das Toastbrot in kleine Würfel schneiden, auf die Kräutermasse geben, etwas fest drücken und 15 Minuten weiterbraten lassen.
Den Bratensatz mit dem Gemüse durch ein Sieb streichen, mit Salz und Pfeffer abschmecken und zu dem Fleisch reichen.

1 $3/4$ – 2 kg Lammrücken
Salz, Pfeffer
2 Knoblauchzehen
3 Tomaten
2 Zwiebeln
3 EL Speiseöl
3 EL Rosmarinnadeln und
1 EL gehackte Rosmarinnadeln
2-3 EL Bärlauch
2 EL Mühlensenf
2-3 Scheiben Toastbrot

Hofer's Lieblingsdessert Nusskuchen

Eiweiß vom Eigelb trennen und kalt stellen. Die Butter mit 80 g Zucker schaumig rühren. Die Eigelbe nach und nach zugeben sowie den Quark, die Haselnüsse und die Zitronenschale. Das Eiweiß mit dem restlichen Zucker steif schlagen und unter die Masse ziehen. In dem vorgeheizten Ofen bei 180°C etwa 35 Minuten backen. Die Aprikosenmarmelade mit Grand Marnier erwärmen. Eine dünne Schicht auf den Kuchen geben. Mit Bitterschokolade und Puderzucker bestreuen.

4 Eier, 100 g Butter
130 g Zucker, 100 g Quark
100 g geriebene Haselnüsse
abgeriebene, unbehandelte
    Zitronenschale
etwa 2 EL Aprikosenmarmelade
3 EL Grand Marnier
50 g Bitterschokolade
Puderzucker

Frühlingsmorgen am Drachenfels

Paradies für Ruheständler

Schon im 19. Jahrhundert entwickelte sich Bad Godesberg zum Ruhesitz wohlhabender Industrieller und Pensionäre. Auf der anderen Seite der Bahnlinie bis hin zum Rheinufer liegt das Villenviertel. Hier in einer Jugendstilvilla haben die Eheleute *Irmgard und Rainer-Maria Halbedel* ein elegantes Restaurant eingerichtet. Spätestens beim Empfang glaubt der Gast, einer Einladung zu Freunden gefolgt zu sein. Die Räume sind mit Antiquitäten eingerichtet, die Tische edel gedeckt. Seit langem gehört die Küche zur Bonner Gourmetspitze. Halbedels edles Gasthaus gehört zu den Restaurants. die die Berliner Bundespolitiker und Diplomaten sehnlich vermissen. Die mit fünfzig Seiten sehr umfangreiche Weinkarte lässt keinen Wunsch offen, doch überzeugen Sie sich selbst. Es wird ein unvergessener Abend werden.

Halbedel's Gasthaus
Rainer-Maria Halbedel
Rheinallee 47, 53173 Bonn
Tel. 02 28 / 35 42 53
Fax. 02 28 / 35 25 34

Zanderfilet auf Bratkartoffeln mit Senfsauce

Gefüllte Ziegenschulter auf Kohlrabi

Crème von Holunderblüten

Zanderfilet auf Bratkartoffeln mit Senfsauce

Für 6 Portionen
4 große Kartoffeln (festkochend)
1 Stange Lauch
100 g Kaiserschoten
1/2 Sellerieknolle
600 g Zanderfilet
Salz und Pfeffer
Butterschmalz oder Öl zum Braten
1/8 Liter Fischfond
1/8 Liter Weißwein
1/4 Liter Sahne
1 TL feiner scharfer Senf
1 TL grober Senf
125 g Butter

Die Kartoffeln waschen, mit der Schale kochen, pellen und abkühlen lassen. Den Lauch und die Kaiserschoten putzen, waschen und in kochendem Salzwasser blanchieren. Den Sellerie schälen und in feine Streifen (Julienne) schneiden. Den Zander salzen und pfeffern, in 6 gleich große Stücke schneiden und hell braten.

Die gekochten Kartoffeln in Würfel schneiden, leicht salzen und pfeffern und goldgelb braten.

Für die Sauce den Fischfond und den Weißwein um 2/3 reduzieren lassen, danach die Sahne hinzugeben und nochmals um 1/3 einkochen lassen. Den feinen und den groben Senf zufügen und die Hälfte der Butter in Flocken in die Sauce rühren. Mit etwas Salz und Pfeffer abschmecken. Im Rest der Butter die Kaiserschoten und den in kleine Stücke geschnittenen Lauch anschwenken und mit etwas Salz abschmecken.

Den Zander auf den Bratkartoffeln anrichten, die Sauce, den Lauch und die Kaiserschoten dazugeben und als kleine Garnitur die vorher ausgebackenen Selleriestreifen auf den Zander legen.

Gefüllte Ziegenschulter auf Kohlrabi

Für 6 Portionen
1 Ziegenschulter
Salz, Pfeffer
1 Knoblauchzehe
1 großes Wirsingblatt
1 Vorderhaxe
100 g frischer Schweinebauch
1/2 Liter Sahne, 125 g Butter
1 TL getrockneter Thymian
2 Stück große Kohlrabi
abgeriebene Muskatnuss

Die Ziegenschulter auslösen und plattieren. Mit Salz, Pfeffer und Knoblauch würzen und das gesäuberte Wirsingblatt darauflegen.

Die Vorderhaxe und den Schweinebauch durch den Fleischwolf drehen, mit Salz und Pfeffer würzen und mit 1/4 Liter Sahne im Küchenmixer zu einer Farce verarbeiten.

Die Füllung auf dem Wirsingblatt verteilen und mit dem Fleisch zusammenrollen. Die Rolle auf eine gebutterte und mit Thymian bestreute Alufolie legen und fest einrollen. Etwa 30 – 35 Minuten bei ca. 250°C im Ofen backen.

Währenddessen die Kohlrabi schälen und in Stäbchen schneiden. In leicht gesalzenem Wasser blanchieren. Den Fond mit der restlichen Sahne einkochen. Die Butter einrühren und mit Salz, Pfeffer und Muskatnuss abschmecken.

Den Kohlrabi mit der Sauce auf Tellern verteilen, die Ziegenschulter in 6 Scheiben schneiden und auf dem Kohlrabi anrichten.

Creme von Holunderblüten

Die Gelatine in kaltem Wasser einweichen.

Die Holunderblüten im Weißwein ungefähr 3 – 4 Stunden ziehen lassen.

Eigelb und Zucker schaumig schlagen, die Milch und das Vanillemark hinzugeben und alles zur „Rose" abziehen: die Vanillemilch im Wasserbad aufschlagen, bis die Creme dickflüssig ist.

Den aromatisierten Weißwein und die ausgedrückte Gelatine hineingeben, auf Eiswasser kalt schlagen. Die Sahne steif schlagen und vorsichtig unterheben. In kleine, gebutterte Timbalen füllen, restlos erkalten lassen, stürzen und mit Himbeermark servieren.

Tipp: die gebutterten Timbalen 15 – 20 Minuten in den Kühlschrank stellen, dann erst füllen. Die Masse lässt sich später besser lösen.

Für 6 Portionen
4 Blatt Gelatine
20 Holunderblüten
1/4 Liter Weißwein (trocken,
*   am besten Rheingau-Riesling)*
4 Eigelb, 40 g Zucker
1/4 Liter Milch, 2 Msp. Vanillemark
1/4 Liter Sahne
6 EL Himbeermark
Butter für die Timbalen (Förmchen)

Rheinaufwärts gelangt man von Bad Godesberg nach Muffendorf, das von viel Natur und Obstgärten umgeben ist. Der Ort wartet mit schmucken Fachwerkhäusern und der kleinen St. Martins-Kirche aus dem 8. Jahrhundert auf. Im fast 300 Jahre alten *Weinhaus Muffendorf, Muffendorfer Hauptstraße 37*, kann man das alte Ambiente bewundern, aber auch erlesene Weine kosten. Zur Begleitung hält Wolfgang Schäfer gute und preiswerte Gerichte aus täglich frischen Produkten der Region bereit. Die ehemalige Deutschordens-Kommende im Ortskern aus dem 13. Jahrhundert, dann Mitte des 18. Jahrhunderts schlossartig ausgebaut, bestand bis 1809, als sie von Napoleon aufgelöst wurde.

Der nächste Ort, Lannesdorf, wird erstmals 892 urkundlich erwähnt. In der *Korkeiche*, einem 200 Jahre alten Fachwerkgehöft, betreibt das Ehepaar Kaever ein Restaurant mit stilvollem Rahmen. Ob im gemütlichen Gastraum mit Kaminfeuer oder an lauen Abenden im romantischen blumenreichen Innenhof, man kann sich hier wie zu Hause fühlen. Küche und Keller bergen köstliche Überraschungen, die Gerichte bieten saisonale Spezialitäten. Dazu stehen Weine bekannter Winzer der Region, aber auch gute Tropfen anderer Länder zur Auswahl.

Restaurant Korkeiche
Inh. Gratiana Kaever
Lyngsbergstraße 104, 53177 Bonn
Tel. 02 28 / 34 78 97
Fax. 02 28 / 85 68 44

Sauerampfersuppe mit Flusskrebsen

**Wildschweinbraten gefüllt mit
Aprikosen und Pflaumen
Spitzkohl und Serviettenknödel**

Beeren-Quarkpfannkuchen

Sauerampfersuppe mit Flusskrebsen

2 Schalotten
250 g Sauerampfer
1 1/2 EL Butter und 1 EL Butter für
  die Flusskrebsschwänze
1 EL Tomatenmark, 2 EL Mehl
3/4 Liter Kalbsfond
200 ml Sahne sowie
  75 ml für die Dekoration
1 EL Crème fraîche
Salz, Cayennepfeffer
Weinbrand
16 Flusskrebsschwänze
Pfeffer, 1/2 Zitrone

Die Schalotten abziehen und fein würfeln. Die Stiele aus dem Sauerampfer herauszupfen und klein schneiden. Diese mit den Schalotten in Butter anschwitzen, das Tomatenmark zugeben, mit dem Mehl bestäuben, den kalten Kalbsfond angießen und unter Rühren durchkochen lassen. Mit einem Mixstab pürieren und dann durch ein feines Sieb schlagen.

Die Sauerampferblätter in feine Streifen schneiden, etwas für die Garnitur zurückbehalten und mit Sahne sowie Crème fraîche in die Suppe geben, einmal kurz aufkochen lassen. Mit Salz, Cayennepfeffer und Weinbrand abschmecken. Die Flusskrebsschwänze mit Salz, Pfeffer und Zitronensaft würzen, in Butter anschwenken und in der Suppe anrichten. Etwas geschlagene Sahne und Streifen vom Sauerampfer als Dekoration auf die Suppe geben.

Wildschweinbraten gefüllt mit Aprikosen und Pflaumen
Spitzkohl und Serviettenknödel

Für den Braten:
800 g Wildschweinnacken ohne Knochen
100 g getrocknete Aprikosen
100 g getrocknete Pflaumen
Salz, Pfeffer
50 g Butterschmalz, 4 Zwiebeln
2 Mohrrüben, 1/4 Sellerieknolle
1 Stange Lauch
2 EL Tomatenmark
1/2 Liter Rotwein
1/8 Liter Balsamessig
Wacholder, Lorbeer, Nelken,
  Pfefferkörner

Den Wildschweinnacken von beiden Seiten aus mit einem langen, schmalen Messer einstechen, so dass in der Mitte eine Art Tunnel entsteht. Abwechselnd die Aprikosen und die Pflaumen in den Braten schieben, mit Küchengarn binden, mit Salz und Pfeffer würzen und in einem Bräter im erhitzten Butterschmalz anbraten. Währenddessen die Zwiebeln, Mohrrüben, Sellerie und Lauch putzen, waschen, grob würfeln und mit anbraten. Tomatenmark zufügen, mit Rotwein und Balsamessig ablöschen. Wacholder, Lorbeer, Nelken sowie Pfefferkörner dazugeben, etwas Wasser angießen und dann in dem auf 175°C vorgeheizten Ofen gar schmoren. Die Sauce durch ein Sieb passieren und nach Belieben binden.

Spitzkohl und Frühlingszwiebeln waschen, putzen und klein schneiden. In Butter anschwitzen, mit Pfeffer, Salz und Muskat würzen. Die Sahne angießen. Den Apfel reiben und zufügen. Nicht zu lange kochen, damit der Kohl noch Biss hat.

Das Weißbrot in Würfel schneiden, in eine Schüssel geben und mit dem Mehl bestäuben. Die Eier dazugeben. Die Zwiebel abziehen und den Speck würfeln; beides anschwitzen. 40 g Butter mit der Milch heiß werden lassen und alles zusammen mit den Brotwürfeln locker vermischen. Mit Pfeffer, Salz und Muskat vorsichtig würzen. Rollen von 5 cm Durchmesser formen. Die Knödelmasse in gebutterte Alufolie legen, dicht verschließen und in Salzwasser garen.

Nach etwa 10 Minuten herausnehmen, Alufolie entfernen und in Scheiben schneiden.

Tipp: Lässt sich als „Rest" gut in Butter anbraten.

Für den Spitzkohl:
1 Spitzkohl
1 Bund Frühlingszwiebeln
2 EL Butter
Pfeffer, Salz, Muskat
1/4 Liter Sahne, 1 Apfel

Für die Serviettenknödel:
250 g Weißbrot
2 – 3 EL Mehl
2 Eier
1 rote Zwiebel, 50 g Speck
65 g Butter, 1/4 Liter Milch
Pfeffer, Salz, Muskat

Beeren-Quarkpfannkuchen

Das Mehl in eine Schüssel sieben, die Hälfte des Zuckers dazugeben. Die Vanilleschote längs halbieren, mit einem Messerrücken das Mark herausschaben und zufügen. Die Zitronenschale abreiben und ebenfalls zugeben. Die Eier trennen. Die Eigelbe mit Quark und Cointreau in die Schüssel geben und alles zu einem glatten Teig verrühren.

Das Eiweiß mit dem restlichen Zucker steif schlagen und vorsichtig unter den Teig heben.

Die Beeren waschen, abtropfen lassen und leicht zuckern. Butter in der Pfanne zerlassen, portionsweise den Teig hineingeben, etwas aufgehen lassen, die Beerenmischung darauf verteilen. Im vorgeheizten Ofen bei 180°C (nur Oberhitze) fertig garen.

Dazu passt am besten ein gutes Vanilleeis.

Tipp: Den Pfannkuchen nur kurze Zeit im Backofen belassen; er sollte locker und nicht zu dunkel werden.

Die Vanilleschote zusammen mit Zucker in ein Schraubglas geben; später als Vanillezucker verwenden.

200 g Mehl
4 EL Zucker
1 Vanilleschote
1 unbehandelte Zitrone
4 Eier, 4 EL Quark
4 – 5 EL Cointreau
frische Erdbeeren, Johannisbeeren,
*   Heidelbeeren etc.*
Für die Beeren Zucker
*   nach Geschmack*
Butter zum Braten

Bonn mit Siebengebirge

Die legendären
sieben Berge

Das Siebengebirge auf der rechten Rheinseite ist als romantische Kulisse ständiger Begleiter bei Spaziergängen durch Bonn oder Umgebung: So wird denn bald der Wunsch geweckt, einen Ausflug dorthin zu unternehmen. Der nostalgische Wunsch, einmal mit der Fähre über den Rhein zu fahren, lässt sich leicht erfüllen. Von Bad Godesberg führt eine Autofähre nach Niederdollendorf, eine weitere von Mehlem nach Königswinter. So kommt der Neugierige den sagenhaften sieben Bergen langsam näher. Genau genommen sind es aber viel mehr. Ihr Ursprung geht auf vulkanische Tätigkeit vor 20 Millionen Jahren zurück. Eine Sage will, dass dem Rhein bei Königswinter der Abfluss in die Kölner Bucht durch Erdmassen versperrt wurde. Infolge der Schneeschmelze bildete sich bald ein großer See, so dass die angrenzenden Ortschaften ernsthaft in Gefahr gerieten. Da wurden sieben Riesen beauftragt, den Durchfluss freizuschaufeln. Der Aushub türmte sich schließlich an der Seite des Flusses zu dem besagten Gebirge, ein Berg für jeden Riesen. Vielleicht ist die magische Zahl „Sieben" aber auf das gebräuchliche Wort „Siefen" zurückzuführen, das so viel wie steile Bergeinschnitte bedeutet. Berg oder Bergeinschnitt, gesiegt haben die Berge. Sie heißen Drachenfels, Petersberg, Großer Ölberg, Lohrberg, Wolkenburg, Löwenburg und Nonnenstromberg. Ihre zum Rhein hin abfallenden Hänge bilden das nördlichste Weinanbaugebiet auf der rechten Rheinseite. Seit 1958 gibt es den Naturpark Siebengebirge; einzelne Teile wurden schon 1836 unter Naturschutz gestellt. Etwa 200 Kilometer Wanderwege stehen dem Naturfreund zur Verfügung. Im Siebengebirgsmuseum des malerischen Königswinter kann man sich schon einmal mit den sieben Bergen auf interessante Weise vertraut machen. Über der Stadt erhebt sich der Drachenfels mit Burgruine. In einer Felsenhöhle soll der Drache gehaust haben, den Siegfried auf seinem Zug von Xanten nach Worms getötet haben soll. Die Drachenhöhle und die

Gästehaus Petersberg
Managementgesellschaft Steigen-
berger Hotels AG
53639 Königswinter Petersberg
Tel. 0 22 23 / 7 42 30
Fax. 0 22 23 / 7 44 43

**Gebackene Spanferkelsülze und
Gänseleber auf Süßkartoffelpüree
Monschauer Senfschaum**

**Tafelspitzkraftbrühe
Apfel-Meerrettich-Bonbons**

**Hummermaultaschen
in Petersilienwurzelschaum**

**Rosa gebratene Lammrippchen
mit Honigjus
Gemüseragout und Polentakrusteln**

**Schokoladenravioli mit
Weinbergpfirsich-Kompott
Trüffeleis**

Nibelungenhalle können auf dem Weg nach oben besichtigt werden. Man muss aber nicht zu Fuß hinaufklettern, die Zahnradbahn ist bequemer, doch noch romantischer wird das Erlebnis mit der Pferdekutsche oder – für Kinder – auf einem Esel. Auf halbem Weg erreicht man das Schloss Drachenburg, ein mit viel Rheinromantik Ende des 19. Jahrhunderts erstellter Bau mit reicher Innenausstattung. Das Schloss liegt schön in einen Wildpark eingebettet. Oben auf dem Drachenfels angekommen, überrascht die grandiose weite Aussicht über den Rhein in beide Richtungen. Am Südhang gedeiht der berühmte Rotwein „Drachenblut". Übrigens müsste Königswinter eigentlich Königswinzer heißen, da es von dem lateinischen „vinitorium" für Weinort abgeleitet ist.

Der Petersberg, eine bewaldete Basaltkuppe, war schon in der La-Tène-Zeit besiedelt, wie Reste eines Ringwalls bezeugen. Im 12. Jahrhundert ließen sich hier Zisterziensermönche nieder. Sie gaben dem bis dahin „Stromberg" genannten Berg seinen heutigen Namen: „mons sancti Petri". Schon bald übersiedelten sie in das geschütztere Heisterbacher Tal, doch der Name „Petersberg" blieb. Heute erhebt sich auf der Kuppe das geschichtsträchtige *Hotel Petersberg*. Das 1914 fertiggestellte Kurhotel mit Restaurant diente vor 50 Jahren den Alliierten Hochkommissaren als Residenz und danach als Hotel für Staatsgäste der Bundesrepublik. 1979 vom Bund gekauft, wurde es zu einem Gästehaus der Regierung umgebaut. Das blieb es auch nach dem Umzug nach Berlin, gewissermaßen das deutsche „Camp David" am Rhein. Das *Gästehaus Petersberg* mit den Rheinterrassen – Restaurant und Bistro-Café – ist heute jedoch nicht nur Staatsgästen vorbehalten. Das Haus steht bis auf einige Räume des Südflügels allen offen, die ein gepflegtes, elegantes Ambiente mit einer Tafelkultur vom Feinsten lieben. Die Rotunde, der Rundbau aus Stahl und Glas mit seinen großen Fensterflächen, erlaubt einen einmaligen Rundblick auf Rhein, Eifel und Bonn. Auch die große Freiterrasse steht jedem Gast zur Verfügung.

Zu Ehren Ihrer Exzellenzen, des Präsidenten der Republik Indien und von Frau Usha Narayanan, haben der Präsident der Bundesrepublik Deutschland, Roman Herzog, und seine Frau Christiane am 8. September 1998 folgendes Abendessen geben lassen:

Mixed salad leaves
Truffle vinaigrette
Crispy zander strudel

—

Wild duck consommé
Boletus caps

Saddle of spring lamb in a herb crust
Rosemary gravy
Mixed vegetables
Potatoes boulangère

—

Cinnamon and raisin parfait
with mandarin sauce
and mini apple cakes

Blattsalate in Trüffelvinaigrette
mit knusprig gebackenem Zanderstrudel

—

Wildentenkraftbrühe
mit Steinpilzkappen

—

Kräutergekrusteter Milchlammrücken
in Rosmarinjus
Buntes Gemüseallerlei
Bäckerinkartoffeln

—

Zimt-Rosinenparfait
mit Zwergorangensauce
und Apfelküchlein

1996er Königschaffhauser Hasenberg
Grauer Burgunder Spätlese trocken
Winzergenossenschaft Königschaffhausen, Königschaffhausen

1995er Anna Cuvée
Rotwein trocken
Weingut Seeger, Leimen

1995er Bacharacher Kloster Fürstental
Riesling Sekt brut
Weingut Ratzenberger, Bacharach

1996er Königschaffhauser Hasenberg
Grauer Burgunder Spätlese trocken
Winzergenossenschaft Königschaffhausen, Königschaffhausen

1995er Anna Cuvée
Rotwein trocken
Weingut Seeger, Leimen

1995er Bacharacher Kloster Fürstental
Riesling Sekt brut
Weingut Ratzenberger, Bacharach

Menükarte Gästehaus Petersberg, Königswinter

Gebackene Spanferkelsülze und Gänseleber auf Süßkartoffelpüree Monschauer Senfschaum

Für 10 Portionen

Für die Gänseleberterrine:
300 g Gänsestopfleber
3 g Salz, 2 g Pökelsalz
1 Msp. Zucker
weißer und schwarzer Pfeffer
20 ml Portwein, 20 ml Madeira
15 g Rosinen in Portwein

Für die Spanferkelsülze:
400 g Spanferkelbauch
60 g Pökelsalz
4 Blatt weiße Gelatine
100 ml Rinderkraftbrühe
100 g Cornichons, 100 g Schalotten
100 g feine Gemüsewürfel
    (Lauch, Sellerie, Karotte)
Brikteig*, Butter
250 g frisch geriebenes Weißbrot

1 Glas Feigensenf, 100 g Cassispüree

Für den Monschauer Senfschaum:
75 g süßer Senf
30 ml Balsamico-Essig
100 ml Öl, 100 ml Rinderbrühe

Für das Süßkartoffelpüree:
400 g Süßkartoffeln
50 g Butter, 50 ml Sahne
1 Msp. Muskat

Die Gänsestopfleber putzen und mit den Zutaten 24 Stunden marinieren, dann in eine Terrinenform geben, am besten in eine verschraubbare. Das Ganze gut verschließen und bei 58°C 24 Minuten pochieren.

Aus 1 Liter Wasser und dem Pökelsalz eine Pökellake herstellen und den Spanferkelbauch 48 Stunden pökeln.

Nach dem Pökeln wird der Spanferkelbauch abgekocht, aber nicht in der Pökellake. Die Gelatine in kaltem Wasser einweichen und nach Vorschrift in der Rinderkraftbrühe auflösen. Nach dem Abkühlen den Spanferkelbauch in Würfel schneiden, dazu die fein gewürfelten Cornichons, Lauch, Sellerie, Karotten und Schalotten geben.

Das Ganze in eine Terrinenform füllen und im Kühlschrank richtig durchkühlen. Die fertige Sülze in Scheiben schneiden und in Brikteig einpacken. Ein Blatt von dem Brikteig wird mit zerlassener Butter bestrichen und ein weiteres Blatt daraufgegeben. Dies in vier gleich große Rechtecke schneiden, auf jedes dieser Rechtecke etwas von dem frisch geriebenen Weißbrot und darauf eine Scheibe von der Sülze geben, die vier Enden zusammendrücken und so formen, dass es wie ein Säckchen aussieht. Dieser Briksack sollte erst ganz kurz vor dem Verzehr gebacken werden (220°C ca. 5 Minuten).

Den Feigensenf mit dem Cassispüree verrühren, damit er etwas milder wird. Aus den angegebenen Zutaten den Monschauer Senfschaum herstellen und mit etwas Salz und Pfeffer abschmecken.

Das Süßkartoffelpüree aus Süßkartoffeln herstellen, die wie eine Folienkartoffel in der Schale im Backofen gegart werden. Diese Süßkartoffeln pellen, stampfen, Butter und Sahne hinzugeben und mit Salz sowie etwas Muskat abschmecken.

*Brik (Teig) bei den Tunesiern oder auch Fila im ganzen Nahen Osten, Phyllo bei den Griechen. Tiefkühlprodukt ist vorzuziehen, die Herstellung ist nicht leicht; er sollte hauchdünn ausgezogen werden.

Aus den angeführten Zutaten eine Salatsauce herstellen.

Für die Garnitur die Süßkartoffel roh und ungeschält in feine Scheiben schneiden, dann in heißem Fett backen. Die fertigen Chips leicht salzen.

Auf dem oberen Teil des Tellers verschiedene Blattsalate wie Lollo Rosso, Lollo Bionda, Frisée, Radicchio und Eichblatt nett zusammen mit den Spargelspitzen anrichten. Unterhalb des Salatbouquets mit einem Dressierbeutel etwas von dem heißen Süßkartoffelpüree auf den Teller geben. Darauf einige Süßkartoffelchips stecken. Rechts neben das Püree die als Tortenstück geschnittene Gänseleberterrine setzen und einen Klecks von dem Feigensenf darangeben. Auf der linken Seite die frisch gebackene Spanferkelsülze mit etwas Monschauer Senfschaum anrichten. Zum Schluss Salatsauce auf den Salat träufeln.

Für die Salatsauce:
30 ml Balsamico-Essig
100 ml Distelöl, 50 ml Hühnerbrühe
Salz, Pfeffer, 1 Msp. Zucker

Für die Garnitur:
1 mittelgroße Süßkartoffel
300 g verschiedene Blattsalate
30 gegarte Spargelspitzen
200 g gegarte Karotten
1 Bund Schnittlauch

Tafelspitzkraftbrühe
Apfel-Meerrettich-Bonbons

Die Rinderknochen in kochendem Salzwasser kurz abkochen. Danach die Knochen mit kaltem Wasser abspülen. Die Rinderknochen wieder aufsetzen, und zwar mit kaltem Salzwasser. Nach dem erneuten Aufkochen einen Teil des Gemüses und die Gewürze zugeben. Dazu vorher die halbierte Zwiebel mit der Schnittfläche nach unten in einer trockenen Pfanne bräunen. Die Brühe nun einige Stunden ziehen lassen. Nach dem Erkalten, am besten einen Tag später, die Brühe klären. Die Rinderhesse mit dem restlichen Gemüse mit der groben Scheibe des Fleischwolfes zerkleinern. Das Ganze mit dem Eiweiß vermischen und zusammen mit der Brühe auf den Herd setzen, langsam zum Kochen bringen und die Brühe drei Minuten durchkochen, damit auch das gesamte Eiweiß gerinnen kann.

Für die Apfel-Meerrettich-Bonbons den Apfel schälen, auf der Reibe reiben, den Meerrettich, das Weißbrot, etwas Salz und etwas gemahlenen Pfeffer hinzugeben und gut vermischen. Danach eine der beiden Lagen Brikteig buttern, die andere Lage darauf geben, die doppelte Lage wird in 24 gleich große Quadrate geschnitten, auf jedes einzelne wird etwas von der Apfel-Meerrettich-Masse gegeben. Nun zusammenrollen, so dass sie aussehen wie kleine Bonbons.

Zwei kleine Bonbons und Gemüserauten gefällig im tiefen Teller anrichten. Die Kraftbrühe darüber gießen.

Für 10 Portionen
Für die Tafelspitzkraftbrühe:
3 kg Rinderknochen, Salz
400 g Gemüse (Lauch, Sellerie, Karotte)
1 große Zwiebel, 1 Lorbeerblatt
5 Pfefferkörner
500 g Rinderhesse – zum Klären
150 ml Eiweiß

Für die Einlage:
100 g gegarte Gemüserauten

Für die Apfel-Meerrettich-Bonbons:
1 Apfel
75 g frischer Meerrettich
20 g frisch geriebenes Weißbrot
Salz, Pfeffer
1 EL Butter, 2 Lagen Brikteig

Hummermaultaschen in Petersilienwurzelschaum

Für 10 Portionen
Für den Nudelteig:
270 g Instantmehl
30 g Grieß
2 EL Olivenöl
3 Eier, 4 Eigelb
30 g Spinatpulver, Salz
1 EL Olivenöl zum Kochen
  der Nudelblätter

Für die Füllung:
500 g Gemüse
  (Lauch, Sellerie, Karotte)
5 Stück lebende Hummer
gut 1/4 Liter trockener Weißwein
schwarzer Pfeffer
1 Lorbeerblatt, 50 ml Pernod
200 g feine gegarte Gemüsewürfel
200 g Tomatenwürfel
1 Bund Dill, 6 Blatt weiße Gelatine

Für den Petersilienwurzelschaum:
200 g Petersilienwurzel
50 g Schalotten, 40 g Butter
150 ml Weißwein
1 Liter heller Hummerfond
Noilly Prat, Salz , Pfeffer
1 – 2 TL Zitronensaft
700 g Gemüse
  (Karotte, Zucchini, Kohlrabi)

Aus Instantmehl, Grieß, Olivenöl, 3 Eiern, 2 Eigelb, Spinatpulver und etwas Salz einen Nudelteig herstellen. Den Nudelteig zum Ruhen in den Kühlschrank legen. Das Gemüse waschen, putzen und klein schneiden.

Für die Hummer einen großen Topf mit Wasser und etwa der Hälfte des Gemüses zum Kochen bringen. Die lebenden Hummer hineingeben. Einmal aufkochen und danach 8 – 10 Minuten ziehen lassen. Am besten ist es, die Hummer nach dem Kochen in Eiswasser abzuschrecken. Die Hummer ausbrechen, wobei das Schwanzfleisch sowie das Fleisch aus den Scherengelenken für die Maultaschen sind und die Scheren selber später auf den Tellern als Garnitur dienen. Die Schalen werden nun gereinigt und im Backofen getrocknet. Dann werden sie mit dem Rest des Gemüses im Bräter leicht angeschwitzt, ohne dass sie Farbe annehmen dürfen. Mit Weißwein und Wasser ablöschen und mit Salz, schwarzem Pfeffer, Lorbeerblatt und etwas Pernod abschmecken. Diesen Fond einmal ganz kurz aufkochen und etwa eine Stunde ziehen lassen. Durch ein Passiertuch gießen und abkühlen. Der Hummerfond sollte 400 ml ergeben. Das Hummerfleisch in kleine Würfel schneiden, dazu werden die Gemüsewürfel sowie die Tomatenwürfel (von abgezogenen Tomaten) und der gehackte Dill gegeben. Alles mischen, würzen und portionsweise ca. 3/4 voll in kleine Förmchen füllen.

Aus dem Hummerfond und der Gelatine einen Gelee herstellen und noch flüssig auf die Förmchen füllen. Das Ganze gut durchkühlen.

In der Zwischenzeit den Nudelteig ausrollen und mit dem restlichen Eigelb bestreichen. Wenn die Hummersülzen gestockt sind, können sie auf den Nudelteig gelegt und mit der anderen Hälfte des Teiges bedeckt werden. Mit einer runden Ausstecherrückseite werden die beiden Nudelseiten zusammengeklebt. Die Maultaschen ausstechen. Diese wie Nudeln im Salzwasser mit etwas Olivenöl kochen.

Für den Petersilienwurzelschaum die Petersilienwurzeln waschen, schälen und klein schneiden. Die Schalotten abziehen und fein hacken. Beides in Butter anschwitzen und mit dem hellen Hummerfond auffüllen. Alles aufkochen und leicht ziehen lassen. Kurz vor dem Anrichten mit dem Rest der Butter aufmontieren (Zauberstab). Mit etwas Noilly Prat, Salz, Pfeffer und Zitronensaft nochmals abschmecken. Das Gemüse olivenförmig schneiden und bissfest garen.

In einen großen tiefen Teller zuerst den gut aufmontierten Petersilienwurzelschaum geben, darauf Mercedesstern-förmig drei Hummermaultaschen anrichten. Außen in die Zwischenräume je drei Gemüseoliven geben. Als Garnitur mit einer Hummerschere und einem Dillsträußchen vollenden.

Rosa gebratenes Lammrippchen
Honigjus
Gemüseragout und Polentakrusteln

Die Lammcarrés sauber parieren. Aus dem Olivenöl, dem Knoblauch, den Kräutern der Provence und Zitronensaft eine Marinade herstellen. Das Lamm mindestens 24 Stunden einlegen. Aus den Abschnitten eine Lammsauce kochen. Die Abschnitte mit etwas Röstgemüse im Bräter angehen lassen, bis alles gleichmäßig braune Farbe angenommen hat. Tomatenmark zugeben und mit der Hälfte des Rotweins ablöschen. Den Rotwein reduzieren, bis keine Flüssigkeit mehr im Topf ist. Diesen Vorgang, jetzt ohne das Tomatenmark, noch zwei- bis dreimal wiederholen. Dann erst mit 1 Liter Wasser auffüllen, einmal gut aufkochen und eine Stunde ziehen lassen. Das Ganze zum Schluss durch ein Passiertuch geben.

Als nächstes einen neuen Ansatz machen. 50 g Butter mit klein geschnittenen Schalotten anschwitzen, nochmals mit etwas Rotwein ablösen und mit dem Lammfond auffüllen. Den Fond mit Rosmarin, Thymian, Salz und Pfeffer abschmecken. Vollendet wird die Sauce mit etwas Honig. Vor dem Servieren mit dem Schneebesen eiskalte Butter in die Sauce montieren.

Für das Gemüseragout alle nötigen Zutaten in kleine, feine Rauten schneiden und erst kurz vor dem Servieren in einer Pfanne mit Olivenöl anziehen lassen, mit gehacktem Knoblauch, Basilikum, Pinienkernen, Chilischoten, Salz und Pfeffer aus der Mühle würzen.

Für die Polentakrusteln die Milch zum Kochen bringen, den Maisgrieß und den Hartweizengrieß hineinrühren und unter ständigem Rühren garen. Die Masse vom Herd ziehen, Ei, Eigelb, 50 g Butter und feine Gemüsewürfel unterziehen. Die Masse mit Salz, Pfeffer und Muskat würzen. Nachdem die Masse etwas abgekühlt ist, auf einem Tisch Klarsichtfolie auslegen. Auf diese wird etwas von der Masse gegeben und zu einer Rolle, so dick wie ein Fünfmarkstück, ausgerollt. Diese Rolle gut durchkühlen. Die Folie entfernen und in ca. 1 – 1,5 cm dicke Scheiben schneiden. In der Pfanne kurz in Butter braten.

Das Lammcarré erst kurz vor dem Verzehr rosa braten und in drei Tranchen, je zwei Rippenknochen, schneiden.

Gemüseragout in der Mitte des Tellers anrichten. Das aufgeschnittene Lammcarré mit den Knochen nach innen zeigend aufsetzen. Zwischen das Lamm die Polentakrusteln geben, so dass drei Stück auf dem Teller sind. Honigjus in die Zwischenräume geben.

Für 10 Portionen
10 Stck. Lammcarré
250 ml Olivenöl
3 Knoblauchzehen
30 g Kräuter der Provence
10 ml Zitronensaft

Für die Honigjus:
Röstgemüse (Zwiebel, Mohrrübe, Sellerie)
50 g Tomatenmark, 250 ml Rotwein
150 g Butter, 150 g Schalotten
2 Zweige Rosmarin, 1 Zweig Thymian
Salz, Pfeffer, 2 TL Honig

Für das Gemüseragout:
je 100 g Okraschoten, Artischocken-
herzen, Auberginen
100 g Paprika, gemischt
50 g Schalotten, 80 ml Olivenöl
200 g Tomatenwürfel
50 g Knoblauch, 20 g Basilikum
150 g Pinienkerne
20 g rote Chilischoten
Salz, Pfeffer

Für die Polentakrusteln:
1 Liter Milch, 200 g Maisgrieß
100 g Hartweizengrieß
1 Ei, 3 Eigelb, 100 g Butter
150 g feine Gemüsewürfel
(Lauch, Sellerie, Karotte)
Salz, Pfeffer, abgeriebene Muskatnuss

Schokoladenravioli mit Weinbergpfirsich-Kompott Trüffeleis

Für die Ravioli:
275 g Mehl, 125 g Ei
10 g Salz, 50 g Puderzucker
75 g geraspelte weiße Schokolade
100 g gehackte Pistazien

Für die Füllung:
250 g dunkle Kuvertüre
250 g Sahne, 50 g Butter
50 ml Grand Marnier, 1 Eigelb

Für das Weinbergpfirsich-Kompott:
250 g frische Weinbergpfirsiche
75 g Zucker, 60 g Butter
50 ml Zitronensaft

Für die Ingwerhappen:
50 g Butter, 90 g Zucker
45 g Glucose, 45 g Mehl
2 g gem. Ingwer, 2 g Zimtpulver
unbeh. abger. Zitronenschale

Für das Trüffel-Eis:
260 ml Rotwein, 80 g Zucker
80 g Butter, 40 g Eigelb

Für die Garnitur:
je 100 g Weinbergpfirsich- und
  Brombeermark
10 Stck. Löffelbiskuit
10 Stck. Minze-Herzen
30 g Schokolade, 25 g gehackte Pistazien

Für die Ravioli alle Zutaten zusammen kneten, bis ein fester Teig entsteht und ruhen lassen.

Für die Füllung die Kuvertüre auflösen und die heiße Sahne unterrühren. Butter und Grand Marnier dazugeben und kalt stellen.

Den Teig dünn ausrollen und mit der Kuvertürenmasse füllen. Eine weitere dünn ausgerollte Lage Teig mit Eigelb bestreichen, darauf geben und die Zwischenräume etwas andrücken. Alles in gleichmäßige Quadrate schneiden und in Salzwasser kochen.

Für das Weinbergpfirsichkompott die Weinbergpfirsiche überbrühen, häuten und in kleine Würfel schneiden. Butter und Zucker zusammen schmelzen, mit Zitronensaft löschen und die Weinbergpfirsiche dazugeben.

Für die Ingwerhappen alle Zutaten zusammen mischen und in kleinen Kugeln mit großem Abstand auf ein Backblech verteilen. Bei 190°C 1/4 Stunde backen und, wenn sie noch heiß sind, über eine Form legen.

Für das Trüffel-Eis Rotwein und Zucker erhitzen. Butter und Eigelb dazugeben und mixen. In einer Eismaschine frieren lassen.

Das Weinbergpfirsich-Kompott aus den Ingwerhappen herauslaufen lassen. Aus dem Weinbergpfirsichmark und dem Brombeermark einen kleinen Spiegel ziehen. Die karamellisierten Ravioli auf der rechten Seite fächerartig anrichten. Trüffel-Eis auf den Löffelbiskuit gefällig anrichten.

Mit Minze-Herzen, Schokoladenraspeln und Pistazien garniert servieren.

Wasserglanz

Gasthaus – Restaurant Sutorius
Brigitte und Richard Sutorius
Oelinghovener Str. 7,
53639 Königswinter-Stieldorf
Tel. 0 22 44 / 91 22 40
Fax. 0 22 44 / 91 22 41

Salat vom Kalbskopf mit gebratener Blut- und Leberwurst

Rübstielsuppe mit Basilikumklößchen

Strudel vom Milchzicklein

Pumpernickelmousse in Marzipancrêpes

500 g Kalbskopffleisch, Salz
4 Lorbeerblätter, 3 Nelken
1 Zwiebel, 1 Möhre, 1/4 Sellerieknolle
1/2 Stange Lauch, 2 Eier
je 50 g grüne und schwarze entkernte
    Oliven
1/2 Zwiebel
je 1 Bund Petersilie, Schnittlauch, Kerbel
3 EL Weinessig, 3 EL Salatöl
Pfeffer
250 g Blutwurst, 250 g Leberwurst
Butter zum Braten

Der große Ölberg ist mit seiner 461 Meter hohen Basaltkuppe die höchste Erhebung des Siebengebirges. Von hier kann man einen wunderbaren Rundblick genießen. Seit gut 2000 Jahren wird auf dem Berg Wolkenburg Andesit, ein gut zu bearbeitender Stein, abgebaut; das hat den Berg inzwischen auf 324 Meter reduziert. Wenn sein Name ursprünglich mit der größten Wolkennähe zu tun hatte, haben ihm inzwischen andere Berge den Rang abgelaufen. Die Burg, die der Kölner Erzbischof Friedrich I. 1118 auf ihm errichten ließ, wurde im Dreißigjährigen Krieg zerstört; die Reste verschwanden mit den vordringenden Steinbrüchen. Das gleiche Schicksal ereilte die Löwenburg auf dem Löwenberg.

Wenn man nach einem erlebnisreichen Tag Hunger und Durst verspürt, ist es nicht gleichgültig, wo man einkehrt. Den Tag würdig ausklingen zu lassen, bietet das *Gasthaus Sutorius* in Königswinter-Stieldorf die beste Gelegenheit. In dem 1699 erbauten Fachwerkhaus, das sich seit 200 Jahren im Familienbesitz befindet, warten gepflegte, nostalgisch eingerichtete Räume auf Gäste; bei günstiger Witterung auch ein Garten mit schattenspendenden Linden. Richard Sutorius übernahm 1985 nach langen Wanderjahren in Frankreich, in der Schweiz und zuletzt in Berlin mit anschließender Meisterprüfung zusammen mit seiner Frau Brigitte den elterlichen Betrieb. Geboten werden erlesene Speisen auch der internationalen Küche. Ganz besonders hat das Restaurant sich auf die heimisch-rheinländischen Gerichte spezialisiert, die in moderner Leichtigkeit geschmackvoll zubereitet werden.

Salat vom Kalbskopf mit gebratener Blut- und Leberwurst

Kalbskopffleisch in wenig gesalzenem Wasser mit Lorbeer, Nelken, abgezogener Zwiebel, geputzter und klein geschnittener Möhre, Sellerie und Lauch kochen. Alles klein schneiden und erkalten lassen. Die Eier hart kochen, würfeln, mit Oliven vermischen und zum Kalbskopf geben.
Die Zwiebel abziehen und würfeln. Die Kräuter waschen und fein schneiden. 1/8 Liter der Kalbskopfbrühe, Weinessig, Salatöl, Zwiebel, Kräuter, Salz und Pfeffer verrühren, mit dem Kalbskopf vermischen.
Die Blut- und Leberwurst in Scheiben schneiden und in Butter braten. Auf vorgewärmten Tellern neben dem Kalbskopfsalat anrichten.

Rübstielsuppe mit Basilikumklößchen

Die Zwiebel abziehen. Den Sellerie und Rübstiel putzen und alles klein schneiden. Die Butter erhitzen, Zwiebel und Sellerie andünsten und den Rübstiel zufügen. Die Fleischbrühe angießen und die Crème fraîche zugeben. Mit Salz, Pfeffer, Majoran und Thymian würzen. 1/4 Stunde köcheln lassen, anschließend pürieren. Die Sahne schlagen und unterziehen.

Vor dem Servieren Basilikum waschen und die Blättchen hacken. Quark mit Basilikum, Salz, Pfeffer, Currypulver und Paprikapulver verrühren. Die Butter erhitzen, das Mehl hineinschütten und durchschwitzen lassen. Unter schnellem Rühren die Quarkmischung zugeben. Mit einem Teelöffel Klößchen abstechen und im leicht siedenden Salzwasser pochieren.

In Suppenteller geben und mit der Rübstielsuppe aufgießen.

Für die Suppe:
1 Zwiebel, 1/4 Sellerieknolle
300 g Rübstiel, 30 g Butter
1/2 Liter Fleischbrühe
1/4 Liter Crème fraîche
je 1 Msp. Salz, Pfeffer, Majoran,
* Thymian*
1/8 Liter Sahne

Für die Basilikumklößchen:
1 Bund Basilikum
200 g Speisequark
je 1 Msp. Pfeffer, Salz, Currypulver,
* Paprikapulver*
50 g Butter, 50 g Mehl

Strudel vom Milchzicklein

Mehl, Eigelb, Salz, Öl und 60 ml Wasser verkneten. Den Teig eine Stunde ruhen lassen.

Die Milchziegenkeule auslösen und in grobe Würfel schneiden. Das Fleisch mit Salz, Pfeffer, Majoran und Thymian würzen, kurz in Butterschmalz anbraten und erkalten lassen.

Die Morcheln in 1/8 Liter Wasser einweichen. Zwiebeln, Möhre, Sellerie sowie Lauch in feine Streifen schneiden und in der Butter andünsten. Sauerrahm, Morcheln und Einweichbrühe zugeben. 1/2 Stunde köcheln lassen und vom Feuer nehmen. Den Ziegenkäse würfeln und die ganzen, geschlagenen Eier zufügen; erkalten lassen. Das Ziegenfleisch unterheben.

Den Strudelteig dünn ausrollen, die Masse gleichmäßig darauf verteilen, zusammenrollen, mit Eigelb bestreichen und im Ofen bei 100°C etwa 15 Minuten backen. Mit dem Elektromesser in gleichmäßige Scheiben schneiden.

Für den Strudelteig:
150 g Mehl, 1 Eigelb
5 g Salz, 20 ml Öl

1 Milchziegenkeule, Salz
je 1 Msp. Pfeffer, Majoran, Thymian
20 g Butterschmalz
20 g getrocknete Morcheln
2 Zwiebeln, 1 Möhre
1/4 Sellerieknolle, 1/2 Stange Lauch
20 g Butter
3 EL Sauerrahm
100 g Ziegenkäse, 3 Eier
2 Eigelb

Pumpernickelmousse in Marzipancrêpes

Für die Pumpernickelmousse:
1 ¹/₂ Blatt Gelatine
2 Scheiben Pumpernickel
350 g weiße Schokolade
¹/₈ Liter Milch
2 Eier, 2 Eigelb
10 ml Cognac, 50 g Zucker
700 ml Sahne

Für die Marzipancrêpes:
1 Ei, 50 g Mehl
¹/₈ Liter Milch
50 g Marzipan-Rohmasse
Salz, etwa 30 g Zucker
Bratfett

Die Gelatine in kaltem Wasser einweichen. Den Pumpernickel fein reiben. Die Schokolade in der warmen Milch auflösen. Pumpernickel und ausgedrückte Gelatine zufügen.

Eier, Eigelbe, Cognac und Zucker im Heißwasserbad schaumig schlagen. Beide Massen zusammenrühren und erkalten lassen. Die Sahne schlagen und unterziehen.

Ei, Mehl, Milch, Marzipan-Rohmasse, Salz und Zucker zu einem Teig verrühren. Dünne Crêpes backen. Die Crêpes in 4 Teile schneiden, zu Tüten rollen und mit Pumpernickelmousse füllen.

Dekorativ auf Tellern anrichten.

Tipp: Nach Belieben mit Früchten der Saison garnieren.

Auf dem Weg stromaufwärts nach Bad Honnef liegt Rhöndorf, ein ruhiger malerischer Winzerort. In die Geschichte ist er eingegangen durch sein wohl berühmtestes Haus, das ehemalige Wohnhaus des ersten Bundeskanzlers der Bundesrepublik Deutschland, Konrad Adenauer. Es liegt wie zu seinen Lebzeiten inmitten eines terrassenförmig angelegten Rosengartens – Museum und Gedenkstätte gleichermaßen.

Rheinisches Nizza

Bad Honnef hat wegen des günstigen Klimas – Alexander von Humboldt bezeichnete es einmal als rheinisches Nizza – schon immer viele Gäste angelockt. Doch erst mit der Erbohrung der Mineralquelle auf der vorgelagerten Insel Grafenwerth durfte es sich „Bad" nennen. Malerische Fachwerkhäuser und Bauten aus der Zeit des Klassizismus schmücken das Zentrum. Am Markt steht die alte spätgotische Kirche St. Johann Baptist. Gegenüber bittet *Bernd Becker* in dem gut restaurierten Fachwerkhaus *Markt 3* zu Tisch. Nachdem er Ende der achtziger Jahre des letzten Jahrhunderts im noblen Londoner Privatclub bei Mosimann für viele berühmte Persönlichkeiten, so auch für die britische Königsfamilie, seine Kochkunst gezeigt und danach in Italien und Japan weitere Erfahrungen gesammelt hatte, beschloss er seine gastronomischen Expeditionen in den renommierten deutschen Restaurants *Zur Traube* in Grevenbroich und *Steinhauser's Restaurant* in Bad Neuenahr. Sein Erfolgsrezept ist eine Mischung aus gehobener deutscher und französischer Küche, verbunden mit italienischen und asiatischen Einflüssen. Gleichwohl kommen regionale Gerichte nicht zu kurz. Wichtigster Grundsatz: Alle Produkte, vorwiegend aus der Umgebung, müssen frisch sein und der Jahreszeit entsprechen. Die umfangreiche Weinkarte lässt keine Wünsche offen. Doch Biertrinker kommen genauso auf ihre Kosten. Im Sommer kann man im mit viel Grün geschmückten Innenhof speisen.

Hotel/Restaurant Markt 3
Bernd Becker
Markt 3, 53604 Bad Honnef
Tel. 0 22 24 /9 33 20
Fax. 0 22 24 /93 32 32

Haselnuss-Suppe
mit Knoblauchcroûtons

Glasierte Barbarie-Entenbrust
auf roten Linsen

Sauerbraten vom Westerwälder Reh
mit karamelisiertem Spitzkohl,
Preiselbeerchutney
und Mohnschupfnudeln

Apfeltarte mit Zimtsabayon

Erpeler Ley

Haselnuss-Suppe

Die Zwiebel und die Knoblauchzehen abziehen. Die Zwiebel würfeln und die Knoblauchzehen zerdrücken. Die Butter erhitzen. Haselnüsse Zwiebel und Knoblauch goldbraun darin anschwitzen, Safran sowie Ingwer kurz mit anschwitzen und das Ganze mit den restlichen Zutaten auffüllen. Etwa 5 Minuten köcheln lassen, dann mit dem Stabmixer gut pürieren. Mit Salz und Pfeffer abschmecken.
Die Suppe mit Knoblauchcroûtons zu Tisch geben.

1 Zwiebel
2 Knoblauchzehen
50 g Butter
250 g gemahlene Haselnüsse
etwas Safran und Ingwer
400 ml Gemüsebrühe
300 ml Sahne
100 ml Crème fraîche
Salz, Cayenne-Pfeffer

Glasierte Barbarie-Entenbrust auf roten Linsen

Den Honig mit den Gewürzen vermischen. Die Entenbrust mit Salz und Pfeffer würzen und von beiden Seiten scharf anbraten, auf der Hautseite mit der Honig-Gewürzmischung einreiben und unter dem Grill fertig garen.
Die Schalotte abziehen und fein würfeln. Das Gemüse waschen, putzen und in kleine Würfel schneiden.
Das Öl erhitzen und die Schalotte sowie das Gemüse kurz anschwitzen. Die Hühnerbrühe und Linsen dazugeben und acht Minuten köcheln lassen, so dass die Linsen noch etwas Biss haben.
Mit den Gewürzen abschmecken und mit der Barbarie-Entenbrust auf vorgewärmten Tellern anrichten und sofort servieren.

20 g Honig
Orangenpfeffer, Sesamöl
400 g Entenbrust
  (fertig pariert beim Metzger kaufen)
Salz, Pfeffer
Öl zum Braten

1 Schalotte
je 50 g Karotte, Sellerie, Lauch
1 EL Olivenöl
200 ml Hühnerbrühe
100 g rote Linsen
Salz, Pfeffer
Balsamico-Essig

Sauerbraten vom Westerwälder Reh mit karamellisiertem Spitzkohl, Preiselbeerchutney und Mohnschupfnudeln

Für die Marinade:
5 Knoblauchzehen
je 15 Senfkörner und Pfefferkörner
5 Wacholderbeeren
je 3 Lorbeerblätter und Nelken
300 ml Wasser, 300 ml Rotwein
200 ml milden Rotweinessig

300 g Gemüse
  (Karotte, Sellerie, Zwiebeln)
1 Rehkeule ohne Haxe
Salz, Pfeffer, Butterschmalz
2 EL Tomatenmark
50 g Rübenkraut, 100 g Schwarzbrot
80 g Rosinen

Für den Spitzkohl:
1 kleiner Spitzkohl
1 EL Butter, 1 EL brauner Zucker
Muskatnuss, etwa 100 ml Gemüsebrühe

Für das Preiselbeerchutney:
300 g Preiselbeeren, 50 g Zucker
1 TL Butter, 200 ml Rotwein
1 – 2 Gewürznelken
1 kl. Zimtstange, 1 Msp. Vanillemark

Für die Mohnschupfnudeln:
400 g mehlig kochende Kartoffeln
2 Eigelb und 1 Ei
1 EL Kartoffelstärke
1 EL Butter, 1 – 2 TL Mohn

Die Zutaten für die Marinade in eine Schüssel geben. Das rohe Fleisch in die Marinade einlegen und etwa eine Woche kühl lagern.

Das Gemüse waschen, putzen und klein schneiden.

Das Fleisch abtrocknen, salzen und pfeffern und in dem Butterschmalz von allen Seiten gut anbraten. Das Gemüse zugeben und mitrösten, bis es braun ist, anschließend das Tomatenmark zufügen, kurz mitrösten und nach und nach mit der Marinade ablöschen.

Die Keule in dem Fond gar schmoren.

Das Fleisch aus dem Fond nehmen, das Rübenkraut und das zerbröselte Schwarzbrot zur Bindung in der Sauce kochen. Die Sauce durch ein Haarsieb passieren, mit den Rosinen nochmals aufkochen und zu dem Braten servieren.

Den Spitzkohl waschen, putzen und in Spalten schneiden. Die Butter mit Zucker, Salz, Pfeffer und abgeriebener Muskatnuss in einen Topf geben und karamellisieren lassen. Mit der Gemüsebrühe ablöschen und den Spitzkohl zufügen. Abgedeckt 5 – 7 Minuten garen lassen.

Die Preiselbeeren vorsichtig waschen. Den Zucker mit der Butter in einen Topf geben und karamellisieren lassen. Mit dem Rotwein ablöschen. Gewürznelken, Zimtstange und Vanillemark zufügen und nach Belieben einkochen lassen. Die Preiselbeeren zugeben, kurz erhitzen und vom Herd nehmen.

Die Kartoffeln waschen, in der Schale in etwa 30 Minuten gar kochen, pellen und durch die Kartoffelpresse drücken. Eigelb, Ei, Kartoffelstärke, Butter sowie Mohn zufügen. Mit Salz und Muskat würzen und verkneten. Zu länglichen etwa fingerdicken Schupfnudeln formen, in siedendes Wasser geben und 3 – 4 Minuten blanchieren. Mit einer Schaumkelle herausnehmen und kurz vor dem Servieren in Butter anbraten.

Apfeltarte mit Zimtsabayon

Die Äpfel waschen, schälen, vom Kerngehäuse befreien und in dünne Spalten schneiden.

Den Blätterteig ausrollen, mit Ei bestreichen, in die Mitte das Marzipan verteilen, die Apfelspalten kreisförmig auf den Teig legen und mit dem braunen Zucker bestreuen.

Bei 200°C ca. 15 Minuten backen.

Die Zutaten in eine Schüssel geben und im Wasserbad bei mäßiger Hitze aufschlagen, bis der Sabayon eine feste cremige Konsistenz angenommen hat.

4 große Äpfel
  (Boskop oder Golden Delicious)
4 Blätterteigscheiben
  von ca. 12 cm Durchmesser
1 Ei, 50 g Marzipan
brauner Zucker nach Geschmack

2 Eigelb, 2 Eier
80 g Zucker, 100 g Weißwein
20 ml Rum oder Amaretto
Vanille
Zimt nach Geschmack

Rheinpromenade

Bäume am Rhein

Von Liebe und Treue

Mit der Autofähre geht es von Bad Honnef auf das linke Rheinufer nach Rolandseck. Hoch oben über dem umfunktionierten Endbahnhof der ersten Eisenbahnstrecke Köln – Bonn – Rolandseck von 1855, heute als „Kulturbahnhof Rolandseck" genutzt und bekannt, erhebt sich der sagenumwobene Rolandsbogen, Rest einer wehrhaften Burg aus dem 12. Jahrhundert – Symbol ewiger Liebe und Treue.

> *Noch einmal rufe ich: Jeder einen Stein!*
> *Ich will des Ritters Seckelmeister sein!*
> *Oh, ehrt des Rheins wunderbare Sage!*
> *Bei Lieb und Schwur, bei Poesie und Kuß!*
> *Hört meine Meinung: Euren Obolus!*
> *Bringt Euer Felsstück – Rolandsbogen rage!*

Der Rheinromantiker und Freiheitsdichter Ferdinand Freiligrath rief mit diesen Zeilen zur Spende für den Wiederaufbau des in der Sturmnacht zum 29. Dezember 1839 eingestürzten Rolandsbogens auf. Bei einer Tasse Kaffee mag man im Terrassenrestaurant neben diesem efeuumrankten Fensterbogen über die alte Sage nachdenken, die vielleicht erst in der Zeit der Rheinromantik bekannt wurde. Ritter Roland soll, so berichtet eine Sage – es gibt mehrere –, von diesem Fenster aus bis zu seinem Lebensende wehmütig zum Kloster auf der Insel Nonnenwerth hinuntergeblickt haben. Dorthin hatte sich seine Jugendliebe Hildegunde gebrochenen Herzens zurückgezogen, als sie die voreilige Kunde von seinem Tod im Kampf gegen die Mauren in Spanien erhielt. Doch er war nur schwer verwundet worden und kehrte nach langer Zeit an den Rhein zurück. Heute genießen die Touristen den herrlichen Ausblick auf den Rhein und das gegenüberliegende Siebengebirge bis hin zum kleinen Winzerstädtchen Unkel mit seinen romantischen Gässchen, gesäumt von malerischen Fachwerkhäusern, wo auch der Dichter Ferdinand Freiligrath gelebt hat.

Etwas weiter rheinaufwärts trifft man auf Remagen. In der die Stadt überragenden neugotischen Wallfahrtskirche St. Apollinaris, vom Kölner Dombaumeister Ernst Friedrich Zwirner Mitte des 19. Jahrhunderts erbaut, befinden sich prächtige Fresken der Düsseldorfer Malerschule. Die dunklen Brückentürme beiderseits des Stroms der Remagener Brücke erinnern mit einer Gedenkstätte und einem Friedensmuseum an die Ereignisse vor fünfzig Jahren am Ende des Weltkriegs, als an dieser Stelle die alliierten Truppen zuerst über den Rhein setzten.

Nebelglitzern

Am Anfang des Ahr-Rotwein-Wanderweges

Dort, wo die Ahr aus der Eifel herbeieilend sich in den Rhein ergießt, liegt auf einer kleinen Anhöhe das alte Städtchen Sinzig. Die günstige Lage schützte sowohl vor Hochwasser als auch vor Feinden. Als die Römer eintrafen, gab es bereits eine keltische Ansiedlung auf dem fruchtbaren Ackerland. Seit 762, der Zeit König Pipins, Vater Karls des Großen, ist an dieser Stelle die Fränkische Königspfalz „palatium Sentiacum" nachgewiesen. Viele hohe Potentaten machten wohl auch auf dem Wege von Frankfurt zur Krönungsstadt Aachen hier Station. Unterhalb der Kirche St. Peter steht seit 1875 ein Denkmal des Kaisers Friedrich I. (Barbarossa) in Erinnerung an seine häufigen Besuche in Sinzig. Unter den Staufern wird in der ersten Hälfte des 13. Jahrhunderts die Kirche in spätromanischem Stil errichtet – ein Musterbeispiel für den Übergang von der Romantik zur Gotik. Nach der Restaurierung im Jahre 1992 erstrahlt der Bau außen wieder in der leuchtenden Farbeneinfassung wie im 13. Jahrhundert. Im Heimatmuseum, das im Sinziger Schloss untergebracht ist, kann man sich über die Geschichte bestens informieren. Mitte des 19. Jahrhunderts entstand es als Landsitz im neugotischen Stil auf den Resten der Burg von 1336.

Ahraufwärts beginnt hier der Ahr-Rotwein-Wanderweg. Nach so viel Geschichte darf es wohl erlaubt sein, an weltliche Genüsse zu denken, vielleicht im *Vieux Sinzig*. Das aus der Normandie stammende Ehepaar Colette und Jean-Marie Dumaine führt das Restaurant seit 20 Jahren. Ihr Motto: „Die frische Naturküche für Jedermann" zieht sich durch alle leckeren Kreationen einer gelungenen Symbiose aus regionaler und normannischer Küche. Kräuter und Wildgemüse aus Feld und Wald geben mit ihren natürlichen Aromen den Geschmack an. Im Weinkeller lagern gute Tropfen von Rhein, Mosel, Ahr und aus Frankreich. 1994 erwirbt das Ehepaar Dumaine die tra-

Vieux Sinzig

Jean-Marie Dumaine
Kölner Straße 5, 53489 Sinzig
Tel. 0 26 42 / 4 27 57
Fax. 0 26 42 / 4 30 51

Kräutersalat mit mariniertem Fisch

*Rehrücken in Brotteig mit
Pfifferlingen und Trauben*

Lebkuchenparfait mit Zimteis

ditionsreiche Gaststätte *Zur Traube* direkt gegenüber dem alten Fachwerk-haus *Vieux Sinzig*. Von Zeit zu Zeit werden Kochseminare für interessierte Hobbyköche angeboten. Hausgemachte Spezialitäten zum Mitnehmen wie Pasteten, Suppen, Aperitifs, Konfitüren, Gelees und Essige, alle frei von Kon-servierungsstoffen und Geschmacksverstärkern, erfreuen sich großer Be-liebtheit.

Kräutersalat mit mariniertem Fisch

*200 g Forellenfilet
200 g Lachsforellenfilet oder Salmfilet
200 g Zanderfilet
Meersalz, Pfeffer, 2 EL Olivenöl
1 EL Thymianblättchen*

Für den Kräutersalat:
*von jeder Sorte etwa 4 kleine Zweige
    oder Blättchen: Vogelmiere, Pimper-
    nelle, Sauerampfer, Geißfuß,
    Bärenklau, Glockenblüten,
    Sumpfmiere, Brunnenkresse
50 g Feldsalat, 1 Lollo Rosso
1 Möhre (ca. 75 g), 4 Zahnstocher*

Für die Fischzubereitung:
*100 g Gemüse
    (Möhren, Sellerie, Lauch, Tomaten)
2 EL Olivenöl
1 EL Holunderblütenessig
2 EL Gemüsefond*

Die Fischfilets salzen und pfeffern. Mit Olivenöl und Thymianblättchen etwa eine Stunde marinieren.
In der Zwischenzeit für den Kräutersalat alle Kräuter, Feldsalat und Lollo Rosso waschen und putzen.
Die Möhre schälen und längs auf dem Gemüsehobel vier dünne gleichmäßige Bänder schneiden.
Aus Kräutern und Feldsalat vier Sträußchen binden mit dem Lollo Rosso als Manschette. Mit den Möhrenstreifen umwickeln. Damit das Sträußchen auf dem Teller steht, überstehende Stiele abschneiden, das Möhrenband dient als Sockel.
Das Gemüse waschen, putzen und in Streifen schneiden. Das Olivenöl erhit-zen und Möhren, Sellerie, Lauch und Tomaten darin andünsten. Mit Essig ab-löschen, salzen und pfeffern. Die Fischfilets auf das Gemüse legen. Im ge-schlossenen Topf bei kleiner Hitze etwa 3 bis 5 Minuten dämpfen. Etwas Gemüsefond dazugeben.
Die Gemüsestreifen auf vier Portionsteller verteilen. Die Fischfilets portio-nieren und darauf legen. Die Salatsträußchen dazu stellen und alles mit Ge-müse-Fisch-Fond überziehen.

Rehrücken in Brotteig
mit Pfifferlingen und Trauben

Mehl in eine Schüssel geben, Hefe hineinbröckeln und Wasser dazugeben. 10 Minuten zu einem glatten Teig verkneten. Zugedeckt an einem warmen Ort eine Stunde gehen lassen.

Salz zufügen und den Teig weitere 10 Minuten kneten. Eine Stunde gehen lassen.

Für die Farce Leber und Speck durch den Fleischwolf drehen. Alle anderen Zutaten unterrühren und abschmecken.

Das Rehrückenfilet in heißem Öl scharf anbraten. Mit Salz und Pfeffer würzen, abkühlen lassen.

Die Weinblätter kurz in kochendem Wasser blanchieren. Auf Küchenpapier gut abtropfen lassen.

Eine Klarsichtfolie entsprechend der Länge des Rehrückens auf die Arbeitsfläche legen. Mit den Weinblättern schuppenartig belegen. Gleichmäßig mit der Leberfarce bestreichen. Den Rehrücken darauf legen. Mit Hilfe der Folie fest aufrollen.

Den Brotteig dünn ausrollen (3 mm). Das Fleisch aus der Folie nehmen und darauf legen. Den Teig um die Fleischrolle wickeln. Die Enden fest zusammendrehen, knapp abschneiden und andrücken. Aus den Teigresten eine Traube formen und die Brotteighülle damit verzieren. Mit verquirltem Eigelb einpinseln. Im Backofen bei 240°C etwa 15 Minuten backen.

In der Zwischenzeit die Trauben in Butter und Zucker schwenken und warm stellen. Die Pfifferlinge putzen, abspülen und abtropfen lassen. In 100 ml Salzwasser 5 Minuten kochen. Abtropfen und den Pilzsud auffangen. Den Sud mit Butterstückchen aufschlagen. Pilze und grünen Pfeffer zufügen und mit Salz abschmecken.

Den Rehrücken im Ganzen servieren und erst am Tisch in dicke Scheiben schneiden. Mit Pfifferlingen und glasierten Trauben anrichten.

Für 8 Portionen
Für den Brotteig:
200 g Mehl, 100 ml Wasser
1 TL Salz, 10 g frische Hefe

Für die Farce:
150 g Rehleber
150 g Schweinerückenspeck
1 EL Semmelbrösel, 1 Ei
1 EL Thymianblätter
1 EL Wacholderbeeren
1 TL Meersalz, 1 TL Zucker
1 TL frisch gestoßener Pfeffer

500 g Rehrückenfilet
Salz, Pfeffer, 1 EL Öl
15 zarte Weinblätter
1 Eigelb, 1 TL Wasser

Für die Beilage:
200 g kernlose Trauben
20 g Butter, 1 EL Zucker
500 g Pfifferlinge
100 g Butter
1 TL grüner Pfeffer

Lebkuchenparfait mit Zimteis

Für die Lebkuchen (etwa 15 Stück):
je 250 g Roggen- und Weizenmehl
10 g Backpulver, 1 TL Salz
30 g Gewürzmischung
 (Pulver aus Sternanis, Zimt,
 Muskat, Nelken, Orangenschale)
6 Eier, 1 Eigelb, 500 g Honig
Butter und Paniermehl für die Form

Für das Lebkuchenparfait:
50 g Zuckersirup (dickflüssig, 20°C)
2 Eigelb
2 Blätter Gelatine, 250 ml Sahne
125 g Lebkuchenpulver

Für das Zimteis:
250 ml Milch, 3 Eigelb
1 TL gemahlener Zimt
100 g Zucker, 100 ml Sahne

Cassissauce (oder Himbeersauce)

Für den Lebkuchen Mehle, Salz, Backpulver und Gewürze mischen. Mit Eiern und Honig verkneten. 12 Stunden im Kühlschrank ruhen lassen. Eine Kastenform buttern und mit Paniermehl ausstreuen. Den Teig einfüllen und 40 Minuten bei 160°C backen.

Für das Parfait den Lebkuchen in Scheiben schneiden und im Backofen weitere 20 Minuten trocknen lassen, bis die Lebkuchen knusprig sind. In der Kaffeemühle (oder Moulinette) zu Pulver mahlen.

Den Zuckersirup auf die zwei Eigelb gießen und schaumig schlagen. Eingeweichte Gelatine zufügen und im heißen Wasserbad auflösen. Steif geschlagene Sahne und Lebkuchenpulver mischen und unter den Eischaum rühren. Abkühlen lassen.

Für das Zimteis die Milch aufkochen. Eigelb, Zimt und Zucker cremig aufschlagen. Die heiße Milch dazugießen und langsam bei kleiner Hitze unter ständigem Rühren dickcremig aufschlagen. Nicht kochen lassen. Im kalten Wasserbad abkühlen. Die flüssige Sahne unterrühren und in der Eismaschine frieren lassen.

Auf Portionsteller einen Spiegel aus Cassissauce gießen. Von dem Lebkuchenparfait mit einem in heißes Wasser getauchten Esslöffel Klößchen abstechen und auf der Sauce anrichten. Mit jeweils einer Kugel Zimteis servieren.

Gegenüber von Bad Kripp, durch eine Autofähre verbunden, liegt Linz, die „Bunte Stadt am Rhein". Durch das alte Rheintor mit Zollhaus gelangt man auf den Burgplatz, der von malerischen Giebelhäusern und der Zoll- und Zwingburg von 1365 umrahmt wird. Die Besichtigung der Burg mit Burgverlies, Folterkammer und Rittersaal versetzt uns zurück ins „finstere" Mittelalter, doch die Burggastronomie macht alle Ängste vergessen. Das Restaurant ist in einem Nebengebäude untergebracht und verträgt sich gut mit einem angegliederten Museum, das alte selbstspielende mechanische Musikinstrumente beherbergt. Im Turm lädt eine Diskothek zum Tanz ein. Eine römische Glashütte in Betrieb sowie ein Panoptikum runden das Vergnügen ab. Ihren Beinamen verdankt die Stadt farbigen Fachwerkhäusern aus fünf Jahrhunderten. Zentrum der Altstadt ist der Rathausplatz mit der Mariensäule. Über der Stadt erheben sich die Ruinen der Burgen Ockenfels und Dattenberg.

Das gesunde Erbe der Urzeit

Am Rhein gibt es besonders viele Mineralquellen: im Rheinischen Schiefer-
gebirge, hauptsächlich in der Eifel, aber auch im Westerwald, also rechts des
Rheins. Der Grund liegt im Vulkanismus, der diese Region vor langer Zeit geprägt hat. Die Quellen, ob frei zutage tretend oder erbohrt, erhalten ihre Eigen-
schaften – ihre Wärme, die Minerale und damit ihre Heilkraft – aus der Tiefe.
Wenn das Wasser an der Erdoberfläche wärmer als 20°C austritt, darf es den
Titel Thermalwasser führen. Viele Quellen sind als Heilquellen eingestuft, und
es konnten sich im Laufe der Zeit einige zum Teil weltberühmte Heilbäder entwickeln. Bad Kripp an der Mündung der Ahr in den Rhein zum Beispiel mit
seiner Marie-Luisen-Quelle zur Behandlung von Rheuma-, Blasen-, Gallen-,
Leber- und Herzleiden. Bad Bodendorf, etwas ahraufwärts von Sinzig gelegen,
entwickelte sich in letzter Zeit von einem ruhigen Winzerort zum Kurort. Das
Wasser des St. Josef-Sprudels tritt mit etwa 30°C aus und füllt auch das öffent-
liche Freibad. Bad Tönisstein im Brohltal besitzt zwei Quellen, die schon die
Römer genutzt haben. Ein sehr bedeutendes und viel besuchtes Bad liegt in der
Nähe am Rhein, Bad Breisig. Kurkliniken und Kuranlagen zur Behandlung von
Gicht, Herz-, Nieren- und Magenleiden lassen Kranke auf Besserung oder gar
Heilung hoffen. Kurkonzerte und tägliche Tanztees sind zur Unterstützung des
Heilungsprozesses gedacht. Gleich vier Thermalquellen versorgen schöne Badeanlagen. Die neuen Römerthermen mit 30°C Wassertemperatur im Innen-
und 32°C im Außenbecken stehen für Gesundheit und Fitness zu jeder Jahreszeit zur Verfügung. Entspannung, aber nicht nur in der Kurzone, auch der historische Stadtkern mit seinen hübschen Fachwerkhäusern und der Rheinpromenade mit dem Alten Zollhaus werden Ihr Herz erfreuen. Von der Mündung
des Vingstbaches in den Rhein führt ein Sessellift zur Burg Rheineck hinauf.
Aus dem 12. Jahrhundert stammend wurde die romanische Burg Mitte des

Burg Rheineck

19. Jahrhunderts stilgerecht wieder aufgebaut. Zur Römerzeit bildete der Vingstbach die Grenze zwischen den Provinzen Nieder- und Obergermanien – heute immer noch eine hörbare Sprachgrenze zwischen dem Rheinfränkischen und dem Moselfränkischen. Der Name Breisig leitet sich von „Brysich", der keltischen Siedlung, und später vom römischen Kastell Bresiacum, ab.

Jedes Jahr im Juli, während der „Kulinarischen Woche", ist Bad Breisig Treffpunkt der Feinschmecker, aber auch zu jeder anderen Zeit lädt das *Historische Weinhaus Templerhof* zum Verweilen ein. Dieses altehrwürdige Bruchsteinhaus wurde 1657 von den Johannitern, Nachfolgern des Templerordens, errichtet. Seit 35 Jahren befindet es sich in der Obhut der Familie Brandau, die ihre Gäste in dem gemütlich eingerichteten Restaurant mit regionaler und internationaler Küche verwöhnt. Im Vordergrund stehen Gerichte mit frischem Fisch und Meeresfrüchten. Zum St. Martins-Fest im November werden in bewährter Tradition knusprig gebratene Martinsgänse angeboten. Dazu kann man unter 200 Weinen den passenden auswählen.

Historisches Weinhaus Templerhof
Familie Brandau
Koblenzer Straße 45, 53490 Bad Breisig
Tel. 0 26 33 / 94 35
Fax. 0 26 33 / 73 94

Martinsgans mit Rotkohl und Klößen

Die Äpfel waschen und in Viertel schneiden. Die Zwiebel abziehen und klein schneiden.

Garzeit bei 200°C ca. 140 Minuten.

Die Gans mit Salz, Pfeffer und Majoran von innen und außen gut einreiben. Die Äpfel in die Gans geben. Die Öffnung zunähen.

Die Gans in einen Bräter legen, die Zwiebeln dazulegen. Mit dem Kalbsfond auffüllen.

Während des Bratvorgangs die Gans öfters begießen. Die fertige Gans aus dem Bräter nehmen und tranchieren.

Das Fett vom Bratenfond vorsichtig abschöpfen und beiseite stellen (wird noch für den Rotkohl verwendet).

Die ausgelösten Gänseknochen in den Bratenfond geben und kurz erhitzen. Den Fond passieren und mit etwas angerührtem Mehl binden.

Für den Rotkohl alle Zutaten mit 1/2 Wasser zusammen ca. 40 – 60 Minuten gar ziehen lassen.

Die Kartoffeln waschen, in der Schale kochen, pellen, durchpressen und ausdampfen lassen. Mit den Zutaten zu einem festen Teig vermengen. Klöße formen und ins kochende Salzwasser geben. Kurz aufkochen lassen und bei schwacher Hitze 15 Minuten gar ziehen lassen.

Für 4 – 6 Portionen
3 Äpfel, 2 Zwiebeln
1 Gans von etwa 3,5 kg
Salz, Pfeffer, Majoran
1 Liter Kalbs- oder Geflügelfond
1 EL Mehl

Für den Rotkohl:
2 kg Rotkohl, 200 g Gänsefett
80 g Zucker, 50 g Salz
200 g geriebener Apfel
etwas Weinessig
Gewürzei mit einigen Nelken
und 2 Lorbeerblättern

Für die Klöße:
2 kg Kartoffeln, 100 g Grieß
50 g Stärke, 50 g Mehl
2 Eigelb, 1 Ei
Salz, Muskat

Bräuche gehören zu unserem Leben. Sie geben ihm einen Rahmen und machen es überschaubar, gerade dann, wenn sie an bestimmte Zeiten im Ablauf des Jahres oder gar des Lebens gebunden sind. Schöne Bräuche zählen zu den nichtverblassenden, immer wiederkehrenden Lichtblicken unseres Lebens.

Ein im Rheinland verbreiteter Brauch mit langer Tradition ist das Entzünden der Martinsfeuer rechts und links des Rheins zum Fest des Heiligen Martin am 11. November. Geht er zurück auf die Erinnerung an das Licht, das der Heilige Bischof mit seinem vorbildlichen Leben ausgestrahlt hat, oder muss man weiter zurückgehen? Die Sehnsucht nach Licht in der dunklen Jahreszeit hat sicherlich das Ihre beigetragen. Weil Kinder am liebsten überall aktiv am Tun der Erwachsenen teilhaben wollen, dürfen sie in selbstgefertigten Laternen eigene Lichter entzünden und sie singend durch die Straßen ihrer Ortschaften tragen – der Rhein diesmal „in Flämmchen". Und die berühmte Martinsgans? Weil zu einem Fest auch gutes Essen gehört, man aber nicht jeden Tag Gans vertragen könnte, soll es die wenigstens einmal pro Jahr geben. Der im Kalender regelmäßig wiederkehrende Martinstag ist Garantie, dass die Gänse nicht vergessen werden; zusätzlich ist der 11.11. für Rheinländer der Beginn der fünften Jahreszeit, des Karnevals.

Es ist immer gut und entlastend, Schlemmerbräuche an einem Heiligen festzumachen. Wenn man dann zu viel gegessen und getrunken hat, war es wenigstens zu seinen Ehren. Rheinländer sind Weltmeister im Sich-Arrangieren.

Wie der Martinstag zu seinen Gänsen gekommen ist? „Jans" einfach: Als man Martin 371 zum Bischof von Tours gewählt hatte, fühlte er sich nicht würdig, das Amt anzunehmen, und flüchtete der Legende nach in einen Gänsestall, aber die wachsamen Tiere verrieten ihn mit ihrem Geschnatter. Dafür müssen sie seitdem – die Welt ist undankbar – mit ihrem Leben bezahlen.

Auf der anderen Seite des Rheins am Fuß des Westerwaldes liegt Bad Hönningen mit vielen malerischen Winkeln. Das mineralhaltige Heilwasser der Rheinpark-Therme wirkt lindernd bei Rheuma, Herz- und Kreislauferkrankungen. Eine Buchenallee unmittelbar am Rheinufer lädt zum Spazierengehen ein. Im Rosengarten kann man sich regelmäßig am Kurkonzert erfreuen. In der Nähe beginnt der Limes-Wanderweg, der in der Endausbaustufe bis zur Donau führen wird. Oberhalb von Bad Hönningen, inmitten von Weinbergen, erhebt sich Schloss Arenfels. An der Stelle einer Burg aus dem 13. Jahrhundert, mehrmals umgebaut und wieder verfallen, errichtete Mitte des 19. Jahrhunderts der Kölner Dombaumeister Ernst Friedrich Zwirner hier ein Schloss im neugotischen Stil für Graf Friedrich Ludolf von Westerhold-Gysenberg. Das Schloss ist

Dezemberlicht

heute noch im Familienbesitz und bewohnt. Von der angrenzenden Restaurantterrasse hat man einen bezaubernden Blick ins Rheintal.

Von Bad Breisig linksrheinisch stromaufwärts kommt man an die Mündung des Brohlbaches. Dort liegt der Ort Brohl, überragt von der Augusta-Burg, der ehemaligen Burg Brohleck. Von hier aus startet der Vulkan-Express auf einer Schmalspurgleisanlage, die vor etwa 100 Jahren für den Transport von Steinmaterial eingerichtet wurde. Die Haltestellen bieten Ausgangspunkte für Wanderungen zu interessanten Zielen wie Vulkanpark Brohltal, Bad Tönisstein oder dem Laacher See mit der Abtei Maria Laach. Der Vulkanpark gewährt einen spannenden Einblick in die Urgeschichte dieser Region.

Brohl gegenüber thront auf steilem Fels die Burgruine Hammerstein, unter ihr der Ort gleichen Namens. Die Reichsburg stammte aus dem 10. Jahrhundert. Auf einem Merianstich von 1646 ist sie noch in voller Größe mit sieben Türmen und starken Wehrmauern zu sehen. Doch wenige Jahre später lässt der Erzbischof von Trier die Anlage schleifen.

Wir kommen zum Winzerort Leutesdorf mit 2000-jähriger Geschichte, schönen alten Baudenkmälern, Fronhof, Fachwerkhäusern, Wallfahrtskirche Heiligkreuz und St. Laurentius aus dem 18. Jahrhundert. Zolltor und Marienburg liegen eingebettet in Rebanlagen. Malerisch breitet sich davor eine der vielen Rheininseln, Hammersteiner-Werth, aus.

Gegenüber liegt Dyer-Werth. 1903 wurde hier in über 300 Metern Tiefe kohlensaurer Sprudel erbohrt. Bis in die zwanziger Jahre schoss aus der Augustinusquelle in regelmäßigen Abständen eine Sprudelfontäne von etwa 40 Metern. Dyer-Werth besaß den größten Kalt-Geysir des Kontinents. Später wurde die Fontäne abgedeckt und das Mineralwasser aufgefangen und in den Handel gebracht. Schluss mit der „Verschwendung"! Heute sind Bestrebungen im Gange, den Geysir wieder „frei" sprudeln zu lassen.

In der Pfarrkirche St. Bartholomäus des Ortes kann man Glasmalereien aus dem 13. Jahrhundert bewundern. Ganz in der Nähe steht die ebenfalls im 13. Jahrhundert erbaute Wasserburg, die später zu einem Schloss umgebaut und noch mehrmals verändert wurde. Dieses ist seit fast 100 Jahren im Besitz der Hohenzollern. Ein umfangreiches Angebot an Konzerten, den Andernacher Musiktagen auf der Burg Namedy, Klavierabenden, den Jazz-Brunchs auf dem Burghof geben die Gelegenheit, nebenbei Gemälde, erlesene Möbel und Waffen aus Familienbesitz zu bewundern.

Das weite Tal des Rheins

Bei Andernach weichen die Hänge der Eifel und des Westerwaldes zurück und geben die Sicht frei auf das so genannte Neuwieder Becken, in Urzeiten ein großer Binnensee. Ausgrabungsfunde lassen schließen, dass im Gebiet Andernach schon vor einer Million Jahren Menschen lebten. Die Geschichte der Stadt beginnt aber erst vor etwa 2000 Jahren, als die Römer hier das Kastell „Antunnacum" errichteten. Es entwickelte sich eine rege Siedlung, da alle Voraussetzungen gegeben waren: gute Straßen in alle Richtungen, fruchtbares Ackerland, reicher Fischfang sowie Handel mit Tuffstein, Trass und Mühlensteinen. Unter fränkischer Herrschaft im 5. Jahrhundert war Andernach Königspfalz. Dann im Mittelalter bis etwa 1800 bildete die Stadt den südlichen Eckpfeiler des Kurfürstentums Köln. Die romantische Stadt mit ihren vielen Sehenswürdigkeiten ist einen Besuch wert. Der Runde Turm, um 1450 erbaut, gehört ebenso wie das Rheintor, das Burgtor und die Ruine der Stadtburg aus dem 12. Jahrhundert zur relativ gut erhaltenen Stadtbefestigung.

Der Sage nach sollen Bäckerjungen in früher Morgenstunde, als die Stadt noch schlief, am Rheintor einen geplanten Überfall der Linzer vereitelt haben, indem sie die auf der Mauer aufgestellten Bienenkörbe auf die Feinde warfen, worauf diese die Flucht ergriffen. Ein Denkmal im Innenhof der Bastei dankt noch heute den pfiffigen Jungs, und das jedes Jahr gefeierte Bäckerjungenfest gibt es nur hier.

Um 1200 entstand die Michaelskapelle als Friedhofskapelle für das Kloster der Andernacher Augustinerinnen. Die Liebfrauenkirche, auch Mariendom genannt, gilt als eine der schönsten romanischen Kirchen am Rhein. Das alte Rathaus wird bereits 1407 erwähnt, als es noch Synagoge der jüdischen Gemeinde war. Im prunkvollen Renaissancebau „Von der Leyensche Hof" ist seit 1936 das Stadtmuseum untergebracht. In den Rheinanlagen steht der gut erhaltene „Alte Krahnen" aus dem 16. Jahrhundert. Bis 1911 wurde er zum Verladen der Mühl-

Hammerstein

steine auf Schiffe genutzt, die in den Basaltbrüchen von Mayen und Niedermendig hergestellt wurden. Die erlebte Romantik kann man im *Hotel-Restaurant Alte Kanzlei* zu gemütlicher Stunde noch einmal Revue passieren lassen – bei einem guten Tropfen Wein vom Rhein. Auch das ehemalige Schultheißenhaus aus dem Jahre 1677 mit damals ausgegliederter Kanzlei hat eine bewegte Geschichte hinter sich. Zwischen Mariendom und Marktplatz wurde dieses Kleinod vom damaligen Kurkölner Erzbischof errichtet. Hier präsentierte man die weltliche Macht. Heute ist das Schultheißenhaus eine Oase für Genießer.

Hotel Restaurant „Alte Kanzlei"

Christel Herrmann
Küchenchef Lothar Müller
Steinweg 30, 56226 Andernach
Tel. 0 26 32 / 9 66 60
Fax. 0 26 32 / 9 66 60

*Geschrotete Grünkerncreme
mit Eifeler Rauchforelle*

Laacher See-Felchenfilet auf Graupenrisotto mit frittiertem Sauerkraut

*Gockel in Spätburgunder
mit Perlzwiebeln und Pilzen
Karotten-Zucchinireibekuchen*

*Kirschflammeri mit Mandelsauce
und gefüllten Windbeuteln*

Geschrotete Grünkerncreme
mit Eifeler Rauchforelle

Die Schalotten abziehen und fein schneiden. Das Gemüse waschen, putzen und würfeln.
Die Butter erhitzen und die Schalotten sowie das Gemüse darin andünsten. Mit Grünkernmehl bestäuben, mit Brühe auffüllen und würzen, etwa 10 Minuten köcheln lassen.
Mit Eigelb und Sahne abbinden.
Das Forellenfilet in Würfel schneiden und im Suppenteller warm stellen. Die Suppe anrichten und mit der gehackten Petersilie garnieren.

2 Schalotten
100 g Gemüse
    (Karotten, Lauch, Sellerie)
80 g Butter
70 g Grünkernmehl
1 ¼ Liter Rinderbrühe
Gewürzsalz, Muskatnuss
3 Eigelb, 250 ml Sahne
120 g Räucherforellenfilet
2 – 3 Zweige Blattpetersilie

Laacher See-Felchenfilet auf Graupenrisotto mit frittiertem Sauerkraut

200 g Graupen
200 g Gemüse (Karotten, Kohlrabi)
50 g Speck, 50 g Butter
1/2 Liter Gemüsefond
etwa 200 ml Weißwein
Gewürzsalz
1 EL Schnittlauch, etwas Sahne
Balsamico-Essig
4 Felchen
2 Limetten, Salz
50 ml Olivenöl, 100 g Sauerkraut
1 Zweig Zitronenthymian

Die Graupen einweichen. Das Gemüse waschen, putzen und in Stifte schneiden. Den Speck würfeln. Die Butter erhitzen. Den Speck zufügen und das Gemüse darin andünsten. Die eingeweichten Graupen dazugeben, Brühe und Weißwein angießen und die Graupen weich garen. Mit Gewürzsalz, in Röllchen geschnittenem Schnittlauch, Sahne und Essig abschmecken.
Die Felchen schuppen, filetieren, mit Limettensaft beträufeln und mit Salz würzen. Das Öl in einer Grillpfanne erhitzen und die Filets auf der Haut braten. Das Sauerkraut waschen, abtrocknen, in heißem Fett frittieren und würzen.
Das Felchenfilet mit Zitronenthymian garnieren.
Frittiertes Sauerkraut und Graupenrisotto dazu servieren.

Gockel in Spätburgunder mit Perlzwiebeln und Pilzen
Karotten-Zucchinireibekuchen

1 junger Bauernhahn ca. 1,6 – 1,8 kg
Salz, Pfeffer, 200 g Perlzwiebeln
200 g Champignonköpfe
100 ml Olivenöl
1 Lorbeerblatt, 2 Knoblauchzehen
je 1 Zweig Thymian und Rosmarin
Tomatenmark, etwa 1/2 Liter Geflügeljus
1 1/2 Liter Spätburgunder

Für die Reibekuchen:
400 g Kartoffeln
200 g Karotten, 100 g Zucchini
3 Eigelb, Gewürzsalz, Muskatnuss
1 Zweig Majoran
20 g Leinsamen, 20 g Sesam
Butterschmalz zum Braten

Den Hahn in 12 Teile zerlegen, mit Salz und Pfeffer würzen. Die Perlzwiebeln abziehen und die Chamignonköpfe putzen.
Das Öl in einem Bräter erhitzen und die Hähnchenteile knusprig anbraten. Lorbeerblatt, zerdrückten Knoblauch, Thymian, Rosmarin und Tomatenmark mit anrösten. Mit Geflügeljus ablöschen, den Spätburgunder angießen, Zwiebeln und Pilze dazugeben und im Ofen ca. 30 Minuten gar schmoren. Die Gewürze entfernen, eventuell die Sauce leicht binden.
Die Kartoffeln waschen, schälen, reiben und im Tuch ausdrücken. Die Karotten und die Zucchini putzen und dazureiben. Eigelb, Gewürzsalz und Muskatnuss mit fein gehacktem Majoran vermischen und dazugeben, ebenso den Leinsamen und Sesam.
In heißem Butterschmalz kleine Reibekuchen braten.

Kirschflammeri mit Mandelsauce und gefüllten Windbeuteln

Für den Brandteig Milch, Butter, Zucker und Salz aufkochen. Das Mehl auf einmal in den Topf geben, dabei so lange rühren, bis sich ein Teigkloß bildet, abkühlen lassen. Die Eier einzeln unterrühren. Das Ganze mit einem Spritzbeutel auf das Backblech spritzen, bei 200 bis 220°C ca. 15 bis 20 Minuten mit Wasserdampf backen.

Für den Flammeri Kirschsaft, Milch, Butter, Speisestärke, Rum, aufgeschnittene und ausgeschabte Vanilleschote zu einer Creme aufkochen.

Eiweiß und Zucker zu Schnee schlagen, kurz mit der Creme aufkochen und in Förmchen füllen.

Mascarpone und Amaretto verrühren und kalt stellen. Die Schlagsahne mit Vanillemark und Zucker steif schlagen.

Die Windbeutel aufschneiden und die Sahne hineinspritzen. Auf dem Teller Windbeutel und gestürzten Kirschflammeri dekorativ mit der Mandelsauce anrichten.

Für den Brandteig:
1/8 Liter Milch, 65 g Butter
1 TL Zucker, Salz
100 g Mehl, 5 Eier

Für den Flammeri:
100 g Kirschsaft, 150 g Milch
30 g Butter, 15 g Speisestärke
1/2 TL Rum, 1 Vanilleschote
4 Eiweiß, 60 g Zucker

Für die Mandelsauce:
80 g Mascarpone
50 ml Amaretto

200 ml Schlagsahne
2 Msp. Vanillemark, 2 TL Zucker

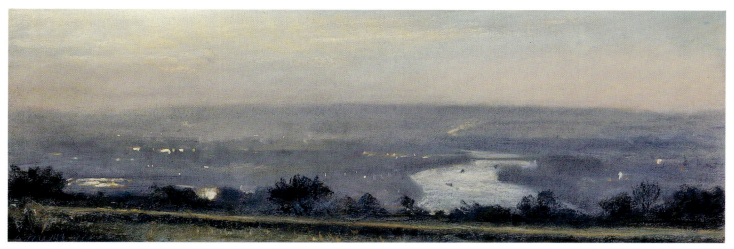

Sommerabend im Neuwieder Becken

Ambiente im Hotel Fischer
Inhaberin Karin Fischer
Chefkoch René Fischer
Am Helmwartsturm 4-6,
56626 Andernach
Tel. 0 26 32 / 9 63 60
Fax. 0 26 32 / 96 36 40

Graupensuppe
mit Hummer und Kalbskopf

Geschmorte Rinderbacken
in Ahr-Rotwein-Schalotten-Sauce

Sektcreme mit Trestersabayon

Wer noch einige Tage in Andernach verweilen möchte, dem sei auch das *Hotel-Restaurant Fischer* empfohlen. *René Fischer* bietet eine kreativ-leichte Küche mit frischen saisonalen Produkten. Die gut zusammengestellte Weinkarte berücksichtigt neben Weinen europäischer Lagen auch die der unmittelbaren Umgebung sowie Weine von der Ahr. Das *Ambiente* im Erdgeschoss, hell, licht und elegant, strahlt eine freundliche Atmosphäre aus, während im Herbst und Winter die „Ratsstuben" im Untergeschoss mit gotischem Gewölbe Geborgenheit und Wärme vermitteln.

Graupensuppe mit Hummer und Kalbskopf

1 Sellerie, 2 Stangen Lauch
2 Karotten, 2 Zwiebeln
1 EL Senfkörner, 1/2 EL Kümmel
1 vorbereiteter Hummer
1/2 Kalbskopf
3 Liter Fleischbrühe
etwas Thymian
1 EL Butter
200 g Graupen
Salz, Pfeffer, 1 Lorbeerblatt
1 Knoblauchzehe
1 Bund Kerbel

Das Gemüse waschen und putzen. Die Zwiebeln abziehen. Salzwasser mit den Senfkörnern und dem Kümmel aufkochen. Den Hummer ins kochende Wasser geben und das Wasser nochmals aufkochen lassen, dann den Hummer im Eiswasser abschrecken. Scheren und Schwanz vom Körper trennen, ausbrechen, den Darm vom Schwanz entfernen. Den geputzten Kalbskopf in der Fleischbrühe mit der Hälfte des Gemüses und dem Thymian etwa 1 1/2 Stunden garen.
Den Rest des Gemüses in feine Würfel schneiden und in Butter andünsten. Mit der Brühe aufgießen und die Graupen hinzugeben. Mit Salz, Pfeffer, Lorbeerblatt und etwas Knoblauch abschmecken.
Hummermedaillons und -stücke mit dem in Würfel geschnittenen Kalbskopf im Restfond wärmen.
Die Graupensuppe in vorgewärmte Suppenteller geben. Die Hummer- und Kalbskopfstücke darin anrichten. Mit Kerbelblättchen garnieren.

Geschmorte Rinderbacken
in Ahr-Rotwein-Schalotten-Sauce

Die Zwiebeln und Schalotten abziehen. Das Gemüse waschen, putzen und klein schneiden. Die geputzten Rinderbacken am Vortag in 1 Liter Rotwein, dem Wurzelgemüse, den Zwiebeln, dem Thymian, Knoblauch, Salz und Pfeffer marinieren. Die Backen und das Gemüse separat aus der Marinade nehmen.

Die Backen in heißem Öl beidseitig braun anbraten. Das Gemüse hinzugeben und leicht mitrösten. Mit Mehl bestäuben und mit der Marinade und der Fleischbrühe so weit aufgießen, dass das Fleisch gerade bedeckt ist. Tomatenmark hinzugeben und etwa 2 Stunden schmoren.

Die Schalotten in feine Würfel schneiden und in Butter andünsten. Mit Salz und Pfeffer würzen. Den Rest Rotwein hinzugeben und so weit einkochen, bis keine Flüssigkeit mehr vorhanden ist.

Zum Schluss den Cassis-Likör hinzugeben und kurz köcheln lassen. Die weichen Rinderbacken aus der Sauce nehmen und die Sauce durch ein Sieb passieren. Sauce mit den Schalotten, Salz und Pfeffer abschmecken.

Auf warme Teller je 1 Esslöffel des Schmorgemüses geben. Rinderbacken aufsetzen und mit Rotwein-Schalotten-Sauce übergießen.

2 Zwiebeln, 10 Schalotten
1 Karotte, 1 Stange Lauch
1 Sellerie
1,2 kg parierte Rinderbacken
1 1/2 Liter Ahrrotwein
1 Thymianzweig
1 Knoblauchzehe
Salz, Pfeffer, Öl
2 EL Mehl
1/2 Liter Rinderbrühe
1 EL Tomatenmark
1 EL Butter
20 ml Cassis-Likör

Sektcreme mit Trestersabayon

Für die Creme die Gelatine in kaltem Wasser einweichen. Das Baiser in ein Handtuch geben, mit Hilfe einer Schüssel zerdrücken und beiseite stellen.

Wasser in einem Topf zum Kochen bringen.

Die Eigelbe mit Zucker, Sekt und Zitronensaft in eine Schüssel geben und im Wasserbad schaumig schlagen. Beginnt die Creme zu stocken, die eingeweichte Gelatine unterziehen, dann die Creme in einer Schüssel mit Eiswürfeln kalt rühren.

Ist die Creme gut abgekühlt, das zerkleinerte Baiser und die Schlagsahne vorsichtig unterziehen und in kleine Formen füllen. Etwa 3 Stunden kalt stellen.

Für den Sabayon alle Zutaten in einen Topf geben und gut vermischen. Dann die Masse im Wasserbad schaumig schlagen. Hat diese Masse eine cremige Konsistenz erreicht, aus dem Wasserbad nehmen und die geschlagene Sahne unterziehen.

Das Sabayon auf die Teller geben und die stürzfähige Creme aufsetzen.

Die Teller mit Puderzucker bestäuben.

3 Blatt Gelatine
50 g Baiser
6 Eigelb
60 g Zucker
125 ml Winzersekt
10 ml Zitronensaft
125 g Schlagsahne

Für den Sabayon:
3 Eigelb
40 ml Trester
200 ml Sekt
2 EL Zucker
1 EL Schlagsahne
Puderzucker

Neuwied, eine bemerkenswerte Stadt an Rhein und Wied, muss sich mit hohen Deichen gegen das Hochwasser schützen. Die Stadt wurde erst 1648, am Ende des Dreißigjährigen Krieges, anstelle des zerstörten Langendorf als „Reißbrettstadt" von Graf Friedrich III. von Wied neu gebaut. Bereits 1653 erhält die neue Siedlung die Stadtrechte, und der Graf erweitert diese um religiöse Toleranz, was sich im Laufe der Zeit als sehr weise Maßnahme herausstellt. Das von Graf Friedrich errichtete Schloss wurde später von den Franzosen niedergebrannt und das heutige Barockschloss erst Mitte des 18. Jahrhunderts gebaut. Der deutsche Dichter Hoffmann von Fallersleben stattet 1851 Neuwied einen Besuch ab und hat uns seine Eindrücke hinterlassen:

Wenn man auf dem Rhein mit dem Dampfschiffe an Neuwied vorüberfährt und in die breiten geraden Straßen mit den eben nicht hohen Häusern sieht, dann ist es ganz verzeihlich mit Simrock auszurufen: Das moderne, regelrecht nüchterne Neuwied! Hat man aber erst einige Tage dort gelebt, so vermißt man recht gerne, was die Romantiker an den alten Rheinstädten ebenfalls schön und herrlich finden. Es thut einem recht wohl, in den breiten, geraden, reinlichen Straßen zu wandeln, wo Platz genug ist für Menschen, Wagen und Pferde...

Er fährt fort:

Friedlich wohnen hier mit- und nebeneinander Reformierte, Lutheraner, Katholiken, Herrnhuter, Mennoniten, Quäker, Freigemeindler und Juden eifrig bemüht, ihre geistigen und leiblichen Fähigkeiten zu entwickeln.

Mit der Herrnhuter Brudergemeinde kam auch der Kunstschreiner Abraham Roentgen mit seinem Sohn David nach Neuwied. Ihre Möbel waren bald von Fürsten- und Königshäusern sehr gefragt. Zu gleicher Zeit machten die Uhrmacherfamilie Christian Kinzing und Sohn Peter von sich reden. Sie fertigten nicht nur Präzisions-Uhren an, sondern statteten sie noch mit Spielwerken aus. Beide Familien schließen sich Mitte des 18. Jahrhunderts zusammen und bauen kunstvolle Standuhren, Stutz- und Wanduhren, die weltweit gefragt sind. Die astronomische Bodenstanduhr, gefertigt für den aus Neuwied stammenden Geheimrat Hüsgen, ist heute im Frankfurter Goethe-Haus zu bewundern. Einige wertvolle Uhren aus der Kinzing-Werkstatt sowie Roentgen-Möbel sind im Kreismuseum Neuwied ausgestellt. Erwähnung finden muss auch ein Pionier und vielleicht der größte Sohn der Stadt Neuwied – Friedrich Wilhelm Raiffeisen. 1818 in Hamm an der Sieg geboren, gestorben 1888 in Neuwied, war er lange Bürgermeister in Heddesdorf. Er ist der Vater der nach ihm benannten ländlichen Genossenschaften und der Spar- und Darlehnskassenvereine. Ihm zu Ehren wurde im Stadtteil Heddesdorf ein Denkmal errichtet, das später auf dem Museumsplatz in Neuwied aufgestellt wurde. Die Rheinbrücke wurde nach ihm benannt.

Am besten besucht man Neuwied im Sommer. Nur dann hat man eine Chance, den inzwischen für die Stadt zum kulturellen Markenzeichen gewordenen „Neuwieder Sommer" mitzuerleben. Höhepunkt ist das viertägige internationale Deichstadtfest mit Musik, Tanz, Folklore und kulinarischen Köstlichkeiten. Eine solche Köstlichkeit ist die Rouladentorte, für die der Konditormeister Willi Tillmanns zum Fürstlich Wiedischen Hofconditor ernannt wurde. Ihre Herstellung bleibt allerdings ein Geheimnis. Aber die Himbeer-Joghurt Sahnetorte ist auch nicht zu verachten.

Tillmanns Café –
Conditorei – Confiserie –
Brüderhaus-Bäckerei
Langendorfer Straße 168
56564 Neuwied
Tel. 0 26 31 / 2 52 32
Fax. 0 26 31 / 2 43 23

Himbeer-Joghurt Sahnetorte

Die Himbeeren auftauen. 5 Blatt Gelatine einweichen. Den Mürbteigboden mit Marmelade bestreichen. Den Biskuitboden einmal quer durchschneiden, so dass 2 Platten entstehen. Die eine Platte auf den mit Marmelade bestrichenen Mürbteigboden legen und mit einem Aluminiumring von 26 cm Durchmesser und 5 cm Höhe umlegen. 40 g Zucker über 150 g Himbeeren streuen. Den restlichen Zucker mit der Sahne steif schlagen.

Die Gelatine ausdrücken und vorsichtig auf dem Herd auflösen. Die Himbeeren und den Joghurt zugeben. Wieder erwärmen, aber nur auf etwa 35°C. Auf keinen Fall zu warm werden lassen, da die Gelatine sonst ihre Bindefähigkeit verliert. Die geschlagene Sahne unterheben und die Hälfte in den vorbereiteten Ring füllen. Nun die zweite Biskuitplatte auflegen und die restliche Sahne einfüllen.

Die verbleibenden Himbeeren etwas zerdrücken und auf die Sahne in dem Ring streichen. Etwa 40 Minuten in den Kühlschrank stellen.

Währenddessen das restliche Blatt Gelatine in dem Apfelsaft einweichen. Nach der Abkühlzeit der Torte den Ring mit einem Messer lösen und etwa 2 cm hochziehen.

Den Apfelsaft mit der Gelatine erwärmen, so dass sich die Gelatine auflöst. Etwas erkalten lassen und über die Torte gießen.

Den Ring noch einmal vorsichtig lösen und abziehen.

250 g Himbeeren,
*   frisch oder Tiefkühlware*
6 Blatt Gelatine
1 dünner Mürbteigboden
250 g Himbeermarmelade
*   (ohne Kerne)*
1 Biskuitboden von etwa 4 cm Höhe
80 g Zucker
¹/2 Liter süße Sahne
150 g Joghurt
200 ml Apfelsaft

Pappeln im Herbstgold

Das Schlosstheater bietet Theateraufführungen und Konzerte internationaler Bühnen-Ensembles. In der über 850 Jahre alten Prämonstratenser-Abtei Rommersdorf finden Kreuzgangkonzerte und Freilichtspiele statt. Auch das Schloss Engers leistet seinen Beitrag. Der prächtige Barockbau, direkt am Rheinufer gelegen, wurde Mitte des 18. Jahrhunderts für den Kurfürsten und Erzbischof von Trier errichtet und zeigt kunstvolle Schmiedearbeiten sowie im zweigeschossigen Festsaal Malereien von Januarius Zick aus Koblenz. Im Festsaal und auf dem Ehrenhof auf der Landseite finden regelmäßig Konzerte – „Villa Musica" – statt. Das ehemalige Prinzessinnen-Palais des wiedischen Sommersitzes Monrepos, etwas wiedaufwärts auf einer Höhe gelegen, ist heute ein Museum besonderer Art. Es zeigt interessante Forschungsergebnisse zur Altsteinzeit im Mittelrheingebiet. 1968 wurde hier die Steinzeitjäger- und Künstlersiedlung von Gönnersdorf entdeckt. Sie lag unter Löß und meterdickem Bims begraben.

Bei gutem Wetter ist auch der Neuwieder Zoo ein Tipp. Im großzügigen und gepflegten Freigehege sind etwa 1400 Tiere aus 160 Arten aus aller Welt zu beobachten.

Die Sparkasse Neuwied konnte 1998 auf 150 Jahre erfolgreiche Arbeit zurückblicken. Genau im Revolutionsjahr 1848 rief man zur Bekämpfung der Armut das städtische Institut „Sparkasse Neuwied" ins Leben. Das Geburtshaus war das alte Stadthaus. Was einst mit 30 Talern als erste Einzahlung begann, ist heute zu einem mächtigen Geschäftsvolumen angewachsen. Die äußere Hülle musste sich dem anpassen: Die neu errichtete Sparkasse in der Hermannstraße, ein architektonisch bemerkenswerter Bau, lohnt einen Besuch.

Zwischen Neuwied und Bendorf liegen auf beiden Seiten des Rheins Bimssteinfabriken. Sie verarbeiten etwa seit Mitte des 19. Jahrhunderts industriell das vulkanische Material, das der spätere Laacher See sowie andere Eifelvulkane ausgespuckt haben, zu Schwemmsteinen und anderen Baustoffen. Die anstehende, viele Meter dicke Schicht ist an den meisten Stellen bereits abgebaut, so dass nun der darunter liegende Fluss-Schotter genutzt wird. Die Weite des Neuwieder Beckens hat in früheren Zeiten den Rhein zum Mäandrieren veranlasst. So liegt ein großer Teil der Neuwieder Altstadt auf einer ehemaligen Rheininsel. Die Inseln hier besitzen keinen Felskern, sondern bestehen aus Kies-Schotter. Unter ihnen ist der Urmitzer Werth beachtenswert. Die Insel sowie die umgebenden Wasserflächen stehen unter Naturschutz. Das Gebiet ist zu einem wichtigen Rastplatz für durchziehende Watt- und Wasservogelarten wie Enten, Blässrallen, Zwergtaucher, Möwen, Höckerschwäne, Kormorane, Graureiher und Säger geworden.

Niederwerth im Sommerdunst

Der Weiße Turm aus dem späten 13. Jahrhundert, der dem Ort seinen Namen gab, sicherte hier einst die Grenze des Trierer Gebiets.

Dort, wo der Westerwald wieder näher an den Rhein heranrückt, liegt Bendorf mit dem interessanten Ortsteil Sayn. Hier begegnen sich Mittelalter und Neuzeit. Schon in römischer Zeit wurde im Stadtbereich der Abbau von Spateisenstein betrieben. Tradition verpflichtet, erst recht, wenn es sich lohnt. Der Bergbau und die Erzverhüttung – die Concordiahütte von 1838 – haben die Entwicklung von Bendorf geprägt. Die Sayner Hütte aus dem 19. Jahrhundert, in Form einer dreischiffigen Gusseisenkonstruktion mit viel Glas erbaut, war eine der drei preußischen Eisengießereien neben Berlin und Gleiwitz. Hier wurden nicht nur Kanonenrohre, sondern bis zur Schließung im Jahre 1926 auch Eisenkunstguss hergestellt. Einmalige zierliche Schmuckkunstgegenstände wie Schalen, Geländer, Gitter oder die Maßwerkelemente der Apollinaris-Kirche in Remagen kommen aus Bendorf. Im Stadtmuseum sind unter anderem Kunstgussöfen und -herde ausgestellt. Die Saynerhütte selbst steht unter Denkmalschutz. Über Sayn, auf einem Ausläufer des Westerwaldes, eingerahmt von Tälern des Sayn- und Brexbaches, wacht seit dem 12. Jahrhundert die ehemals mächtige Burganlage. Mit den darunter liegenden Burgmannshäusern und dem neugotischen, jetzt wieder vollständig restaurierten Schloss ist sie nun schon in der 19. Generation im Besitz der Fürsten von Sayn-Wittgenstein-Sayn. Im Schloss sind unter anderem das Stadtmuseum sowie ein elegantes Restaurant untergebracht.

In den beiden unteren Stockwerken des 20 Meter hohen Bergfrieds ist das bekannte Turmuhrenmuseum zu besichtigen, das mit etwa 30 Exemplaren die Entwicklung der Zeitmesstechnik über fünf Jahrhunderte veranschaulicht. Die *Burgschänke St. Hubertus* strahlt Gemütlichkeit und Atmosphäre aus. Der rustikale Gewölbekeller lädt zum zünftigen Speisen und Trinken am Kaminfeuer ein. Von der überdachten Terrasse kann man den Blick über den Rhein und das Neuwieder Becken bis hin zu den Vulkankegeln der Eifel schweifen lassen.

In den Parkanlagen am Fürstlichen Schloss, die zum Spaziergang einladen, kann man in großen Glaspavillons eine exotische Traumlandschaft mit herrlich duftenden Regenwaldpflanzen, bunten Schmetterlingen, mit Wasserfällen und Teichen erleben. Kolibris schwirren von Blüte zu Blüte. Den Boden bevölkern Schildkröten und Leguane sowie chinesische Zwergwachteln mit ihren nur hummelgroßen Küken.

Nur wenige Minuten Fußweg entfernt öffnet sich das Brexbachtal. Zwei Sehenswürdigkeiten dort lohnen einen Besuch. Die erste, Hein's Mühle, klappert zwar nicht mehr am rauschenden Bach, doch ist sie noch voll funktionstüchtig.

Hotel-Restaurant „Villa Sayn"
Koblenz-Olper-Str. 111,
56170 Bendorf-Sayn
Tel. 0 26 22 / 9 44 90
Fax. 0 26 22 / 94 49 44

Die Wassermühle aus dem 16. Jahrhundert steht unter Denkmalschutz und ist ein interessantes Museum. Von da gelangt man zu der im 13. Jahrhundert von Graf Heinrich III. von Sayn gegründeten Prämonstratenserabtei. Hier befindet sich der um 1220 kostbar gearbeitete Reliquienschrein des Heiligen Apostels Simon. Sehenswert sind aber auch viele Grabdenkmäler vom 13. bis zum 18. Jahrhundert sowie der romanische Kreuzgang mit seinen bunten Fresken.

Wer sich nach einem erlebnisreichen Tag entspannen und stärken möchte, dem sei das in unmittelbarer Nähe des Schmetterlingsgartens gelegene *Hotel-Restaurant Villa Sayn* empfohlen. Das 1998 grundrenovierte Haus aus dem 19. Jahrhundert diente dem Arzt Dr. C. M. Brosius als Sanatorium und Wasser-heilanstalt. Etwa ab 1904 wurde es als *Hotel und Weinstube Engel* geführt. Es lag direkt an der Strecke der Koblenz-Altenkirchener Personenpost. Im Restaurant mit stilvollem Ambiente kann man sich voll Vertrauen den Kochkünsten des Küchenmeisters hingeben. Er hat im In- und Ausland reiche Erfahrungen ge-sammelt und nutzt sie nun für eine einfallsreiche Küche.

Spargelsalat mit Kalbszunge in Tomaten-Estragon-Vinaigrette

Für die Vinaigrette:
1 Schalotte
1 ¹/₂ EL Estragonessig, 5 EL Keimöl
Mark von 1 Vanilleschote
1 – 2 TL Dijonsenf
Salz, Pfeffer, Estragonblätter

500 g weißer Stangenspargel
500 g grüner Stangenspargel
1 Msp. Zucker, 1 TL Butter
1 TL Zitronensaft
200 g gepökelte Kalbszunge
¹/₂ Zwiebel, 1 Lorbeerblatt, 1 Nelke
einige Blätter Rauke oder Friséesalat
*   und rosa Chicorée*
2 – 3 Tomaten, bunte Kresse

Die Schalotte abziehen und fein würfeln. Aus den Zutaten mit dem Pürierstab eine Vinaigrette herstellen. Einige Estragonblätter für die Garnitur zurückhalten.

Den Spargel vom Kopf aus schälen, bei dem grünen Spargel nur den unteren Teil. In gesalzenem Wasser, mit einer Messerspitze Zucker, Butter und Zitro-nensaft bissfest kochen.

Den erkalteten Spargel in schräge Stücke von ca. 2 cm schneiden, die Köpfe etwa 5 – 6 cm lang lassen.

Die Kalbszunge in leicht gesalzenem Wasser mit der halben Zwiebel, dem Lorbeerblatt und der Nelke gar kochen. Die gegarte Zunge mit kaltem Wasser abschrecken und die Haut abziehen. Die kalte Zunge erst in Scheiben, dann in etwa 1 cm breite Streifen schneiden und zusammen mit dem Spargel etwa 1 Stunde in der Vinaigrette marinieren.

Einen Teller mit Rauke oder Friséesalat auslegen. Farblich kann der Teller mit rosa Chicorée aufgewertet werden.

Die Spargelspitzen sternförmig auf den Teller legen, in der Mitte die Spargel-stücke mit den Zungenstreifen anrichten. Den Spargelsalat mit abgezogenen Tomatenvierteln und eventuell bunter Kresse garnieren.

Im 13. Jahrhundert hatte die Grafschaft Sayn ihre größte Ausdehnung erlangt. Neben der Abtei Sayn hatte Graf Heinrich III. von Sayn die Abtei Marienstatt bei Hachenburg gestiftet. Auch die Burg in Vallendar wurde unter seiner Regie errichtet. Sie steht heute zwar nicht mehr, doch an ihrer Stelle ließ 1773 der Lederfabrikant Quirin Josef d'Ester eine Villa bauen, die um 1900, durch eine neugotische Kapelle erweitert, in eine fromme Stiftung umgewandelt wurde. Heute ist in der so genannten Marienburg die WHU, eine private Elite-Hochschule für Unternehmensführung untergebracht. Mit der zweiten Universität am Ort, der Philosophisch-Theologischen Hochschule der Pallottiner, wäre die Bezeichnung Universitätsstadt Vallendar gerechtfertigt. Die Apostolische „Schönstatt-Bewegung", gegründet von Pater Kentenich, hat ihre Marienverehrung in alle Welt verbreitet. Die Gnadenkapelle als Wiege dieser Bewegung stammt aus dem 12. Jahrhundert und ist Stätte des Gebetes für ungezählte Besucher geworden.

Schmucke Fachwerkhäuser im Zentrum der Stadt, unter anderem das Haus Meffert sowie das kleine zierliche Gebäude „Auf'm Nippes", Brunnen und Wasserspiele zeugen vom Wohlstand des Ortes. Dieser wurde ursprünglich durch Gerberei, Lederverarbeitung und als Umschlagplatz für Westerwälder Keramik erworben. Das Kannenbäcker Ländchen ist ja nicht weit entfernt. Vallendar machte sich auch als Kneipp- und Luftkurort einen Namen. Zwei Inseln im Rhein sind der Stadt vorgelagert: Graswerth mit der kleinen Insel Ketsch, die zusammen mit einem Uferstreifen vor Bendorf ein Naturschutzgebiet mit Brutstätten für zahlreiche Vogelarten bilden. Die Insel Niederwerth, durch eine Brücke mit Vallendar verbunden, ist seit der Merowingerzeit besiedelt und damit die einzige bewohnte Insel im Mittelrhein. Hier wird Gemüse, vor allem Spargel, angebaut. Die aus dem 15. Jahrhundert stammende Stiftskirche des ehemaligen Klosters erstrahlt nach ihrer Restaurierung mit den wiederentdeckten Wand- und Deckenmalereien heute im alten Glanz.

Moselmündung im goldenen Licht

Mutter Mosel
und Vater Rhein

Dort, wo die Mosel und der Rhein zusammenfließen, liegt seit über zwei Jahrtausenden Koblenz. Die Römer nannten den Ort „castellum apud confluentes" – Kastell an den Zusammenfließenden. Die Festung sollte den Moselübergang der wichtigen Heerstraße von Mainz nach Köln schützen. Aus „confluentes" wurde Ende des 5. Jahrhunderts „combulantia" – mit fränkischem Königshof, heute Pfarrhof von Liebfrauen, dann „convolencia", ab dem 9. Jahrhundert Coblenz und 1530 Covelentz, bis 1926 Koblenz seinen vorläufig endgültigen Namen bekam.

Viele interessante Details der Altstadt lassen die Vergangenheit wieder aufleben. Vertrauen Sie sich doch einfach der sachkundigen Führung des weit über Koblenz hinaus bekannten Fremdenführers *Manfred Gniffke* an. Keiner kennt wie er Menschen und Geschichte der Altstadt. Er ist in vielen Gremien tätig und Mitbegründer der „Bürgergruppe Altstadt", Mitglied der „Altstädter Brunnengemeinschaft" und last not least Präsident der „Großen Koblenzer Karnevalsgesellschaft". Wir lassen jetzt Manfred Gniffke selber sprechen.

Koblenzer Altstadt im Abendlicht

Mit Manfred Gniffke
durch die Altstadt

In diesem Buch geht es um den Genuss, hier werden die Sinne angesprochen. Genießen kann man auch die Altstadt von Koblenz. Die Römer, als Genießer bekannt, wussten schon, warum sie sich vor gut 2000 Jahren am Zusammenfluss von Rhein und Mosel niederließen.

Vieles erinnert heute noch an die Römer; denn ihre Nachfahren sind wieder da, man sieht es an den vielen Reklameschildern „Pizzeria und Ristorante". Man findet aber auch noch Reste der römischen Stadtmauer aus dem 3. Jahrhundert. Am Pfarrhaus von Liebfrauen, früher fränkische Königspfalz, sind sogar noch zwei mächtige Rundtürme zu sehen. Das Kastell Confluentes war klein und nicht zu vergleichen mit der mächtigen Römerstadt Trier. Koblenz war nur Garnison und ein kleiner Handelsplatz. Aber die Römer haben sich wohl gefühlt und blieben fast 500 Jahre hier. Bevor sie den Franken das Feld räumten, brachen sie leider auch die beiden Pfahlbrücken über den Rhein und die Mosel ab. Sie wollten wohl verhindern, dass auch andere in den Genuss dieses schönen Fleckchens Erde kamen.

Die Franken kamen aber dennoch und blieben auch lange. In ihre Regierungszeit fiel der Bau des Stiftes St. Kastor. Im Jahre des Herrn 836 wurde die Kastorkirche von Erzbischof Hetti geweiht. Wegen ihrer großen geschichtlichen Bedeutung wurde die Kirche 1991 zur Basilika Minor erhoben, sehr zur Freude des Pastors, der von älteren Damen schon mal ehrfurchtsvoll mit dem schönen Ehrentitel „Basilikum" angesprochen wird. Gleich neben der Kastorkirche finden wir noch Reste der Niederlassung des Deutschen Ordens vom Anfang des 13. Jahrhundert. Daher auch der Name Deutsches Eck.

Wenn man vom Deutschen Eck spricht, meint heute fast jeder das Denkmal Kaiser Wilhelms I. Aber dort, wo das Denkmal steht, war Mitte des 19. Jahrhunderts nur Wasser. Erst die Preußen schütteten dort Land auf und bauten dem

„Willem" ein mächtiges Denkmal, das am 31. August 1897 vom Enkel, Kaiser Wilhelm II., eingeweiht wurde. Es stand dort bis zum 16. März 1945, als die Amerikaner es beim Beschuss der preußischen Festung Ehrenbreitstein zerstörten. 1953 wurde auf den leeren Denkmalsockel die Bundesfahne gestellt – als Mahnmal für die Deutsche Einheit. Die Fahne stünde wohl heute noch da oben, wenn nicht die Koblenzer Verlegerfamilie Theisen 1993 tief in ihre Brieftasche gegriffen und drei Millionen Mark für die Wiederauferstehung des alten Kaisers spendiert hätte. Nicht jeder war dafür, dass der Alte am Eck vom hohen Ross aus in Richtung Berlin blickt, aber die meisten Koblenzer haben sich gefreut, denn für sie ist es ein Stück Koblenz, das 1945 verschwinden musste, und für sie ist es auch der Schlusspunkt hinter dem Wiederaufbau der Stadt.

Koblenz war im Zweiten Weltkrieg zu 87 Prozent zerstört. Davon merkt der Besucher, der vom Moselufer aus auf die Türme und Dächer der Altstadt blickt, nichts mehr. Denn Bürgerfleiß und Gottes Segen haben die Stadt wieder zu einem Schmuckstück gemacht. Das sieht jeder, der vom Moselufer hoch zum Florinsmarkt geht. Dort stehen die alten Bürgerhäuser, teilweise noch aus dem Mittelalter, in neuer Pracht. Das Schöffenhaus von 1528, das Kauf- und Danzhaus, der Bürresheimerhof, der von 1851 bis 1938 die Jüdische Synagoge beherbergte. Vom Kauf- und Danzhaus blickt mit rollenden Augen der Raubritter Lutter von Kobern auf den Platz. Zur halben und zur vollen Stunde streckt er sogar den Leuten die Zunge heraus.

Die Kirchgänger, die zum Gottesdienst in die Florinskirche gehen, stört das nicht. Die Kirche aus dem 12. Jahrhundert war bis 1803 katholisch. 1818 schenkte der preußische König Friedrich Wilhelm III. sie der ersten protestantischen Militär- und Zivilgemeinde in Koblenz. Seit 1815 herrschten die Preußen in den Rheinlanden, nachdem mehr als 20 Jahre die Franzosen die Herren der Stadt gewesen waren, die sie von den Trierer Kurfürsten übernommen hatten.

Jetzt geht es gemütlich eine kleine Steigung hoch durch alte Gassen zur Liebfrauenkirche. Es ist schön, durch die Gemüsegasse, die Mehlgasse oder die Florinspfaffengasse zum höchsten Punkt der Innenstadt zu spazieren. Die Gassen haben noch ihren anheimelnden Charakter. Es riecht auch multikulturell, denn Chinesen, Italiener, Griechen, Türken und einige wenige Deutsche bekochen Gäste aus aller Herren Länder. Besonders einladend ist das *Weinhaus Hubertus* im historischen Fachwerkhaus.

Die mächtige Liebfrauenkirche mit ihren Zwiebeltürmen steht auf „Kulturschutt" aus zwei Jahrtausenden 9,60 Meter über dem Deutschen Eck. Unter der Kirche, deren Dächer und Türme im Zweiten Weltkrieg abgebrannt sind, steht das erste christliche Gotteshaus der Stadt, ein römischer Tempel, der schon im 5. und 6. Jahrhundert für christliche Gottesdienste genutzt wurde. Die Kirche hat seit 1992 drei neue Chorfenster, die man gesehen haben muss – am besten morgens, dann bringt die Sonne die ganze Farbenpracht so richtig zur Geltung.

Von hier oben geht es wieder abwärts. Man kann zum Münzplatz gehen, dort steht noch das Geburtshaus des Fürsten Metternich. Dieser feine Herr hat nicht nur einer bekannten Sektmarke seinen Namen gegeben, er hat auch die Rheinlande beim Wiener Kongress 1814/15 an die Preußen verscherbelt. Auf dem Platz kann man das alte Münzmeisterhaus von 1763 sehen.

Wer dem Fußgängerstrom nachgeht, kommt zu den Vier Türmen, vier sehr schön renovierten Bürgerhäusern aus dem 17. Jahrhundert. Wer geradeaus weiterläuft, kommt in das neue Koblenz.

Geht man von den Vier Türmen nach links, kommt man auf einen großen Platz, den Plan. Auch hier noch schöne alte Bürgerhäuser und viel Gastronomie. Weiter geht es zum ehemaligen Jesuitenkloster aus dem 16. Jahrhundert. In diesem Gebäudekomplex um die Jesuitenkirche herum fallen heute wichtige Entscheidungen für die Stadt, das Kloster dient als Rathaus.

Hinter dem Rathaus steht in einer Ecke die Symbolfigur der Koblenzer, der Schängel. Man muss aufpassen und nicht zu dicht an den Brunnen herangehen, denn der Knabe auf dem hohen Sockel spuckt auf jeden, der ihm zu nahe kommt.

Das also war die Koblenzer Altstadt. Wer die ganze Stadt noch einmal auf einen Blick sehen will, sollte zur Festung Ehrenbreitstein hochwandern. Von da oben, dem schönsten Balkon am Rhein, hat er eine wunderbare Panoramaübersicht über alle Koblenzer Kostbarkeiten.

Manfred Gniffke

Weinhaus Hubertus

Inh. Dieter Spahl
Florinsmarkt 6, 56068 Koblenz
Tel. 02 61 / 3 11 77
Fax. 02 61 / 1 00 49 19

Wenn Sie mit Manfred Gniffke die Altstadt erwandert haben, sollten Sie sich einen das Ganze abrundenden Besuch im *Weinhaus Hubertus*, einem alten Fachwerkhaus am Florinsmarkt, gönnen. Der Schöffe und Doctor juris Johannes Aach ließ das Haus 1689 errichten. Es hat viel zu erzählen. Seit Januar 1999 steht das bekannte und beliebte Weinhaus unter Leitung des Ehepaares Karin und Dieter Spahl. Die Holztäfelung, die alten Zunftwappen – das alles trägt zu einer urgemütlichen Atmosphäre bei. Weinkeller und Küche halten, was sie versprechen. Die umfangreiche Weinkarte hält über 40 offene Weine und rund 60 edle Tropfen in Flaschen bereit. Auf der gut sortierten Speisekarte findet man unter anderem regional-typische und hausgemachte Speisen, dazu kleine leckere Desserts und besonders im Herbst – zur Zeit des Federweißen – den dazugehörigen Zwiebelkuchen. Zusammen sind die Beiden eine Powerkombination.

Zwiebelkuchen

Für den Teig:
250 g Mehl Type 550
20 g Hefe, 1 TL Zucker
1/8 Liter Milch
Salz, 2 EL Öl oder Butter

Für den Belag:
1 kg Gemüsezwiebeln
nach Belieben 1 Knoblauchzehe
200 g geräucherter Speck, 1 EL Öl
1/8 Liter trockener Weißwein
Salz, Pfeffer
abgeriebene Muskatnuss
Paprikapulver, edelsüß
Knoblauchsalz, 2 TL Kümmel
2 Eier
125 ml saure Sahne oder Crème fraîche
100 ml Buttermilch
1 TL Speisestärke

Das Mehl in eine Schüssel sieben. In die Mitte eine Vertiefung drücken. Die Hefe hineinbröckeln und den Zucker zufügen. Hefe und Zucker mit der lauwarmen Milch verrühren. Etwas Mehl vom Rand darüber streuen und abgedeckt 15 Minuten an einem warmen Ort gehen lassen. Salz und Öl oder die weiche Butter zufügen und alles verkneten. Nochmals etwa 20 Minuten gehen lassen. Inzwischen den Belag herstellen. Die Zwiebeln und die Knoblauchzehe abziehen. Die Zwiebeln halbieren und in dünne Halbringe schneiden. Die Knoblauchzehe zerdrücken. Den Bauchspeck würfeln. Das Öl in einer weiten Pfanne erhitzen. Bauchspeck und Zwiebeln zufügen und glasig werden lassen. Knoblauch dazugeben und mit dem Wein ablöschen. Mit Salz, Pfeffer, Muskatnuss, Paprikapulver und nach Belieben mit Knoblauchsalz und Kümmel würzen. Schmoren lassen, bis die Flüssigkeit verdampft ist.
Vom Herd nehmen und etwas abkühlen lassen.
Den Teig ausrollen, am besten geht dies auf Backpapier, und auf das Backblech legen. Erneut kurz gehen lassen, dann die Zwiebeln darauf verteilen. Eier, saure Sahne, Buttermilch und Speisestärke verschlagen. Eventuell noch würzen und über die Zwiebeln geben.
In den auf 200°C vorgeheizten Backofen für 25 bis 30 Minuten stellen.
Dazu servieren wir gern einen Federweißen vom *Weingut Reif*.

Winterfenster

Café Baumann

Doris und Jean Paul Warnecke
Löhrstraße 93, 56068 Koblenz
Tel. 02 61 / 3 14 33
Fax. 02 61 / 3 39 29

Wer lieber ein Koblenzer City-Frühstück oder ein Müsli nach Dr. Bircher möchte, der ist mit *Café Baumann* gut beraten. Die Räumlichkeiten spiegeln die Atmosphäre eines großstädtischen Kaffeehauses wider. Doris und Jean-Paul Warnecke, beide Konditormeister, verstehen ihr (Kunst-) Handwerk. Ob Croissants, Brötchen, Gebäck, Kuchen oder Torten, alles wird aus frischen Zutaten selbst hergestellt. Unter anderem werden Baumkuchen und Weihnachtsstollen ins Ausland, vor allem in die USA, verschickt. Die Spezialität sind leckere Trüffel. Nach einem Stadtbummel kann man zur Stärkung erst einmal zwischen kleinen Gerichten wählen und sich anschließend zu einer Tasse Kaffee, Cappuccino oder Tee mit Süßem verwöhnen lassen.

Aprikosenmoussetorte

550 g gedünstete Aprikosen und
14 Aprikosenhälften (Garnitur)
(eventuell Dosenware)
1 Zitrone
5 Blatt weiße Gelatine
100 g Puderzucker
50 ml Apricot Brandy-Likör
420 ml süße Sahne
Aprikosenmarmelade
eine 1,5 cm dicke Scheibe Wiener Boden
1 Mürbteigboden, je 26 cm Ø
14 Minzblätter
Öl und Puderzucker für den Tortenring

Die gedünsteten Aprikosen mit dem Zitronensaft in einem Mixer pürieren. Die Gelatine in kaltem Wasser einweichen. 100 g des Aprikosenmarks mit Puderzucker in einem Topf auf etwa 40°C erwärmen. Die eingeweichte Gelatine gut ausdrücken und hineinrühren, bis sie sich restlos aufgelöst hat. 300 g Aprikosenmark mit dem Apricot Brandy-Likör zufügen und verrühren. Die locker geschlagene Sahne vorsichtig unterheben.

Auf einem Blech ein 30 cm langes Stück Frischhaltefolie ausbreiten, einen Tortenring von 26 cm Durchmesser innen mit Öl einstreichen und mit Puderzucker bestäuben. Den Ring auf die Folie legen, mit dem Aprikosenmark füllen und dieses verteilen. Auf die Masse den hellen Wiener Boden legen. Das Ganze 3 Stunden lang zum Stocken in den Kühlschrank stellen. Danach die obere Seite des Wiener Bodens mit Aprikosenmarmelade bestreichen und den Mürbteigboden darauf legen. Die ganze Moussetorte wenden, so dass die Frischhaltefolie oben ist. Diese dann vorsichtig abziehen und den Rest des Aprikosenmarks aufstreichen. Den Ring vorsichtig abziehen und 14 Aprikosenhälften auf der Oberfläche verteilen.

Jedes Tortenstück mit einem kleinen Minzblatt dekorieren.

Auf dem Weg von der Altstadt zum Rhein gelangt man zum Görresplatz. Hier lässt die im Jahr 2000 eingeweihte Historiensäule des Professors Jürgen Weber die Geschichte der Stadt Koblenz noch einmal Revue passieren. Direkt am Rhein liegt das Kurfürstliche Schloss. Kurfürst Clemens Wenzeslaus von Sachsen, Erzbischof von Trier, ließ es 1777 bis 1786 im Stil des französischen Klassizismus errichten. Er konnte sich jedoch nur wenige Jahre daran erfreuen. Von 1850 bis 1857 hat hier Prinz Wilhelm, der spätere deutsche Kaiser Wilhelm I., mit seiner Gattin Augusta residiert – nicht zum Nachteil von Koblenz. Augusta ist es, der die Rheinanlagen, die zu den schönsten am Rhein zählen, zu verdanken sind. Beauftragt hatte sie die besten preußischen Gartenbaukünstler Peter Joseph Lenné und Hermann Fürst von Pückler-Muskau. 1928 wurde in den Anlagen vor dem Schloss ein Denkmal für Josef Görres, den großen Sohn der Stadt, Gelehrten und romantischen Schriftsteller, errichtet. Von 1814 bis 1816 war er Herausgeber des „Rheinischen Merkur". Auch der Dichter Max von Schenkendorf, ein Freund von Görres, hat in den Rheinanlagen unter hohen Bäumen einen würdigen Platz gefunden.

Im Schloss findet jedes Jahr die Vorstellung der Weine der Region sowie eines Gastlandes mit der Vergabe der Kammerpreise durch die IHK Koblenz statt.

Als eines der Wahrzeichen der Stadt gilt der alte Rhein-Kran, der seit Anfang des 17. Jahrhunderts da steht, wo heute die Rheinanlagen beginnen. Zunächst erfüllte er seinen Zweck als Verladekran, später als Pegelhaus, heute ist das Haus eine Gaststätte. Hier befinden sich auch die Anlegestellen für Ausflugsschiffe und die Personenfähre nach Ehrenbreitstein.

Ein Dorfplatz mitten in Koblenz? Ja! Das gibt es tatsächlich. In der Nähe der Rheinbrücke, unmittelbar neben den Kaiserin-Augusta-Anlagen gibt es ein Weindorf mit mehreren hübschen Fachwerkhäusern zu entdecken. Anlässlich der Reichsausstellung „Deutscher Wein" wurde es 1925 hier als typisches Winzerdorf errichtet. Die Festwochen gingen zu Ende, doch das *Weindorf* blieb – der Besucherandrang war zu groß. Bis heute gilt das Weindorf mit seiner besonderen Atmosphäre als beliebtes Ausflugsziel. Die Gastronomen-Familie Bastian legt großen Wert darauf, dass die Winzeratmosphäre erhalten bleibt und die Gäste sich wohl fühlen. Dazu bietet die Küche regional-typische Gerichte in großer Vielfalt an. Eine enorme Auswahl guter Weine macht dem Namen dieses Restaurants alle Ehre.

Zu jedem Winzerort gehört natürlich auch ein Weinberg. So werden etwa 1200 Weinstöcke – Riesling und Müller-Thurgau – hier nicht nur symbolisch bearbeitet.

Weindorf Koblenz
Familie Bastian
Julius-Wegeler-Straße 2,
56022 Koblenz
Tel. 02 61 / 3 16 80
Fax. 02 61 / 16 07 70

Kartäuser Mönchspfanne

1 – 2 Zwiebeln
1 – 2 Knoblauchzehen
500 g frische Champignons
frische Kräuter wie Petersilie, Salbei,
   Rosmarin, Majoran, Thymian
3 Tomaten
4 – 6 EL Öl
etwa 1/4 Liter Weißwein, vorzugsweise Riesling vom Rhein
Salz, Pfeffer
100 g Crème fraîche
350 g Spätzle
2 – 3 EL Butterschmalz
800 g Schweinefilet

Die Zwiebeln und die Knoblauchzehen abziehen und würfeln. Die Champignons putzen und in Scheiben schneiden. Die Kräuter waschen, die Blättchen von den Stielen zupfen und hacken. Die Tomaten überbrühen, häuten, entkernen und hacken. Das Öl in einem weiten Topf oder einer weiten Pfanne erhitzen. Die Zwiebeln darin andünsten. Die Champignons und den Knoblauch zufügen. Einige Minuten weiterdünsten. Die Tomaten hinzufügen und mit dem Wein ablöschen. Mit Salz und Pfeffer würzen. Einige Minuten köcheln lassen. Mit Crème fraîche und Kräutern abrunden. Etwas von den Kräutern für die Garnitur zurückbehalten. Nicht mehr kochen lassen. Abgedeckt warm halten. Parallel dazu die Spätzle in kochendem Wasser bissfest kochen.
Für das Schweinefilet das Butterschmalz in einer Pfanne erhitzen und die Filets beidseitig anbraten. Salzen, pfeffern und abgedeckt fertig garen.
In vier servierbereite Pfännchen Spätzle, Schweinefilet sowie Champignons mit Sauce geben. Mit den restlichen Kräutern bestreuen und servieren.

„Kultur, Unterhaltung und Pflege heimatlichen Brauchtums setzen nicht zu übersehende Akzente im Dasein der Gesellschaft." So steht es in der Satzung des 1808 gegründeten „Casino zu Coblenz". Berühmte Persönlichkeiten der kaiserlich-königlichen Familie, der Beamtenschaft, der Wirtschaft und des Militärs gehörten im 19. und 20. Jahrhundert zu den Mitgliedern oder Ehrenmitgliedern des Casinos, ebenso französische Generäle der Napoleonischen Zeit. Auch die Namen der Herren Görres, von Clausewitz, von Gneisenau, Hindenburg und von Vertretern der Koblenzer Stadtspitze sind zu finden. Für sie alle war das Casino ein gern besuchter Platz, wo man es sich in fröhlicher Tafelrunde gut gehen ließ. Zur 2000-Jahr-Feier von Koblenz schenkten die Casinomitglieder der Stadt und ihren Bürgern die Skulptur „Affection" des bekannten Luxemburger Künstlers Lucien Wercollier. Die in den Rheinanlagen aufgestellte Bronzeplastik soll die Annäherung der Menschen in einem gemeinsamen Europa verdeutlichen.

Höhepunkte im gesellschaftlichen Leben der Rhein-Mosel-Stadt sind seit der Gründungszeit die Stiftungsfeste sowie die Dreikönigs-Geburtstagstreffen am 6. Januar und der Dreikönigs-Ball. Die Casinogesellschaft ist auf einem guten

Rheinanlagen im Winter

Weg, unter Leitung von Hans-Jörg Assenmacher, die Vereinigung im Sinne des oben genannten Satzungsmottos erfolgreich weiterzuführen.

Dass die Bürger der Rhein-Mosel-Stadt dem Gesellschaftsleben und besonders dem Tanz zugetan sind, beweist die Gründung des „MK-Gesellschaftsclub Koblenz". 1924 schlossen sich junge Damen und Herren zu einem eigenen Tanz- und Gesellschaftsklub zusammen. Der Kerngedanke in der Urschrift der Satzung lautet: Pflege und Vermittlung gesellschaftlichen Verkehrs für junge Leute. Ausschlaggebend mag wohl der Wunsch gewesen sein, sich auch einmal ohne Aufsicht der Eltern zu treffen.

Unter den ersten Vorsitzenden, Fräulein Michel und Herr Graeff – sie wurden bald ein Ehepaar – entwickelte der Klub sich schnell weiter. Man traf sich vorwiegend Mittwoch abends, daher auch der Name „MK". Höhepunkte waren Winterbälle, Tanzabende und Karnevalsveranstaltungen. Später folgten Familienralleys und Wanderungen. Nach vielen Jahren erfolgreicher Führung übergab 1996 Horst Dany den Vorsitz an Uwe Schulz-Utermöhl. Mit großem Erfolg wird das jährliche Sommertanzfest im Kurhaus Bad Ems organisiert. Sehr beliebt sind immer wieder gemeinsame Besichtigungsfahrten zu interessanten Orten, in denen man sich mit Kunst, Geschichte sowie Natur und Technik beschäftigt. Dazu gehören auch gelegentliche festliche Abendessen wie zum Beispiel aus Anlass des St. Martinstages in *Diehl's Hotel* in Ehrenbreitstein.

Es ist nun an der Zeit, das andere Rheinufer zu erkunden. Die Fähre am Pegelhaus steht schon bereit zur Überfahrt nach Ehrenbreitstein, wo sich früher die Kurfürstliche Residenz befand, bis sie durch das Schloss in Koblenz abgelöst wurde. Das Dikasterialgebäude mit seiner herrlichen Rokokofront wurde in der ersten Hälfte des 18. Jahrhunderts von Balthasar Neumann und seinem Schüler Johannes Seitz im Auftrag des Kurfürsten erbaut; es beherbergt heute das Staatsbauamt von Rheinland-Pfalz Nord. Das Geburtshaus der Mutter Ludwig van Beethovens, Maria Magdalena geborene Keverich, beherbergt eine umfangreiche Beethovensammlung. Es gibt aber auch Exponate, die an die Dichterin Sophie La Roche erinnern, die von 1771 bis 1780 in Ehrenbreitstein wohnte, sowie an ihren hier geborenen Enkel Clemens Brentano. Ein weiterer berühmter Sohn der Stadt ist Carl Clemens Bücker (1895 – 1976). Er machte sich in den 1930ern einen Namen als Konstrukteur von Sport- und Ausbildungsflugzeugen. Einige Typen wie „Bestmann" und die Doppeldecker „Jungmeister" und „Jungmann" kann man zuweilen noch heute am Himmel bewundern. Im Landesmuseum Koblenz auf der Festung Ehrenbreitstein ist eine komplette „BÜ 131 Jungmann" ausgestellt.

Auf einer 118 Meter hohen Schieferbergkuppe erhebt sich über dem Ort wie eine wuchtige Kulisse die Festung Ehrenbreitstein. Eine erste Burganlage wurde an diesem exponierten Punkt bereits 1000 n. Chr. errichtet und im Laufe der Zeit immer weiter ausgebaut. Die 1801 von den Franzosen gesprengten Festungsbauten ließ Preußen von 1817 bis 1832 im klassizistischen Stil neu erstehen. Ein Gang beziehungsweise die Fahrt mit dem Sessellift auf die Festungsspitze hinauf lohnt aus vielerlei Gründen. Das Landesmuseum gewährt einen Blick in Kultur und Technik der Region. Eine Abteilung ist berühmten Konstrukteuren aus Rheinland-Pfalz gewidmet: dem Möbelbauer Michael Thonet, dem Erfinder des 4-Takt-Motors Nikolaus August Otto, dem Automobilkonstrukteur August Horch, dem Flugzeugbauer Carl Clemens Bücker, dem Erfinder des Typenhebels an der mechanischen Schreibmaschine, Franz Xaver Wagner, dem Lokomotivbauer Arnold Jung sowie dem Nähmaschinenfabrikanten Michael Pfaff. Die Geschichte des Wein- und Bergbaus und der Mühlenwerke kommt ebenfalls nicht zu kurz. Das Landesamt für Archäologische Denkmalspflege gewährt Einblicke in die Vergangenheit. Unter vielen anderen Einrichtungen ist außerdem die Jugendherberge zu erwähnen. Für das leibliche Wohl des Ausflüglers sorgen ein Café sowie das *Restaurant Ferrari-top*.

Die gewaltige Kulisse der Festung eignet sich besonders für Veranstaltungen wie Theater und Konzerte. Vom Schlossplatz hat man einen faszinierenden Blick auf Koblenz und den Zusammenfluss von Rhein und Mosel.

Zu dieser Festung gehören noch andere Verteidigungswerke wie das stromaufwärts gelegene Fort Asterstein. Gegenüber auf der Kartause sollten das Fort Alexander sowie die Feste Franz und das über dem Hauptbahnhof gelegene Fort Konstantin die Stadt schützen. Im Kehlturm dieser Festung wurde jüngst ein Karnevalsmuseum eingerichtet. Präsident der AKK – Arbeitsgemeinschaft Koblenzer Karneval – ist Michael Hörter.

Wer noch höher hinaus will, unternimmt vom nahen Flugplatz Winningen einen Rundflug über den Mittelrhein. Die Rhein-Mosel-Flug-GmbH macht's möglich.

Der Sonne entgegen, dem Rheingold auf der Spur – ein glitzerndes Band, gesäumt von bunten Winzerorten, Burgen und Schlössern – rheinauf, rheinab ziehen langsam die Schiffe ihre Bahn, und alles ist eingerahmt von grünen Wäldern und Weinbergen. Diese Palette von Eindrücken bleibt unvergessen.

Abendliches Pfaffendorf

Mit der Weißen Flotte den Rhein aufwärts

Koblenz ist der ideale Ausgangspunkt für Tagesausflüge mit einem der modernen Rheinschiffe der „KD", Köln-Düsseldorfer-Rheinschifffahrtsgesellschaft, etwa bis Rüdesheim und zurück. Auch Etappenfahrten zu anderen Zielen sind möglich. Die Anlegestelle am Konrad-Adenauer-Ufer in der Nähe des Pegelhauses ist schnell erreicht, Leinen los, und ab geht es auf Entdeckungsfahrt. Bei schönem Wetter macht man es sich oben auf Deck bequem und lässt Winzerorte und Burgen gemütlich an sich vorüberziehen. Schon bald erscheint auf der rechten Seite eine steile Felswand. Auf ihr hat das 1974 wegen gefährlichen Felsrutsches abgerissene Berghotel *Rittersturz* gestanden. 1948 fand hier die sogenannte Rittersturzkonferenz der Ministerpräsidenten der Länder der drei westlichen Besatzungszonen unter Vorsitz des rheinland-pfälzischen Ministerpräsidenten Peter Altmeier statt. Von Koblenz einige Kilometer rheinaufwärts, am Königsbach, kann man ein gutes Königsbacher Bier direkt an der Quelle genießen. Der neue Köngisbacher Brauerei-Ausschank mit einem faszinierenden Ambiente – die Wände schmücken Motive aus der alten Sagenwelt und der bewegten Geschichte des Mittelrheins – lädt ein, die Spitzenbiere Pils, Spezial Export, Zischke, Alt, Light & Dry, Bockbier oder Malzbier kennen zu lernen und zu genießen. Dazu werden herzhafte Speisen angeboten. Ob allein oder in Gesellschaft, im Ausschank mit großzügiger Theke, im lichtdurchfluteten Wintergarten oder bei schönem Wetter auf der Terrasse mit Blick auf den Rhein findet man schnell Anschluss. Alle Biere der *Königsbacher Brauerei GmbH & Co. KG, Koblenz* werden mit Qualitätsbraugerste aus rheinland-pfälzischen Anbaugebieten gebraut. Der Hopfen kommt in der Hauptsache aus dem Raum Hallertau, Spalt und Hersbruck.

Kurz danach erscheint Schloss Stolzenfels. Um 1250, als kurtrierische Zollburg erbaut, fiel sie 1688 dem Pfälzischen Erbfolgekrieg zum Opfer. 1823

Stolzenfels

machte die Stadt Koblenz die Ruine dem Preußischen Kronprinzen und späteren König Wilhelm IV. zum Geschenk. Der beauftragte den Berliner Baumeister Karl Friedrich Schinkel mit dem Wiederaufbau. Die noch vorhanden Mauerreste wurden mit einbezogen, und so entstand ein exemplarisches Baudenkmal der deutschen neugotischen Romantik.

Gegenüber auf der anderen Seite an der Lahnmündung liegen zwei alte rivalisierende Städte, Niederlahnstein – kurtrierisch – und Oberlahnstein – kurmainzerisch. Erst 1969 wurden die beiden zum heutigen Lahnstein vereinigt. Auf der Nordseite der Lahn fällt die Pfarr- und Klosterkirche St. Johannes des Täufers aus dem 12. mit ihrem Turm aus dem 10. Jahrhundert ins Auge. Sie gilt als die älteste Emporenkirche am Mittelrhein. Von dem legendären Wirtshaus an der Lahn, 1697 erbaut, hat uns schon Goethe berichtet.

Maximilians Brauwiesen, Didier Straße 25, 56112 Lahnstein, ist im Sommer wie im Winter landweit bekannt und beliebt, seit Familie Ohlig das im Volksmund bekannte „Schamotte Schlösschen" erworben und zu einer Erlebnisgastronomie umgebaut hat. Das ehemalige Direktionsgebäude der Didierwerke, umgeben von Parkanlagen, vom Rheinufer nur durch einen Rad- und Wanderweg getrennt, hat sich die Atmosphäre der Gründerzeit bewahrt. Innen wurden im Erdgeschoss großzügige Gasträume und im ersten Stock herrliche Säle für Veranstaltungen und Feierlichkeiten geschaffen. Alte Holzfußböden, Wandverkleidungen aus alter Eiche sowie die Dekoration mit Utensilien aus alten Brauereien erzeugen ein einmaliges Ambiente. Die hauseigene Brauerei arbeitet nach dem Reinheitsgebot von 1516, das heißt ohne Fremdstoffe. Nur drei natürliche Rohstoffe, Malz, Hopfen und Wasser, bilden die Zutaten zu bekömmlichen Bieren wie Helles, Braunes und Weizen. Dazu gibt es eine große Auswahl an deftig-rustikalen Spezialitäten. Im Sommer kommt in den Außenanlagen Biergartenatmosphäre auf. Hier finden oft Open-air-Veranstaltungen statt.

Über dem Ort erhebt sich die Burg Lahneck von 1244, die ab 1854 restauriert wurde und die im Sommer zu Burgfestspielen genutzt wird. Das Restaurant ist ganzjährig geöffnet.

In luftiger Höhe über Lahnstein, mitten im Grünen, liegt das *Dorint Hotel Rhein-Lahn*. Als eine Oase der Ruhe und Erholung lässt es den Stress des Alltags schnell vergessen. Das dem Haus angeschlossene „Dorimare Thermalbad" mit großen Innen- und Außenwasserbecken sowie mit Römerbecken, Wirbelliegen, Großraumsolarium, Dampfbad, Whirlpools, Saunen und medizinischer Bäderabteilung sorgt für Entspannung und Gesundheit. Im Parkrestaurant wird eine

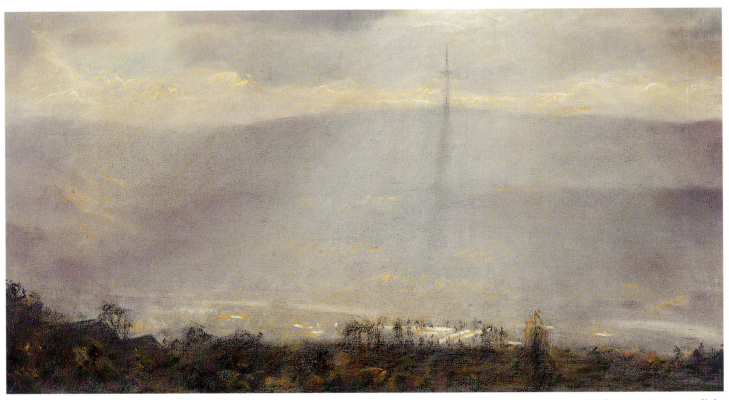

Lahnstein im Gegenlicht

große Auswahl an Menüs und Buffets geboten. Wer aber außer den kulinarischen Genüssen auch den faszinierenden Blick über das Rheintal erleben möchte, der kann sich im Panorama-Restaurant und Café in der 15. Etage verwöhnen lassen. Küchendirektor Andreas Pfeiffer hat neuen Schwung in die Küche gebracht. Seine Philosophie sind Gerichte auf vorwiegend mediterraner und regionaler Basis. Er legt großen Wert auf eine leichte frische und naturbelassene Küche. Die häufig wechselnde Speisekarte orientiert sich am kulinarischen Kalender. Dabei wird besonderer Wert auf Qualität der Produkte gelegt. Andreas Pfeiffer und sein Team bieten ihren Gästen nur das Beste mit dem Ergebnis, dass sich alle, nicht nur Einheimische, sondern auch Gäste aus aller Welt bei ihm wohl fühlen.

Panorama-Restaurant im Dorint Hotel Rhein-Lahn
Küchendirektor Andreas Pfeiffer
Zu den Thermen 1, 56112 Lahnstein
Tel. 0 26 21 / 91 20
Fax. 0 26 21 / 91 21 00 u. 91 21 01

Cremesuppe von Rotkraut
mit Kartoffelstroh

Hechtfilet mit Senfschaum gratiniert

Heidelbeer-Muffins

Cremesuppe von Rotkraut mit Kartoffelstroh

Das Rotkraut klein schneiden und mit gut $1/8$ Liter Fleischbrühe zum Kochen bringen, 8 bis 10 Minuten garen. Das Ganze mit einem Pürierstab pürieren und durch ein feines Sieb streichen. Das Rotkrautpüree mit der restlichen Brühe erhitzen. Mit Salz und Pfeffer würzen und die Sahne zufügen. Die Kartoffel in feine Streifen schneiden und frittieren. Anschließend die Kartoffelstreifen zum Garnieren auf die fertige Suppe geben.

400 – 500 g Rotkraut
$1/2 – 3/4$ Liter milde Fleischbrühe
Salz, Pfeffer
200 ml Sahne
1 große geschälte rohe Kartoffel

Hechtfilet mit Senfschaum gratiniert

4 Stück Hechtfilets von je etwa 200 g
2 EL Zitronensaft, Salz
Kräuter wie Fenchel, Estragon, Kerbel
1 Lorbeerblatt

Für den Senfschaum:
150 g Schmand, 2 – 3 EL Senf
80 g Butter, 1 Eigelb
150 ml süße Sahne
frisch gemahlener weißer Pfeffer

Für das Gemüse:
5 – 6 Stangen Staudensellerie
1 Stange Lauch, 2 Mohrrüben
30 – 40 g Butter, 75 ml Gemüsebrühe

Die Hechtfilets waschen, trockentupfen, mit Zitronensaft beträufeln und salzen. Im eingeölten Dampfeinsatz eines Topfes über kochendem Wasser etwa 10 Minuten garen. Dem Wasser die Kräuter und das Lorbeerblatt beifügen.

Schmand und Senf verrühren. Mit der Butter und dem Eigelb aufmixen. Die Sahne schlagen und unterziehen. Mit Salz und Pfeffer abschmecken. Auf die Hechtfilets streichen und unter dem vorgeheizten Grill kurz gratinieren, bis alles goldgelb ist.

Dazu Gemüse und Reis servieren. Auch ein Feldsalat wäre die passende Beilage. Das Gemüse waschen, putzen und in kleine Streifen beziehungsweise Scheiben schneiden. Die geklärte Butter erhitzen und das Gemüse darin andünsten. Mit wenig Brühe oder Wasser ablöschen, salzen, pfeffern und abgedeckt einige Minuten garen lassen. Das Gemüse sollte noch „Biss" haben.

Heidelbeer-Muffins

Für 12 – 14 Stück
80 g Butter
125 g Zucker
2 TL Vanillezucker
2 Eier
80 g Marzipanrohmasse
1 EL Quark
etwa 80 ml Buttermilch
125 g Mehl
1 1/2 TL Backpulver
200 g Heidelbeeren
Butter und Mehl für das Blech

Alle Zutaten sollten Zimmertemperatur haben.
Butter, Zucker, Vanillezucker und Eier schaumig rühren. Die weiche Marzipanrohmasse, Quark und Buttermilch zufügen. Mehl und Backpulver mischen und ebenfalls zugeben. Die Heidelbeeren unterheben.
Den Backofen auf 180 bis 190°C vorheizen (Umluft 160°C). Eine spezielle Muffinbackform einfetten, mit Mehl leicht ausstäuben und den Teig einfüllen. Für 20 bis 25 Minuten in den Backofen geben.

Tipp: Sollten die Backformen nicht teflonbeschichtet sein, so ist es ratsam, kleine Backförmchen aus Papier in die Vertiefungen zu legen.
Vor dem Stürzen sollten die Muffins 10 Minuten abkühlen.
Mit halbsteif geschlagener Sahne und Vanilleeis dekorativ anrichten.

Die waldreiche Umgebung lädt zu Wanderungen und Spaziergängen ein. Die in der Nähe gelegene Gasthausbrauerei & Kulturscheune *Hof Aspich* mit Ponystall und Kinderspielplatz ist das Ziel vieler Familien.

Die unten gelegene Martinsburg wurde als Wasser- und Zollburg Ende des 13. Jahrhunderts errichtet. Besonders markant hebt sich der sechseckige Hauptturm mit barocker Haube hervor.

Gleich zwei Mineralbrunnen säumen den Rhein. Links der Viktoria- und rechts der Rhenser-Brunnen. Oberhalb von Rhens kann man den offenen steinernen Königsstuhl erkennen, der im 14. Jahrhundert als Tagungsort der sieben Kurfürsten diente. 1803 ließ ihn Napoleon zerstören, aber 1842 wurde er aus den Resten – viele Steine waren inzwischen als Baumaterial verkauft worden – an seiner ursprünglichen Stelle unten am Rhein wieder aufgebaut. Erst 1929 verlegte man ihn auf die Höhe. Spätgotische Fachwerkhäuser wie das Rathaus, das ehemalige Deutschherrenhaus und andere verleihen dem Ort ein farbenfrohes Bild.

Zu unserer Linken erhebt sich die starke Marksburg schützend über dem alten Städtchen Braubach. Die um 1200 erbaute Burg wurde nie erobert oder zerstört. Seit dem 16. Jahrhundert ist sie nach dem Apostel Markus benannt. Im Jahr 1900 verkaufte das Land Preußen die Burg für den symbolischen Betrag von 1000 Reichsmark an die „Deutsche Burgenvereinigung". Sie hat heute noch hier ihren Sitz. Mit dem Bergfried, dem Rittersaal, Kemenaten, Kapelle und Waffenkammer birgt sie viele interessante Sehenswürdigkeiten, so dass der Besucher sich in alte Zeiten versetzt fühlt. Restaurantbesuch und Burgfestspiele werden zu einem unvergessenen Erlebnis. Unterhalb erkennt man die vermutlich um 1000 n. Chr. erbaute Martinskapelle mit schönen Malereien und Schnitzereien aus dem 16. Jahrhundert. Die Kirche St. Barbara stammt aus dem 13. Jahrhundert. Die drei hohen Schornsteine auf der Höhe hinter der Marksburg gehören zu einer Bleihütte. Umliegende Blei- und Silberbergwerke brachten einstmals den Braubachern Arbeit und Reichtum.

Wer den Weg zur mittelalterlichen Marksburg erklimmen will, kommt zwangsläufig am Landgasthof *Zum Weißen Schwanen* vorbei. In dem historischen Wirtshaus neben der Alten Mühle vor dem Obertor, außerhalb der Stadtbefestigung, fanden früher Spätankömmlinge, wenn das Tor bereits geschlossen war, eine Herberge. In den Jahren von 1972 bis 1979 restaurierten die neuen Besitzer Gerhild und Erich Kunz mit viel Sachkenntnis das alte Fachwerkhaus mit seinem idyllischen Garten, das Kelterhaus sowie die Stadtmühle aus dem 13. Jahrhundert. Aus dem Fachwerkhaus wurde so wieder ein Wirtshaus mit hi-

Marksburg im Nebel

storischem Ambiente, aus dem Kelterhaus ein rustikaler Gästeraum zum Feiern, auch für eine größere Gesellschaft, aus der Alten Mühle ein Hotel besonderer Art mit Möbeln aus der Biedermeierzeit bis zur Belle Epoque – aber mit heutiger Komfortausstattung. Ein kleines Bauernmuseum gewährt Einblick in das Alltagsleben von einst. Das Ehepaar Kunz und Tochter Karolin nutzen jeden Winkel, die alten Mauern und Gänge, als Galerie für Bilder und andere Kunstobjekte. Die ausgezeichnete Küche vom regionalen Menü bis zur feinen Tafel im Zusammenspiel mit einer großen Weinkarte erlesener Tropfen sind die Erklärung dafür, dass sich das ganze Anwesen wachsender Beliebtheit erfreut. Die Arbeit hat sich gelohnt: 1995 wurde der Landgasthof durch Armin Diel in den Kreis der zwanzig besten Landgasthöfe in Rheinland-Pfalz sowie in den Gault Millau und den Guide Michelin aufgenommen.

Landgasthof
„Zum Weißen Schwanen"
Familie Erich Kunz
Brunnenstraße 4, 56338 Braubach
Tel. 0 26 27 / 5 59 u. 98 20
Fax. 0 26 27 / 88 02

Zicklein vom Biobauern Lindscheid nach Art der Grafen von Katzenelnbogen

Den Backofen auf 200°C vorheizen. Das Zicklein zerlegen und mit der Hälfte des Thymians und des Rosmarins, Salz und Pfeffer würzen. Die Knoblauchzehen vierteln und das Fleisch damit spicken. Ein Backblech mit 3 EL Olivenöl einstreichen, mit dem restlichen Thymian und Rosmarin bestreuen. Das Zicklein auf das Backblech legen und auf die oberste Backofenschiene schieben.
1 Stunde und 45 Minuten garen lassen, zwischendurch das Zicklein zwei- bis dreimal wenden und mit dem Bratensaft übergießen.
Während des Garvorgangs das Gemüse waschen, putzen und würfeln. Mit Salz, Pfeffer und Kräutern der Provence würzen. Ein Blech mit dem restlichen Olivenöl einstreichen und das Gemüse auf das Blech verteilen. Das Gemüse noch 1 Stunde zu dem Zicklein in den Ofen geben und zwar auf der untersten Schiene. Das Gemüse ebenfalls zwei- bis dreimal mit dem eigenen Saft übergießen. Nach Ende der Garzeit beides herausnehmen. Das Zicklein aufschneiden und mit dem Gemüse anrichten.

Für 6 Portionen
1/4 Zicklein
je 2 – 3 Zweige frischer Thymian
*   und Rosmarin*
Salz, Pfeffer
3 Knoblauchzehen
6 EL Olivenöl
3 Auberginen, 3 Zucchini
2 Bund Frühlingszwiebeln
je 2 rote, gelbe und grüne Paprika-
*   schoten*
1 Fenchelknolle
2 Stangen Staudensellerie
3 Tomaten, 12 Kartoffeln
2 TL Kräuter der Provence

Blick auf die Feindlichen Brüder

Burgen – Wein und Frohsinn

Im Mittelpunkt einer großen Rheinschleife liegt am Fuß des bekannten Weinbaugebietes „Bopparder Hamm" der Ort Spay. Dem ursprünglichen Ort Peterspay wurde im Dreißigjährigen Krieg arg mitgespielt. Übrig blieb nur die um 1300 erbaute Kapelle St. Peter. Die sehenswerten Fresken stammen aus der gleichen Zeit. Eine Vielzahl alter schöner Fachwerkhäuser säumen die Rheinfront. 1921 hat sich hier am Ufer des Rheins ein bemerkenswertes Unternehmen angesiedelt. Der Gründer Josef Becker vollbrachte mit seiner Mannschaft eine wahre Pionierleistung, als er den kleinen mechanisierten Handwerksbetrieb mit der Konstruktion und dem Bau des ersten in Serie gebauten Beibootes für die Berufsschifffahrt zu einer Werft entwickelte und sich bald einen Namen in Fachkreisen machte. Damit nicht genug. Mit großem Fachwissen setzte er seine Erfindung des bahnbrechenden Antriebs- und Steuerungssystems, des Ruderpropellers, für die Schifffahrt durch. Heute ist „Schottel" als einer der größten Hersteller rundum steuerbarer Schiffsantriebe und Manövriersysteme eine Weltfirma.

Die Rheinfahrgastschiffe „La Paloma" und „Marksburg" der „Marksburgschiffahrt Vomfell" aus Spay demonstrieren in eindrucksvoller Weise die Vorteile der „Schottel"-Schiffsantriebstechnik. Die modernen Schiffe mit stilvollem Ambiente stehen für Sonderfahrten, Familien-, Jubiläumsfeiern, Hochzeiten, Weihnachtsfahrten sowie für alle möglichen Gelegenheiten, besonders um die Romantik des Mittelrheins unmittelbar zu erleben, zur Verfügung. Die freundliche Bedienung, den professionellen Service sowie die Spitzenqualität der Produkte für erlesene Speisen und Getränke wissen die Gäste zu schätzen.

Das *Weingut Matthias Müller* mit einer 300-jährigen Weinbautradition bietet Gelegenheit, sich von der Qualität der meist Rieslingweine zu überzeugen. Spitzenlagen sind Feuerlay, Mandelstein, Engelstein und Ohlenberg. Dank der

Weingut Matthias Müller

Mainzer Straße 45, 56322 Spay

Tel. 0 26 28 / 87 41

Fax. 0 26 28 / 33 63

höheren Temperatur im Rheintal, bedingt durch das wärmespeichernde Wasser des Stromes und den gleichen Vorzug des Schiefers auf den steilen sonnenverwöhnten Südhängen, bietet der Bopparder Hamm alle Voraussetzungen für Qualitätsweine. Viele Veranstaltungen im Laufe des Jahres lässt sich das Ehepaar Müller einfallen, um Besuchern die Welt des Weines zu erschließen. Dazu gehören Weinproben, Dichterlesungen, Weinbergwanderungen oder auch jedes Jahr im Herbst die Hofschoppenfeste zum Ende der Weinlese. Dann wird die Kelterhalle zum Festsaal und der Winzerhof zur Weinlaube – mit Speisen aus der Winzerküche und aus dem eigenen Anbau. Rheinische Fröhlichkeit ist eine Extrazugabe.

Während der Traubenlese, die in den steilen Lagen des Mittelrheins noch von Hand geschieht, werden die Traubenleser und Traubenleserinnen im Weinberg verköstigt. Zwischen dem kleinen Imbiss am Vormittag und dem „Kaffee und Kuchen" ist das Mittagessen eine wichtige und unterhaltsame Mahlzeit. Wir legen darauf Wert, jeden Tag etwas anderes zu bieten: so Döbbekuchen, verschiedene Nudelgerichte, Suppen, gefüllte Klöße und einiges mehr.

Besonders beliebt ist die

Käse-Lauch-Suppe

Für etwa 6 Portionen

3 Zwiebeln, 2 Knoblauchzehen
3 Stangen Lauch
400 g Champignons
3 EL Öl, 2 EL Butter
1 kg Hackfleisch,
  halb Rind, halb Schwein
3/4 Liter halbtrockener Riesling
  vom Mittelrhein
3/4 Liter Brühe, Salz, Pfeffer
500 g Sahneschmelzkäse
200 ml Sahne
1 Bund Petersilie

Die Zwiebeln und die Knoblauchzehen abziehen und würfeln. Den Lauch gründlich waschen und in Ringe schneiden. Die Champignons putzen und in Scheiben schneiden.

Das Öl erhitzen und die Butter zufügen. Das Hackfleisch unter Rühren anbraten. Die Zwiebel zufügen, dann den Knoblauch und die Champignons. Mit dem Wein und der Brühe ablöschen. Salzen, pfeffern und 15 Minuten köcheln lassen.

Kurz vor Ende der Garzeit den Schmelzkäse und die Sahne zugeben. Die Petersilie hacken. Die Suppe abschmecken und mit der Petersilie bestreut anrichten.

Dazu passt Weißbrot und ein halbtrockener Riesling vom Mittelrhein.

Bopparder Hamm

„Tal to Tal", dieser Tag im Juni gehört den Radfahrern. Gern wird dann die Gelegenheit wahrgenommen, sich eine Verschnaufpause bei Marianne und Matthias Müller mit erfrischenden Weinen zu gönnen.

Osterspay, gegenüber von Spay am anderen Ufer, erhielt 1326 das Bopparder Stadtrecht. Die Herren von Burg Liebenstein errichteten, um ihre Einkünfte zu schützen, im Ort eine Wasserburg, von der heute nur noch der viergeschossige Wohnturm zu sehen ist. An der Uferseite der Befestigungsmauer steht die kleine Kapelle St. Petrus aus dem 13. Jahrhundert. Das Schloss Liebeneck, hoch über dem Ort, wurde erst um 1700 als Jagd- und Sommerschlösschen errichtet.

Nach Passieren der großen Rheinschleife nähern wir uns der von Ausläufern des Hunsrücks waldreich eingerahmten Wein- und Kneippstadt Boppard. Schon von weitem fallen die Türme der Kirche St. Severus und der große viereckige Bergfried der Alten Burg ins Auge. Die Geschichte des Ortes reicht weit zurück. Etwa um 50 n. Chr. errichteten die Römer hier ein Kastell und nannten es „bodobrica" nach der bestehenden keltischen Siedlung „boudobriga". Von der etwa 3 Meter dicken römischen Stadtmauer mit ihren 28 Rundtürmen ist uns glücklicherweise das meiste erhalten geblieben. So gilt sie als die besterhaltene römische Stadtmauer Deutschlands. Die spätromanische Kirche St. Severus am Marktplatz gibt Zeugnis von der wirtschaftlichen sowie politischen Blüte der Stauferzeit im 12. Jahrhundert. Die ehemals Freie Reichsstadt, die im 13./14. Jahrhundert Mitglied im Rheinischen Städtebund ist, gerät 1327 unter kurtrierischen Einfluss. In diese Zeit fällt der Bau der Zwing- und Zollburg. In den Räumen des Bergfrieds sowie teilweise in der alten Burg ist das Heimat-, Wein-, Holz- und Waldmuseum untergebracht. In einem Raum werden Bugholzmöbel des Bopparder Tischlers Michael Thonet gezeigt. Mit seinen Wiener-Kaffeehaus-Möbeln erlangte er Weltruhm. Auf einem Spaziergang durch die geschichtsträchtige Stadt sowie über die Rheinallee mit der Karmeliterkirche aus dem 14. Jahrhundert und den vielen Villen aus dem 19. Jahrhundert kann man viele Entdeckungen machen.

Unwillkürlich bleibt man vor einer weißen Villa im klassizistischen Stil mit Säulen, Erkern, Terrassen, Balkon und hohen Fenstern stehen. Sie ist eines der vier stattlichen Häuser, die vor über 100 Jahren von einem reichen Industriellen gebaut wurden. Das Haus, heute *Hotel Rheinvilla*, das unmittelbar an der Rheinpromenade in der Nähe der KD-Anlegestelle steht, befindet sich seit 1921 im Besitz der Familie Janker. Brigitte Janker, engagierte Köchin und

Die goldenen Türme von Boppard

Hotel Rheinvilla
Brigitte Janker
Rheinallee 51, 56154 Boppard
Tel. 0 67 42 / 80 51 51
Fax. 0 67 42 / 80 51 52

Blattsalate mit warm-marinierter Mühlbachforelle

Rheinische Festtagssuppe

Hunsrücker Ochsenfilet in Rotweinsauce, Rahmkohlrabi und Düppekuchen

Traubenstrudel mit Riesling-Vanilleschaum

Für die Salatsauce:
1 Knoblauchzehe
2 EL Balsamico-Essig, 4 EL Olivenöl
Petersilie, Rucolastiele
1/2 Zwiebel, 4 EL Rinderbrühe
Salz, Pfeffer, Muskatnuss, Zucker

Für die Blattsalate:
Petersilie, Kerbel, Basilikum,
  Majoran, Schnittlauch
3 Tomaten
400 g gemischte Salate
  (Frisée, Lollo Rosso, Bionda,
  Eichblatt, Mausohr, Chicorée)
je 100 g Karotten- und Sellerie
125 g frische Sprossen
1 Zitrone, 3 EL Öl
rosa Pfeffer, 4 Forellenfilets

Hotelfachfrau, hat der Villa seit Ende 1970er Jahre zu einem gehobenen Ambiente verholfen, Gäste fühlen sich hier wie zu Hause. Fischspezialitäten, Geflügel und Wild, frisch aus der Region, haben das Haus unter Feinschmeckern zu einem Tipp gemacht. Dazu der passende Wein – und das alles bei sonnigem Wetter auf der Rheinterrasse: So kann man leicht allen Kummer und Ärger des sonst vielleicht eher grauen Alltags vergessen.

Blattsalate mit warm-marinierter Mühlbachforelle

Die Knoblauchzehe abziehen. Für die Salatsauce alle Zutaten mit dem Zauberstab aufmixen und durch ein Sieb passieren.
Die Kräuter waschen, trockentupfen, die Blättchen von den Stielen zupfen. Den Schnittlauch in Röllchen schneiden. Die Tomaten überbrühen, häuten und vierteln. Die Salate putzen und in mundgerechte Stücke teilen. Karotten und Sellerie in Streifen (Juliennes) schneiden. Alles in der Salatsauce marinieren.
Zitronensaft und Öl auf ein Backblech geben, salzen, pfeffern, mit Kräutern und rosa Pfeffer bestreuen. Die Forellenfilets in 3 Stücke schneiden und mit der Hautseite nach oben in die Marinade geben.
Bei starker Oberhitze (Grill/ Salamander) ca. 1 – 2 Minuten garen und mit den Salatzutaten auf Tellern anrichten.

Tipp: Die Salate können je nach Jahreszeit variiert werden.

Rheinische Festtagssuppe

Die Rinderbrühe erhitzen. Das Kalbsbrät mit einem Löffel in 4 Nocken abstechen und in der etwa 60 °C heißen Brühe pochieren.

Die Butter schaumig rühren. Das Ei zugeben, würzen und den Grieß einrühren. In kochendes Wasser geben. Den Topf vom Herd nehmen. Einen Teelöffel kaltes Wasser zugeben, Deckel aufsetzen. Die Nocken 10 Minuten ziehen lassen.

Das Weißbrot würfeln. Die Leber pürieren und mit den anderen Zutaten mischen und würzen. Nocken formen und im heißen Fett ausbacken.

Jeweils 3 Nocken in eine Tasse oder einen Suppenteller geben, Gemüsewürfel dazugeben und mit kochender Brühe aufgießen.

Mit Schnittlauch bestreuen und servieren.

1 Liter Rinderbrühe
200 g Kalbsbrät
25 g Butter, 1 Ei
Salz, Pfeffer, Muskatnuss
50 g Grieß, 150 g Weißbrot
20 g Leber, 1 Eigelb
Majoran, Knoblauch
Fett zum Frittieren
50 g gegarte Gemüsewürfel
1 EL Schnittlauchröllchen

Hunsrücker Ochsenfilet in Rotweinsauce, Rahmkohlrabi und Düppekuchen

Das Öl in einer Pfanne erhitzen. Das Ochsenfilet scharf darin anbraten, salzen und pfeffern und in den auf 200 °C erhitzten Backofen geben. Nach 7 Minuten wenden und weitere 7 Minuten braten. Den Backofen auf 70 °C herunterschalten. Das Filet aus der Pfanne nehmen, in Alufolie einpacken und 30 Minuten in den Backofen geben. Die Röststoffe in der Pfanne mit der Brühe ablöschen, einkochen, den Rotwein angießen, mit Muskatnuss, Wacholder und Piment würzen. Abermals einkochen und mit Butter montieren.

Den Kohlrabi schälen und in Stifte schneiden. Die zarten Blättchen waschen und hacken. Die Butter in einem Topf erhitzen. Den Kohlrabi mit Blättchen hineingeben und andünsten. Die Sahne angießen, würzen und 20 – 25 Minuten garen.

Für das Ochsenfilet:
4 EL Öl
650 g Ochsenfilet, Salz, Pfeffer
200 ml Rinderbrühe
1/4 Liter Rotwein
Muskatnuss, Wacholder, Piment
50 g Butter, gewürfelt und gefroren

Für den Rahmkohlrabi:
750 g Kohlrabi, 40 g Butter
1/4 Liter süße Sahne
Salz, Pfeffer, Muskatnuss

Für den Düppekuchen:
700 g rohe Kartoffeln, mehlig kochend
2 große Zwiebeln (ca. 150 g)
120 g durchwachsener Speck
(Dörrfleisch)
Petersilie, Majoran, Schnittlauch
3 Eier
Salz, Pfeffer, Muskatnuss
Butter für die Förmchen

Die Kartoffeln schälen und die Zwiebeln abziehen, beides reiben. Die Flüssigkeit durch ein dünnes Tuch ausdrücken, die Stärke auffangen und zur Kartoffelmasse geben. Den Speck würfeln, die Kräuter hacken und mit den Eiern zugeben. Mit Salz, Pfeffer und Muskatnuss würzen. Die Masse in 4 gebutterte Soufflé-Förmchen füllen und in dem auf 180°C vorgeheizten Backofen etwa 30 Minuten garen.

Traubenstrudel mit Riesling-Vanilleschaum

Für den Strudelteig:
500 g Mehl, 50 ml Öl, 1 Ei
1/4 Liter lauwarmes Wasser
1 EL Apfelessig, 1 EL Rum
1 Msp. Salz

3 Eier
250 g Schichtkäse, ausgepresst
unbehandelte Zitronenschale
50 g Zucker
1 Päckchen Vanillezucker
1 Msp. Salz
geriebene, geröstete Haselnüsse
150 g entkernte Trauben
1 Eigelb zum Bestreichen

4 Eigelb, 100 g Zucker
Mark 1 Vanilleschote
1/4 Liter Riesling
unbehandelte abgeriebene Zitronenschale
1 El Zitronensaft, 1 El Speisestärke

Für den Strudelteig alle Zutaten mischen und verkneten. 30 Minuten bei Zimmertemperatur abgedeckt ruhen lassen. Den Strudelteig dünn ausziehen. 2/3 des Teiges in Klarsichtfolie wickeln und für andere Gelegenheiten einfrieren.
Die Eier trennen. Den Schichtkäse mit Eigelb, Zitronenschale, Zucker, Vanillezucker, Salz und Haselnüssen mischen. Das Eiweiß anschlagen, unter die Masse ziehen, die Trauben zugeben. Die Masse auf den Strudelteig streichen und einrollen.
10 Minuten bei 200°C backen, dann mit Eigelb bestreichen. Den Backofen auf 180°C herunterschalten und in etwa 30 Minuten fertig backen.
Eigelb, Zucker, Vanilleschote, Riesling, Zitronenschale, Zitronensaft und Speisestärke in einem Topf mit dem Handrührgerät verrühren. Bei mäßiger Temperatur schlagen bis die Masse hochsteigt und dicklich wird.

Warm oder kalt zu dem Traubenstrudel reichen.

Boppard bietet das Vergnügen, auf der etwa 3 km langen blumengeschmückten Promenade zu lustwandeln und das Treiben der Menschen sowie die Schiffe auf dem Rhein zu beobachten. Man kann das alles aber auch bei einem Gläschen Wein vom direkt an der Promenade gelegenen *Bellevue Rheinhotel* genießen.

Das schöne Jugendstilhaus mit über hundertjähriger Tradition lädt dazu ein. Das elegante Ambiente mit alten Gemälden und Stilmöbeln lässt den Aufenthalt zu einem Erlebnis werden. Alles strahlt eine familiäre Atmosphäre aus. Zum Wohlfühlen trägt nicht nur das modern eingerichtete Hallenbad mit Wasserfall und Jetstream bei; auch für das leibliche Wohl ist bestens gesorgt. Das Gourmetrestaurant *Pfeffermühle* mit Klaviermusik live bietet umfangreiche Menüs und häufig variierende vegetarische Gerichte an. Auch das Bistro, ebenfalls mit Panoramascheiben zum Rhein hin, vermittelt unvergessliche Eindrücke.

Alle Voraussetzungen für gesellschaftliche Veranstaltungen wie Hochzeiten und Jubiläen sind gegeben. Das Konferenzzentrum ist technisch mit modernsten Mitteln ausgestattet.

Besucher aus aller Welt fühlen sich hier wohl. Am 15. September 1993 besuchten Ihre Majestäten, der Kaiser und die Kaiserin von Japan, dieses Haus.

Die Urenkelin des Gründers und ihr Mann, Doris und Jan Gawel, leiten das Familienunternehmen in der vierten Generation.

Bellevue Rheinhotel
Familie Doris und Dr. Jan Gawel
Rheinallee 41, 56154 Boppard
Tel. 0 67 42 / 10 20, Fax. 0 67 42 / 10 26 02

Winzerrahmsuppe

Schnecken im Strudelmantel

Medaillons vom Frischlingsrücken mit Rotweinschaum

Auflauf von Weinbergpfirsichen

Winzerrahmsuppe

Die Zwiebeln abziehen und würfeln. Den Lauch und die Champignons putzen und in Scheiben schneiden. Das Öl in einen Topf geben und erhitzen. Das Hackfleisch und die Zwiebeln darin anbraten, mit dem Weißwein ablöschen und einkochen lassen. Nun mit dem Geflügelfond auffüllen. Champignonscheiben und die Lauchstreifen ebenfalls zufügen und abbinden. Die Suppe würzen und mit der Sahne verfeinern.

50 g Zwiebeln, 50 g Lauch
50 g Champignons, 3 EL Öl
100 g gehacktes Schweinefleisch
125 ml Weißwein
1/2 Liter Geflügelbrühe
1 EL Speisestärke zum Binden
Salz, Pfeffer, abgeriebene Muskatnuss
125 ml süße Sahne

Schnecken im Strudelmantel

Für den Strudelteig:
250 g Mehl, 1 Ei
25 g Butter, 1/8 Liter Wasser

60 g Gemüse wie Lauch, Mohrrüben,
  Sellerie, Zwiebel
50 g Petersilie, 20 g Thymian
20 g Schnittlauch, 2 Knoblauchzehen
100 g Kräuterbutter
32 Schnecken
Salz, frisch gemahlener Pfeffer
Butter und Mehl für das Blech
Salat und 125 g Schmand

Die Zutaten zu einem Teig verarbeiten und etwa eine Stunde in einer Folie ruhen lassen.
Das Gemüse putzen und in Streifen schneiden. Die Kräuter waschen, trockentupfen und hacken. Den Knoblauch abziehen und durchpressen. Den Teig in vier gleiche Teile ausrollen und über ein bestäubtes Mehltuch ziehen. Die weiche Kräuterbutter mit einem Pinsel dick auftragen und 8 Schnecken hintereinander darauf legen. Mit den Kräutern, Knoblauch und dem Gemüse bestreuen. Mit Salz und Pfeffer würzen. Die Schnecken einwickeln und den Teig mit Wasser bepinseln. Wie eine Schnecke aufrollen und auf ein gebuttertes und mit Mehl bestäubtes Blech geben.
Im vorgeheizten Backofen bei 200°C etwa 15 Minuten backen. Die Schnecke mit Salat dekorativ anrichten und mit saurem Schmand verfeinern.

Medaillons vom Frischlingsrücken mit Rotweinschaum

600 g Frischlingsrückenfilet
8 getrocknete Backpflaumen
etwas Weinbrand oder Armagnac
1 Ei, 300 g gehackte Walnüsse
Butter

Für den Rotweinschaum:
1/2 Liter Rotwein
50 g Zucker, Salz, Pfeffer
etwas Speisestärke
1/8 Liter süße Sahne
etwas kohlensäurehaltiges Mineral-
  wasser

Den Frischlingsrücken parieren. Aus dem Filet 8 Medaillons schneiden. Jeweils in die Mitte ein Loch hineindrücken und die Backpflaume einsetzen. Die Pflaume mit Weinbrand oder Armagnac tränken und 1/2 Stunde ziehen lassen. Die Medaillons mit Ei bestreichen und in den gehackten Walnüssen wälzen. In Butter leicht braten und auf dem Rotweinschaum anrichten.
Den Rotwein mit dem Zucker auf ein Drittel reduzieren (einkochen) und mit Salz und Pfeffer abschmecken. Je nach Konsistenz mit etwas Speisestärke andicken und die geschlagene Sahne hinzufügen. Kurz vor dem Servieren mit etwas kohlensäurehaltigem Mineralwasser anreichern, so dass der Schaum entsteht.
Dazu servieren wir gern Klöße oder Kartoffelgratin und einen frischen Salat.

Auflauf von Weinbergpfirsichen

Eine Form ausbuttern und mit den gemahlenen Haselnüssen ausstreuen. Die Eier trennen und das Eiweiß mit dem Puderzucker steif schlagen. Eigelbe und Eiweiß mischen, dann Mehl, Mandeln und Pistazien unterziehen. Mit Zitronenschale, Zimt und Vanille abschmecken. Die Pfirsiche waschen, überbrühen, häuten und halbieren. In die gebutterte Form geben und mit der Masse überziehen.

Für 20 – 25 Minuten in den auf 190 – 200° C vorgeheizten Backofen geben. Nach Belieben mit halbsteif geschlagener Sahne servieren.

Butter für die Form
50 g gemahlene Haselnüsse
2 Eier, 50 g Puderzucker
50 g Mehl
50 g gemahlene Mandeln
30 g gehackte Pistazien
abgeriebene unbehandelte Zitronenschale
Zimt, Vanille
4 Weinbergpfirsiche
   (im Herbst frische, ansonsten selbst
    eingemachte, denn als Konserve gibt
    es diese Pfirsiche nicht)
1/4 Liter süße Sahne

Für einen Rheinenthusiasten, der etwas Zeit mitbringt, ergibt sich die Möglichkeit, mit einem Blick den Rhein viermal zu sehen. Unterhalb des Hirschkopfes beginnt ein Rundwanderweg – für Eilige oder Faule hilft ein Sessellift zum Vierseenblick hinauf. Am Ziel sieht man einmal, durch Berge unterbrochen, vier Rheinabschnitte wie vier Seen, sodann beginnt zur Linken der berühmte Bopparder Hamm, das größte zusammenhängende Weinbaugebiet des Mittelrheins mit etwa eineinhalb Millionen Weinstöcken. Das *Weingut Toni Lorenz* in Boppard verfügt über eine 3 1/2 Hektar große Rebfläche – hauptsächlich Riesling, außerdem Spätburgunder und Kerner. Klima, Schieferboden und fachkundige liebevolle Bearbeitung lassen hier erlesene Trauben reifen. Das Ergebnis sind exzellent ausgebaute Weine, die immer wieder mit Auszeichnungen belohnt werden: mit den Staatsehrenpreisen 1991 und 1993, dem Titel „Kammerwein des Jahres 1995", um nur einige zu nennen. Am besten verkosten Sie die Weine einmal selbst. Jürgen Lorenz führt Weinbergwanderungen durch, an deren Ende als Belohnung hoch oben über dem Rhein seine Weine probiert werden können.

Boppard gegenüber am anderen Rheinufer schmiegt sich die Doppelgemeinde Kamp-Bornhofen an die steilen Hänge. Der kleine Weinort hat aus zwei Gründen Berühmtheit erlangt: zum einen durch die 700-jährige Tradi-

Landidyll Park-Hotel Bad Salzig

Familie H.-J. Joswig
Am Kurpark, 56154 Boppard
Tel. 0 67 42 / 9 39 30
Fax. 0 67 42 / 93 93 93

tion der Schiffswallfahrten zum Gnadenbild der Pietà in der Gnadenkapelle, die 1691 an die schon 1435 geweihte Kirche des Klosters angebaut wurde; zum anderen, weil oberhalb des Ortes die Ruinen der Burgen Sterrenberg von 1100 und Liebenstein um 1200 emporragen – die „Feindlichen Brüder". Beide Burgen sind durch die so genannte Streitmauer voneinander getrennt. Die Legende will wissen, dass sich die Brüder wegen einer jungen Maid in der Kirche zu Bornhofen gegenseitig mit dem Schwert erschlagen haben. Die Zeiten haben sich gebessert: Heute ist in der Burg Sterrenberg eine Gaststätte untergebracht, die besonders hungrigen Wanderern willkommen sein wird. Interessant ist das einzigartige Flößer- und Schiffermuseum. Im Ort beginnt die Loreley-Burgen-Straße, die über die Randhöhen des Rheins verläuft und immer wieder mit schönen Aussichten auf Vater Rhein und seine Burgen überrascht.

Wie der Name schon verrät, verdankt Bad Salzig sein Image den Salzwasserquellen, die seit dem 19. Jahrhundert für den Badebetrieb genutzt werden. Das Heilbad liegt in einer fruchtbaren Talebene, um die sich schützend die Ausläufer des Hunsrücks gestellt haben. Seit Mitte des 18. Jahrhunderts werden hier Obstkulturen, insbesondere Kirschen, angebaut. Ein besonders reizvoller Anblick bietet sich im Frühjahr zur Obstbaumblüte. Direkt am Kurpark und Thermalbad, mitten im Grünen gelegen, steht das *Landidyll Park-Hotel*. 1908 als eines der besten Hotels am Mittelrhein erbaut, diente es im Zweiten Weltkrieg als Lazarett, in der Besatzungszeit als französisches Hauptquartier und danach wieder als Hotel. Das einstmals so repräsentative Gebäude war stark heruntergekommen. 1987 bestanden sogar Pläne für den Abriss. Zu dieser Zeit übernahm das junge Ehepaar Ulla und Hans-Joachim Joswig das Anwesen. In zehn Jahren intensiver Aufbau- und Renovierungsarbeit erstellten sie ein Schmuckstück, ein kleines, feines Drei-Sterne-Landidyll-Hotel mit komfortablen Gästezimmern in Laura-Ashley-Ausstattung. Restaurant, Gartenterrasse mit Weinlaube und Wintergarten sind im modernen Landhausstil eingerichtet. Der Küchenchef verwöhnt die Gäste mit einer regionalen Frisch-Küche. Dazu werden beste Weine der Mittelrheinregion angeboten.

Probieren Sie doch einmal die köstlichen Apfelgerichte!

Apfel-Sellerie-Suppe

Den Sellerie schälen und würfeln. Die Zwiebel abziehen und hacken. Die Äpfel schälen, vom Kerngehäuse befreien und ebenfalls würfeln. Die Butter in einem Topf zerlaufen lassen und Sellerie, Äpfel und Zwiebel unter Rühren darin andünsten. Den Wein angießen.

Die Geflügelbrühe zufügen und abgedeckt bei mäßiger Temperatur kochen lassen, bis alles weich ist, dann mit dem Stabmixer pürieren und durch ein Sieb passieren. Mit Sahne und Crème fraîche verfeinern. Mit Salz und Zucker abschmecken.

Für etwa 6 Portionen
1/2 Sellerieknolle, 1 Zwiebel
2 Äpfel (Boskop), 75 g Butter
1/2 Liter trockener Wein, vorzugsweise
*   ein Riesling vom Mittelrhein*
1 Liter Geflügelbrühe
1/8 Liter Sahne
etwa 1/8 Liter Crème fraîche
Salz, wenig Zucker

Bratapfel Park Hotel gefüllt mit Quitten-mousse & Marzipan auf Glühweinschaum

Die Äpfel waschen und das Kerngehäuse ausstechen. Quittenkompott, Mandeln, Marzipan und Ei in eine Schüssel geben und gut verrühren. Eine feuerfeste Auflaufform mit Butter ausstreichen.

Den Backofen auf 180°C vorheizen. Die Äpfel mit der Quittenmasse in die Form geben und mit Butterflöckchen belegen. Für etwa 20 Minuten in den Backofen stellen. Die Backzeit hängt von der Größe der Äpfel ab.

In der Zwischenzeit den Glühwein, Ei, Eigelb, Zucker, Zimt und Cointreau in einen Topf oder eine Schüssel geben und über dem Wasserbad schaumig schlagen. Wenn der Schaum etwa 65°C erreicht hat, die Schüssel vom Wasserbad nehmen und noch etwa 1 Minute weiterschlagen.

Zum Anrichten etwas von dem Glühweinschaum in die Tellermitte geben, den Bratapfel aufsetzen und mit Puderzucker bestäuben.

Wer es mag, kann auch eine Kugel Vanilleeis dazulegen.

Wir wünschen guten Appetit und viel Spaß beim Ausprobieren.

4 Äpfel (Jona Gold)
80 g Quittenkompott
40 g Mandelstifte
40 g Marzipan
1 Ei
40 g Butter

Für den Glühweinschaum:
300 ml Glühwein
1 Ei, 2 Eigelb
100 g Zucker
1 Msp. Zimt
20 ml Cointreau (Orangenlikör)
Puderzucker

Riesling-Apfelkuchen

Für den Teig:
250 g Mehl, 1 TL Backpulver
125 g Butter, 125 g Zucker
1 Tütchen Vanillezucker
1 Ei, Butter für die Form

Für den Belag:
1 kg Äpfel, 1 Liter Riesling
2 Tüten Vanillepuddingpulver
150 g Zucker
1/4 Liter süße Sahne, Krokant

Aus den Teigzutaten einen Knetteig bereiten und eine gebutterte Springform mit Rand damit auslegen.
Die Äpfel schälen und klein schneiden. Von dem Wein 1/4 Liter abnehmen und mit dem Vanillepuddingpulver anrühren. Den restlichen Wein mit Zucker zum Kochen bringen, die Äpfel hineingeben und kurz aufkochen. Das angerührte Puddingpulver hinzugeben. Diese Masse in die Springform auf den Teig geben und bei 180°C 1 Stunde backen. In der Springform erkalten lassen.
Die Sahne steif schlagen, über den kalten Kuchen streichen und mit Krokant bestreuen.

Familie Joswig gilt als Initiator der Veranstaltungsreihe „Mittelrhein-Momente". Der Zusammenschluss von 19 Winzern, Gastronomen und Hoteliers zwischen Boppard und Bacharach sorgt jedes Jahr für ein vielseitiges Programmangebot zur Darstellung der Kulturlandschaft Mittelrhein.

Wir sind zum Schiff zurückgekehrt, das nun weiter nach Süden gleitet, vorbei am Ehrentaler-Werth. Hoch über dem Winzerort Wellmich erhebt sich die Burg Maus. Der Kurfürst und Erzbischof von Trier ließ diese Burg, die Peterseck genannt wurde, 1356 zum Schutz seiner rechtsrheinischen Gebiete erbauen. Spätere Namen der Burg sind Thurnberg oder Deuernburg. Die Grafen von Katzenelnbogen, die auf Burg Rheinfels gegenüber residierten, errichteten über St. Goarshausen ebenfalls eine Burg, die „Neu-Katzenelnbogen" – kurz Burg Katz – genannt wurde. Sie ist heute in Privatbesitz und wird als Hotelbetrieb geführt. Die Grafen von Katzenelnbogen glaubten, die Bischofsburg am anderen Ufer bald ein- und übernehmen zu können, was ihnen aber nie gelang. Immerhin hatten sie in etwas realitätsfremdem Optimismus der Burg den Spottnamen „Burg Maus" gegeben, der ihr bis heute erhalten geblieben ist. Die Katze ist inzwischen allerdings zu alt geworden. 1806 auf Abbruch verkauft, gelangten die verfallenen Reste in Privatbesitz und wurden im Zuge der Rheinromantik zum größten Teil wieder aufgebaut. Eine Greifvogelwarte mit täglichen Flugvorführungen und interessanten Vorträgen in der Zeit von April bis Oktober lohnen den Besuch.

Ein Märchen
aus uralten Zeiten

Immer mehr nähert sich unser Schiff einer gefährlich engen Stelle des Rheins, da fällt der Blick rechts auf ein Städtchen, eingeengt zwischen Berg und Uferstraße. Ein keltischer Einsiedlermönch, der Heilige Goar, gab der Stadt ihren Namen. Mitte des 6. Jahrhunderts baute er sich an der Mündung des Lohbachs eine Klause und verkündete nicht nur das Evangelium, sondern ließ auch keinen Wanderer hungrig und durstig weiterziehen. Aus diesem Grunde gilt er als Schutzheiliger der Gastwirte und Töpfer. Schon kurze Zeit nach seinem Tod wurde sein Grab zur Wallfahrtsstätte. Mitte des 15. Jahrhunderts errichtete man über der Krypta aus dem 12. Jahrhundert die Stiftskirche. In der katholischen Pfarrkirche, die dem Stadtpatron geweiht ist, findet man ein Reliefbildnis des Heiligen aus dem 14. Jahrhundert sowie ein gotisches Altarbild aus der Schule des Hausbuchmeisters.

Hoch über St. Goar erhebt sich eine mächtige Burg, einst die stärkste Festung am Rhein. Graf Diether V. von Katzenelnbogen ließ Rheinfels Mitte des 13. Jahrhunderts als Zollburg errichten. Sie hielt allen Belagerungen stand. Erst 1797 konnten die französischen Truppen die Festung zerstören. Die romantischen Ruinen zogen manchen Dichter an wie Ferdinand Freiligrath, Hoffmann von Fallersleben und Hans Christian Andersen. Die mittelalterliche Festungsarchitektur mit ihren ungewöhnlichen Ausmaßen, den vielen Türmen, einer enormen Schildmauer, Bastionen und Außenschanzen der Kernburg mit dem Darmstädter Bau sowie den verwirrenden unterirdischen Minengängen und Kasematten hinterlassen noch heute bei jedem Besucher einen nachhaltigen Eindruck. Von der ganzen Größe und Schönheit der Burg – so wie sie sich 1607 darstellte – zeugen Bilder des Architekten und Landvermessers Schäfer, genannt Dilich. Die Bilder und das maßstabgetreue Modell sind im Burgmuseum zu bewundern. Albrecht Dürer hat Anfang des 16. Jahrhunderts und William Turner

Morgenlicht beim Ehrenthaler Werth

im 19. Jahrhundert die Burg in ihrem jeweiligen Zustand im Bild festgehalten. Mittelalterliche Burgenromantik lebt jedes Jahr wieder auf, wenn Ritterturniere und ein Burgmarkt inszeniert werden.

Heute befindet sich in der Anlage ein renommiertes Hotel sowie ein Restaurant. *Schlosshotel & Villa Rheinfels* sind durch ihre ruhige unvergleichliche Lage oberhalb der Stadt, durch ihren faszinierenden Ausblick auf den Rhein sowie auf Grund ihrer Angebote wie Hallenbad, Sauna und Solarium für Urlauber ein idealer Treffpunkt mit hohem Freizeitwert. Im Jahresablauf finden viele Veranstaltungen statt: Burgführungen, Konzerte, Lesungen bekannter Literaten, interessante Hansetage, Rhein in Flammen, die St. Goarer Tafelrunde, vereint mit den „Mittelrhein-Momenten", die kulinarische Gourmet-Woche, Silvester-Events und noch einiges mehr. Wein-Wandertage, Wanderungen zu interessanten Punkten des Mittelrheins, werden arrangiert, ebenso Schiffstouren oder Ausflüge zur Zauberin Loreley. Highlights sind immer wieder Abende, an denen der Chef des Hauses, Gerd Ripp, Mitglied des Magischen Zirkels und passionierter Hobbyzauberer, seine Künste zeigt. Die Zuschauer sind begeistert, und so sehr sie auch aufpassen, auf seine Tricks kommt keiner. Das muss er von der Loreley haben. Trotz allem ist der Magier Gérard L'Oreley alias Gerd Ripp bereit, Wochenendurlaubern in Seminarstunden Einblicke in seine Trickkiste zu geben.

Seit über 15 Jahren arbeitet Gerd Ripp als Geschäftsführer auf Rheinfels, und das Schlosshotel kann mittlerweile vier Sterne nachweisen. Zahlreiche Umbauten und Erweiterungen wurden verwirklicht. Von der Aussichtsterrasse hat man bei gutem Wetter einen sagenhaften und -umwobenen Ausblick auf den viel besungenen Schieferfelsen. Aber auch bei weniger Sonnenschein oder an kühlen Abenden wird einem von lauschigen Ecken des Restaurants der Blick auf den Rhein nicht verwehrt. Neben dem schmucken Schlosshotel im Stil der Gründerzeit wurde in den siebziger Jahren des vorletzten Jahrhunderts eine Villa errichtet. Seit einigen Jahren wird sie als Tagungscenter erfolgreich genutzt, das auf Anhieb zur Nummer Eins in Rheinland-Pfalz wurde und bundesweit 1998 auf den dritten Platz aufrückte.

Das alles wäre nichts ohne das exzellente Restaurant. Küchenchef Rudi Staiger pflegt die internationale sowie die gut-bürgerliche Kochkunst auf hohem Niveau. Großen Wert legt er auf Produkte der Region. Bauern, Angler und Jäger aus dem Hunsrück sorgen für die ausgezeichnete Qualität und Frische von Gemüse, Fisch und Fleisch. Die Weine stammen aus dem Tal der Loreley und machen mit der großen Angebotsvielfalt der heimischen Winzer bekannt.

Schlosshotel & Villa Rheinfels
Geschäftsführer Gerd Ripp
Küchenchef Rudi Staiger
Schlossberg 47, 56329 St. Goar
Tel. 0 67 41 / 80 20
Fax. 0 67 41 / 80 28 02

Rudi Staiger, Gewinner des „Goethe-Gastmahls", ist Mitglied von EURO-TOQUES – einer Vereinigung Europäischer Spitzenköche. Diese bekennt sich zum Prinzip, nur frische, natürliche Produkte zu verarbeiten, also keine industriell vorgefertigten Speisen, die nur mal eben aufgewärmt zu werden brauchen. Aber das hätte wohl auch kein Gast erwartet.

Probieren Sie doch einmal diese leckeren Forellenrezepte.

Baybachtaler Forellenauflauf mit Noilly-Prat-Sauce

Für 2 Portionen
1 EL Dill
1 geräucherte Forelle
  oder 2 geräucherte Forellenfilets
100 ml Milch
100 ml trockener Weißwein
80 g Butter, 100 g Mehl
4 Eier, Salz, Muskat
1 Spritzer Pernod
Butter und Mehl für die Timbale

Für die Sauce:
1 Schalotte, 1 Lorbeerblatt
1 Nelke, Salz, Pfeffer
300 ml Weißwein
400 ml Sahne
20 ml Noilly Prat

Den Dill waschen und hacken. Die Forelle filetieren, häuten und das Fleisch in kleine Würfel schneiden. Milch und Weißwein mit der Forellenhaut erhitzen, 5 Minuten ziehen lassen und passieren. Die Flüssigkeit mit Butter erhitzen, das gesiebte Mehl auf einmal dazugeben und zu einem Kloß rühren, bis er sich vom Topfrand löst. Die Eier trennen. Eigelb einzeln unterrühren. Gewürfeltes Forellenfleisch, 1 Messerspitze Salz und Muskat, Dill und Pernod dem Teig zufügen. Das geschlagene Eiweiß unterheben.

Timbale (Formen) mit kalter Butter ausstreichen und mit Mehl ausstäuben. Zu 3/4 mit der Masse füllen. Im Backofen bei 180°C 25 bis 30 Minuten backen oder bei Umluft 180°C 15 bis 20 Minuten.

Für die Weißweinsauce die Schalotte abziehen und fein hacken. Lorbeerblatt, Nelke, Salz, Pfeffer, Weißwein und 300 ml Sahne in einen Topf geben, aufkochen und um 1/3 reduzieren. Die restliche Sahne schlagen und Noilly Prat unterrühren.

Den aus der Form gestürzten Auflauf auf dem Saucenspiegel anrichten.

Als Beilage Zucchini oder Blattspinat reichen.

Forelle in Pergament

Die Kiemen der Forelle entfernen. Den Fisch ausnehmen und waschen, besonders die Bauchhöhle auswaschen und trocknen. Außen und innen kräftig mit Salz und Pfeffer würzen. Die Schalotten abziehen und klein schneiden. Ein ausreichend großes Stück Pergamentpapier ausbreiten. Die Forelle mit Öl einstreichen und auf das Pergamentpapier legen. Die Schalotten und Kräuter darauf verteilen, ebenso die Butter. Das Papier locker zu einem geschlossenen Päckchen falten.

Den Backofen auf 200°C vorheizen. Den Fisch 20 bis 25 Minuten garen.
Mit einer breiten Palette abheben und auf einer Platte anrichten.
Das Päckchen am Tisch des Gastes öffnen.

Für 2 Portionen
2 Forellen zu je etwa 700 – 800 g
Salz und Pfeffer aus der Mühle
4 Schalotten
Öl zum Bestreichen
getrockneter Salbei, Rosmarin und
  Thymian
30 g Butter

Forellensuppe

Die Schalotte abziehen und hacken. Den Knollensellerie putzen, schälen und wie den Apfel in kleine Würfel schneiden. Die Champignons putzen und in Scheiben schneiden. Die Butter in einem Topf erhitzen und die Zutaten hineingeben. Bei mäßiger Temperatur etwa 6 Minuten dünsten. Mit dem Mehl bestäuben und einige Minuten durchschwitzen lassen. Mit der Fischbrühe ablöschen und pürieren.

Wein, Sahne und Milch angießen, mit Salz und Pfeffer würzen und 5 Minuten köcheln lassen. Die Forellenfilets zerpflücken und hineingeben. Einige Minuten darin ziehen lassen. Nach Belieben mit dem Eigelb legieren. Die Thymianblättchen abzupfen und in die Suppe geben.

Die Mandelblättchen in einer trockenen Pfanne rösten und vor dem Servieren auf die Suppe streuen.

1 Schalotte
40 g Knollensellerie
1 kleiner Apfel, 4 Champignons
60 g Butter, 20 g Mehl
¼ Liter Fischbrühe
¼ Liter Wein
  vorzugsweise Riesling vom Rhein
¼ Liter Sahne, ¼ Liter Milch
Salz, Pfeffer
2 geräucherte Forellenfilets
1 Eigelb
1 Zweig frischer Thymian
40 g Mandelblättchen

Loreley

Mit den Tränen der Loreley

Auf der anderen Rheinseite, dort wo der Rhein-Wein-Wanderpfad über die Burg Katz hinunter nach St. Goarshausen einbiegt, gelangt man zu einer Attraktion des Ortes, zum *Secthaus Delicat*. Klaus Delicat und seine Frau Anke leben seit mehr als zehn Jahren in der Loreleystadt und erzeugen im wahrsten Sinne des Wortes eine „Delikatesse", einen Sekt nach der Champagnerherstellungsmethode. Dabei werden die Flaschen von Zeit zu Zeit von Hand gedreht, bis sich die Hefe an der Flaschenmündung gesammelt hat. Sodann erfolgt das Enthefen, das Degorgieren. Klaus Delicat, diplomierter Weinbau-Ingenieur, verbrachte seine Lehr- und Wanderjahre in Frankreich – daher sein Gallier-Outfit: Baskenmütze, dazu blau-weiß-gestreiftes Hemd unter einem Vollbart. Das romantische Weinhaus wurde Mitte des 19. Jahrhunderts eng an den Schieferfelsen angebaut. Ursprünglich als Lager für Kolonialwaren genutzt, eignet es sich mit seinem kühlen Felsenkeller und großen Gewölbegang im Schieferberg ideal für Ausbau und Lagerung der edlen Tropfen. Für die eigenen Sekt-Cuvées verwendet Delicat vor allem Riesling vom Mittelrhein. Aber nicht nur Wein und Sekt sind seine Spezialitäten. Einen ganz besonders feinen Aperitif mit dem klangvollen Namen „Tränen der Loreley" hat er kreiert; damit sind, so Delicat, natürlich Freudentränen gemeint. Noch zur Zeit der Lese verarbeitet, lagern die zukünftigen „Tränen" monatelang in Holzfässern aus französischer Eiche, um dann zur weiteren Reifung in riesige alte Tonkrüge im Felsenkeller der Delicats umgefüllt zu werden. Die Delicats und ihre Delikatessen lernt man am besten bei einer Weinprobe in ihrer Felsenkellerei kennen. Zur Stärkung stehen dazu immer hausgemachte Leckereien bereit.

Secthaus Delicat
Sect- & Weinkellerei Klaus D. Delicat
Nastätter Straße 1
56346 St. Goarshausen
Tel. 0 67 71 / 9 49 09
Fax. 0 67 71 / 9 49 08

Gebeizter Lachs an wildem Spargel

150 g Dill
1 Lachsseite, filetiert von etwa 1,2 kg
1 Limette
60 ml Weinaperitif
  „Tränen der Loreley" vom Secthaus
  Delicat in St. Goarshausen
30 g grobes Meersalz
5 g weiße Pfefferkörner
2 Bund wilder Spargel
Saft von 1 Zitrone
50 ml Olivenöl, kaltgepresst
1 TL Zucker
frisch gemahlener schwarzer Pfeffer

Den Dill grob hacken. Das Lachsfilet von der Haut befreien und in ein flaches Gefäß legen. Die Limette auspressen. Die Oberseite des Lachses mit Hilfe eines Pinsels mit dem Limettensaft gut bestreichen und mit dem Weinaperitif begießen. Grobes Meersalz durch die Salzmühle auf das Filet verteilen und mit weißem Pfeffer aus der Pfeffermühle würzen. Den Dill auf dem Filet verteilen. Die gleiche Prozedur auch mit der Unterseite des Filets wiederholen. Mit Klarsichtfolie bedecken, beschweren und kalt stellen.

Nach 24 Stunden den Lachs umdrehen und in gleicher Weise weitere 24 Stunden beizen.

Die Spargelstiele kürzen. Die Spargelstangen in Salzwasser blanchieren und abschrecken. Aus Zitronensaft, Olivenöl, Salz, Zucker und Pfeffer eine Vinaigrette rühren, mit der einen Hälfte den Spargel marinieren, die andere Hälfte für den Salat verwenden.

Den Lachs in dünne Scheiben schneiden. Mit Spargel und mariniertem Blattsalat anrichten.

Unsere Weinempfehlung: Mittelrhein Riesling Spätlese halbtrocken

Während St. Goarshausen vorbeigleitet, erklingt auf unserem Schiff das wohl weltweit bekannteste Rhein-Lied: „Ich weiß nicht, was soll es bedeuten ..." Wir allerdings wussten, was nun kam, hatten aber unsere amerikanischen Freunde nicht eingeweiht. Es wird still, der Blick nach vorn verdunkelt sich, und unwillkürlich muss man an die gefährliche Stelle denken, die in früheren Zeiten manchem Schiffer zum Verhängnis wurde. Aus dem Rhein erhebt sich fast senkrecht der Loreleyfelsen, der die Breite des Stroms auf ein Viertel schrumpfen lässt. Berüchtigt sind seine Stromschnellen, die Untiefen, die schroffen Felsrippen, die Hungersteine oder auch die Sieben Jungfrauen genannt. Einer Sage zufolge lebten auf der Schönburg einst sieben wunderschöne Schwestern. Hochmütig wiesen sie alle Freier ab. Als sie die Burg verließen, um mit einem Kahn stromabwärts zu fahren, wurden sie von einer großen Woge verschlungen. Der Volksmund hat die Riffe nach ihnen benannt. Der Romantiker Clemens

Ich weiß nicht, was soll es bedeuten
Die Lorelei

1. Ich weiß nicht, was soll es be-deu-ten, daß ich so trau-rig bin,— ein Mär-chen aus ur-al-ten Zei-ten, das kommt mir nicht aus dem Sinn.— Die Luft— ist kühl und es dun-kelt, und ru-hig fließt— der Rhein,— der Gip-fel des Ber-ges fun-kelt im A-bend-son-nen-schein.—

2. Die schön-ste Jung-frau sit-zet dort o-ben wun-der-bar,— ihr gold-nes Ge-schmei-de blit-zet, sie kämmt ihr gol-de-nes Haar.— Sie kämmt es mit gol-de-nem Kam-me und singt ein Lied— da-bei,— das hat ei-ne wun-der-sa-me, ge-walt'-ge Me-lo-dei.—

3. Den Schif-fer im klei-nen Schif-fe er-greift es mit wildem Weh,— er schaut nicht die Fel-sen-rif-fe, er schaut nur hin-auf in die Höh.— Ich glau-be, die Wel-len ver-schlin-gen am En-de Schif-fer und Kahn,— und das hat mit ih-rem Sin-gen die Lo-re-lei— ge-tan.—

T Heinrich Heine
M Friedrich Silcher

Hotel-Restaurant „Römerkrug"
Familie Matzner
Marktplatz 1, 55430 Oberwesel
Tel. 0 67 44 / 81 76 u. 70 91
Fax. 0 67 44 / 16 77

Brentano personifizierte den Schrecken der Schiffer in der blonden Wasserfee „Lureley", die hoch oben auf dem Felsen ihr blondes Haar kämmt und dazu gefährlich wie die Sirenen ihr verführerisches Lied singt. Der Name „Lure", „Lore" bedeutet soviel wie Rauschen und das Wort „ley" bedeutet Felsen, Schiefer. Heinrich Heine fasste die Sage in ein Gedicht, das von Friedrich Silcher vertont wurde. Die tragische Romantik ist es, die auf Touristen aus aller Welt eine unwiderstehliche Anziehungskraft ausübt. Anders als in den übrigen Winzerorten am Rhein wird in der Loreley-Stadt St. Goarshausen jedes zweite Jahr statt der Winzerkönigin die schöne Loreley mit langem blondem Haar gewählt. Auf dem Loreley-Felsen werden im Sommer Festspiele und Konzerte veranstaltet.

Während wir dem ertrunkenen Schiffer noch nachtrauern, bringt unser Schiff auf einmal eine wehrhafte Stadt in unseren Blickwinkel – Oberwesel. Die heute noch gut erhaltene Stadtmauer mit 16 von ehemals insgesamt 21 Türmen beschützte die Stadt, die deshalb auch Stadt der Türme genannt wird. Die zierliche um 1300 errichtete Werner-Kapelle wurde in die Mauer mit einbezogen. Rechts, etwas erhöht, zeigt sich die Weiße Kirche – die Pfarrkirche St. Martin aus dem 14./15. Jahrhundert mit ihrem wuchtigen, wehrhaften Turm. Die ehemalige Stiftskirche Unserer Lieben Frau auf der anderen Seite, zwischen 1308 und 1351 erbaut, wird im Volksmund die Rote Kirche genannt. Der Hochaltarschrein stellt im Mittelfeld die Marienkrönung dar. Aus der Zeit um 1330 stammt einer der ältesten gotischen Schnitz- und Flügelaltäre Deutschlands. Leider fehlen immer noch elf von insgesamt 58 Skulpturen, die 1975 einem Kirchenraub zum Opfer fielen.

Bei einem Bummel durch die Stadt fallen die malerischen Fachwerkhäuser auf. In einem dieser Häuser am Marktplatz hat sich das *Hotel-Restaurant Römerkrug* etabliert. Die gastlichen, von alten Eichenbalken durchzogenen Räume strahlen die Atmosphäre der guten alten Zeit dieses Hauses aus. Das Kellergewölbe stammt noch aus der Römerzeit. Feinste Weine werden hier kredenzt. Elke Matzner ist stolz auf ihr 1458 erbautes Haus. Sie verwöhnt ihre Gäste mit bodenständigen Gerichten oder, wenn sie wollen, auch mit Produkten der feinen Küche.

Kaninchen in Traubensauce
mit Kartoffelpüree

Die Kaninchenkeulen entbeinen und mit Salz und Pfeffer würzen. Das Gemüse waschen, putzen und zerkleinern. Das Öl in einem Bräter erhitzen und die Keulen darin goldbraun anbraten. Das Röstgemüse hinzugeben und weiter braten. Den Riesling angießen, etwas Zuckerrübensirup zufügen und bei mittlerer Hitze in den Backofen schieben. Die Garzeit der Keulen beträgt je nach Größe etwa 45 Minuten. Wenn die Keulen weich sind, aus dem Sud nehmen. Den Bratensaft durch ein Sieb passieren.

Die Trauben waschen, halbieren und entkernen.

In einer Pfanne den Zucker mit der Butter erhitzen. Wenn der Karamell entsteht, die Trauben hinzugeben und mit Riesling ablöschen. Nun den Bratensaft hinzugeben und etwas reduzieren. Die Sauce mit Sahne ergänzen und nochmals mit Salz und Pfeffer abschmecken.

Mit Rieslingtrester abrunden.

Die Kartoffeln waschen, schälen und klein schneiden. Mit Wasser aufsetzen und salzen. Wenn die Kartoffeln gar sind, die Milch mit Butter und Muskat erhitzen. Die Kartoffeln abschütten und zerstoßen. In einer Schüssel mit der Milch verrühren und abschmecken.

Kaninchenkeulen mit der Traubensauce auf vorgewärmten Tellern anrichten. Das Kartoffelpüree gesondert servieren.

Dazu empfehlen wir einen Engehöller Bernstein, Riesling Kabinett trocken oder halbtrocken.

Tipp: Das Püree sollte nicht zu fest sein, nach Belieben etwas Sahne zugeben.

Für 2 Portionen

Für das Kaninchen:
4 Kaninchenkeulen
Salz, schwarzer Pfeffer
etwas Röstgemüse (1 Karotte,
  etwas Sellerie, 1 Zwiebel)
5 EL Öl
1/2 Liter Riesling vom Mittelrhein
1 – 2 TL Zuckerrübensirup

Für die Traubensauce:
100 g Trauben
40 g Zucker, 30 g Butter
1/8 Liter Riesling
100 ml Sahne, 20 ml Trester

Für das Kartoffelpüree:
500 g Kartoffeln (mehlig kochend)
Salz
100 ml Milch
50 g Butter
Pfeffer, abgeriebene Muskatnuss
nach Belieben Sahne

Historische Weinwirtschaft

Iris Marx
Liebfrauenstraße 17
55430 Oberwesel
Tel. 0 67 44 / 81 86
Fax. 0 67 44 / 70 49

Auch Elke Matzners Schwester bewegt sich in historischem Ambiente. Iris Marx hat mit viel Liebe zum Detail ein altes bäuerliches Anwesen in eine originelle *Historische Weinwirtschaft* umgestaltet – die übrigen Räume unterteilt in Wohnstubb, Schloafstubb, Alt Kich und natürlich auch die Koch Kich.

Gern erhebt man das Glas,
der Wein kommt aus dem besten Fass.
Dazu, das darf man nicht vergessen,
gibt es bei Iris gutes Essen.
Lasst euch mit Freunden toll verwöhnen,
hier könnt ihr feiern und gesellig klönen.

Iris Marx hat ihr gastgeberisches Handwerk auf der höher gelegenen Schönburg im väterlichen Betrieb erlernt. Sie ist engagierte Gastgeberin nach dem Motto: Mein Beruf ist mein Hobby. So haben wir uns auch bei ihr gefühlt bei einer wohlschmeckenden Mahlzeit und gutem Wein.

Hiemel un Erd

Fier 4 Leit
Äppelcher:
4 Äppelcher (Cox Orange)
2 gut gehäufte EL Zucker
100 ml Wäiswein, 100 ml Wasser
1/2 Zimtstang, 2 Nählcher
1 Anissternche

Krumbeerepüree:
4 dicke Krumbeere (800 g), Salz
100 – 200 ml Milich
150 g gut Butter, Muskantuss

720 g Hausmacher Blutwurscht
Mähl zum Bestäube
1/2 Tasse Ehl

Die Äppelcher wäre geschält, gevierdelt un das Kerngehäus rausgeschnied. En nemm Dippe wird dä Zucker karamellisiert (pass uff, verbrennt schnell). Met Wäin un Wasser wird abgelöscht un weider geköchelt, bis die Karamell uffgelöst is. Gewürz wird met 1/2 Zimtstang, Nählcher un dähm Anissternche. Allewei komme die Äppelvierdel nenn, un das Ganze wird uffgekocht un ausgekiehlt.
Geschälde Krumbeere wäre klann geschnied, met Salz gewürzt und met Wasser uffgestellt. Wenn die Krumbeere gohr senn, wird das Kochwasser abgeschitt und die Krumbeere durch en Krumbeerepress gedrickd. En dä Zäit wird die Milich met de Butter erhitzt un en bisje Muskatnuss renngerieb. Die Milch wird iwer dä Krumbeerbrei gegoss un met en Schneebäsen locker uffgeschlahn.
Die Blutwurscht wird en Scheibe geschnied, en Mähl gewänselt un en de heiß Pann met dem Ehl von beide Seide scheen ohngebrod.
Schenn uff Deller anrichde un serviere. Liebhaber von Zwiewel dierfe aach noch poor metbroade.

Während wir den Riesling genießen und loben, kommen wir mit einem Herrn vom Nachbartisch ins Gespräch. Sachkundig erzählt er uns über den Wein am Mittelrhein. Erst zu vorgerückter Stunde offenbart er uns, dass dieser Riesling aus seinem Weingut stammt. Gerhard Lambrich lädt uns ein, ihn doch einmal auf seinem Weingut im Ortsteil Dellhofen oberhalb von Oberwesel zu besuchen.

Zugleich erfahren wir auch die Geschichte des Namens und des Ortes Oberwesel. Angefangen hat alles mit der keltischen Siedlung Vasavia, aus der später Wesel wurde. Das „Ober" kommt im 17. Jahrhundert hinzu. Trotz mehrfacher Zerstörungen im Dreißigjährigen Krieg und im Pfälzischen Erbfolgekrieg konnte sich Oberwesel seinen anziehenden Charakter erhalten. „Als schönsten Zufluchtsort der Romantik am Rhein" bezeichnete Ferdinand Freiligrath das noch ganz vom Mittelalter geprägte Weinstädtchen. Viele Romantiker machten hier Halt. 1843 sang Heinrich Hoffmann von Fallersleben im *Hotel Goldener Pfropfenzieher* zum ersten Mal das Deutschlandlied.

Über der Stadt, auf einem Felssporn, reckt sich die stolze Festung Schönburg in den Himmel. Urkundlich 1149 erstmals erwähnt, wurde sie 1166 von Friedrich I. (Barbarossa) einem seiner Beamten als Reichslehen übergeben. Der Beschenkte wählte den Namen der Burg zu seinem Eigennamen. Das Geschlecht derer von Schönburg wurde alsbald durch Zolleinnahmen sehr reich und entwickelte sich zu einer Großfamilie. Im 14. Jahrhundert musste die Burg großzügig ausgebaut werden. Noch heute können in der Familienburg, genannt Ganerbenburg, drei Wohnbereiche unterschieden werden. 1689 durch die Truppen Ludwigs XIV. zerstört, schlummerten die Reste vor sich hin, bis 1885 die Ruine einem Deutschamerikaner, der die Romantik in Europa gesucht und am Rhein gefunden hatte, verkauft wurde. Dr. Rhinelander versuchte die Burg nach alten Stichen und Plänen wieder aufzubauen. Zwei Millionen Goldmark waren ihm für sein Hobby nicht zu viel. Nach seinem Tod konnte die Stadt Oberwesel gegen einen angemessenen Kaufpreis die Schönburg 1950 vom Sohn des Mäzens zurückkaufen. Heute ist in einem Teil eine internationale Jugendherberge, das Kolpinghaus auf Schönburg, eingerichtet. Die Südseite des mittleren Burghofs, ein geschlossener Baukomplex, beherbergt ein Hotel und Restaurant. Wer Burgenromantik sucht, fühlt sich hier in die Vergangenheit zurückversetzt. Die Besitzer Barbara und Wolfgang Hüttl haben in ihrem *Burghotel, Restaurant Auf Schönburg* ein Ambiente zum Wohlfühlen geschaffen. Die Wahl fällt nicht leicht zwischen Barbarossa-Zimmer, Prinzessinnen- und Kapellenzimmer,

Herbstgewitter

den sehr romantischen Wehrgangkemenaten oder dem luxuriösen Rhine-
lander-Appartement. Butzenscheiben, eichenholzgetäfelte Wände, Holzbal-
kendecken, kunstvoll geschnitzte alte Stühle, Zinngeräte auf Wandborden –
alle Räume sind liebevoll eingerichtet.

Mit einer Vielfalt internationaler, aber auch regionaler Küche wird der Gast
verwöhnt. Eine große Zahl erlesener Weine, besonders vom Rhein, stehen
zur Auswahl bereit. Ob in der Burgschänke, den Ritterstuben oder auf der
Rheinterrasse mit Blick auf Oberwesel und das Rheintal bis zur Loreley – die
Speisen werden von den Töchtern des Hauses in mittelalterlicher Tracht stil-
voll serviert.

Burghotel und Restaurant
„Auf Schönburg"
Familie Hüttl
55430 Oberwesel
Tel. 0 67 44 / 9 39 30
Fax. 0 67 44 /16 13

Das regionale Schönburger Menü:

Weinbergschnecken
Schönburger Art
im Blätterteignest mit Pernod-Rahm

Hirschsauerbraten in Brombeerjus
Kartoffelterrine und gebackener
Würzapfel

Überbackene Heidelbeeren
mit Minz-Rahmeis

Weinbergschnecken Schönburger Art
im Blätterteignest mit Pernod-Rahm

Die Schalotten und das Gemüse in feine Würfel schneiden. Die Knoblauchzehe
zerdrücken. Schalotten und Gemüse mit Olivenöl und Butter in einem Topf hell
anschwitzen, anschließend die Schnecken zugeben und mit dem Weißwein ablöschen. Mit Geflügelfond und Crème fraîche auffüllen. Mit Knoblauch und Gewürzen abschmecken, etwa 5 Minuten bei kleiner Hitze köcheln lassen. Zum
Verfeinern den Pernod beigeben und, wenn erwünscht, etwas geschlagene Sahne
unterheben.
Für das Blätterteignest den Teig in etwa 6 – 8 cm große Quadrate schneiden
und mit einem dünnen Rand aus dem restlichen Teig belegen. Vor dem Backen
mit angerührtem Eigelb den Rand einstreichen und 12 – 15 Minuten in den bei
180°C vorgeheizten Backofen geben.
Zum Anrichten das Blätterteignest auf die Mitte des Tellers setzen, die Weinbergschnecken einfüllen und die Sauce drum herum gießen.

Für 6 Portionen
2 Schalotten
200 g Röstgemüse
    (Karotten, Lauch, Staudensellerie)
1 Knoblauchzehe
30 g Butter, 2 EL Olivenöl
6 Dutzend Weinbergschnecken
50 ml trockener Weißwein
50 ml Geflügelfond
200 ml Crème fraîche
1 Lorbeerblatt
Salz, Pfeffer, 40 ml Pernod
nach Belieben 100 ml Sahne
300 g Blätterteig (TK), 1 Eigelb

Hirschsauerbraten in Brombeerjus mit Kartoffelterrine und gebackenem Würzapfel

Für 6 Portionen
Für den Hirschsauerbraten:
1,5 kg schieres Hirschkeulenfleisch
500 g Röstgemüse (Zwiebeln,
   Karotten, Lauch, Sellerie)
1/2 Liter Rotwein
100 ml Rotweinessig
5 Wacholderbeeren, 2 Lorbeerblätter
4 Nelken, 5 Pfefferkörner
1 Rosmarin- und 1 Thymianzweig
1 Knoblauchzehe
2 EL Honig

1/2 EL Mehl
100 ml Pflanzenöl
3 EL Tomatenmark
150 g Brombeeren
   oder Brombeermarmelade

Für die Kartoffelterrine:
1,5 kg rohe Kartoffeln ohne Schale
3 Eier, etwa 50 g Mehl
Salz, Pfeffer, Muskat
Butter für die Formen

Für den Würzapfel:
6 mittelgroße, säuerliche Äpfel
etwas gemahlener Zimt, Anis,
   Kardamom und Nelke
50 g Honig

Das Hirschfleisch sauber entsehnen. Das Gemüse waschen, putzen und klein schneiden. Das Fleisch 4 – 5 Tage in der Marinade aus Gemüse, Rotwein, Essig, Gewürzen, Knoblauch und Honig im Kühlschrank abgedeckt ziehen lassen. Danach aus der Marinade nehmen, trockentupfen und leicht mit Mehl bestäuben. In einer großen Pfanne oder Bräter das Öl erhitzen und das Hirschfleisch anbraten, bis es eine schöne braune Farbe hat. Anschließend das abgegossene Röstgemüse zufügen und weiter kurz mit anbraten. Mit dem Tomatenmark würzen und mit dem übrigen Fond ablöschen. In dieser Flüssigkeit ca. 2 Stunden garen.

Die Brombeeren pürieren. Flüssigkeit und Brombeeren durch ein feines Sieb geben, eventuell noch etwas einkochen und abschmecken.

Die Kartoffeln waschen, schälen und fein reiben. Mit Eiern, Mehl und den Gewürzen vermischen. Die abgeschmeckte Kartoffelmasse in eine gebutterte Terrinenform geben und im Backofen bei 170°C ca. 60 Minuten garen.

Die Äpfel waschen, nicht schälen und mit einem Apfelausstecher das Kerngehäuse entfernen. Zimt, Anis, Kardamom und Nelke darüber streuen und mit dem Honig einpinseln. In einer gebutterten Gratinform bei 160°C im Backofen weich garen.

Auf vorgewärmten Tellern anrichten.

Dazu mundet ein Assmannshäuser Höllenberg Spätburgunder trocken oder ein Rüdesheimer Berg Schloßberg Spätburgunder trocken.

Überbackene Heidelbeeren mit Minz-Rahmeis

Die Eier trennen. Den Quark mit Puderzucker, Speisestärke, Eigelb, Rum, Vanillezucker und Zitronenschale gut verrühren. Das Eiweiß mit dem Zucker steif schlagen und unter die Quarkmasse heben.

Die Heidelbeeren waschen und trockentupfen. In eine große feuerfeste Schale die frischen Heidelbeeren hineingeben und die Quarkmasse darauf verteilen. Im Backofen bei 190°C Oberhitze überbacken, bis sie hellbraun ist.

Die Pfefferminze waschen, trockentupfen, die Blättchen von den Stielen zupfen und sehr fein hacken. Für das Eis die Sahne und den Zucker aufkochen und mit den Eigelben zur Rose abziehen. Den Minz-Likör zugeben und passieren. Die Minze zufügen und in der Eismaschine gefrieren.

Tipp: „Zur Rose abziehen" heißt: Die Masse im Topf so lange erhitzen, bis sie auf dem Löffel (Holzlöffel) liegen bleibt und sich beim Draufblasen Kringel zeigen, die in ihrer Form an eine Rose erinnern. Wenn die Masse für das Eis diese Konsistenz erreicht hat, sollte man sie immer schnell passieren, abkühlen und gefrieren lassen.

Nach Belieben können die Heidelbeeren je nach Jahreszeit auch durch andere Früchte ersetzt werden.

Ganz besonders köstlich sind Schattenmorellen, die im Juli und August auf dem Markt sind.

Für 6 Portionen

Heidelbeeren:
4 Eier
500 g Quark
80 g Puderzucker
30 g Speisestärke
2 EL weißer Rum
1 EL Vanillezucker
abgeriebene Schale
* einer unbehandelten Zitrone*
100 g Zucker
750 g Heidelbeeren

Minz-Rahmeis:
2 – 3 Zweige frische Pfefferminze
1/2 Liter Sahne
120 g Zucker
6 Eigelb
40 ml Minz-Likör

Pfalzgrafenstein bei Kaub

Von Blücher bis
zur Republik Flaschenhals

Vor uns taucht die Zollburg Pfalzgrafenstein wie ein steinernes Schiff aus den Fluten auf. König Ludwig der Bayer ließ sie 1326 auf der kleinen Insel Falkenaue als fünfeckigen Turm erbauen. 1607 erfolgte der Ausbau der Festung, heute das Wahrzeichen von Kaub. In den Rheinanlagen stößt man auf das Blücher-Denkmal und nicht weit davon entfernt auf das Haus, in dem er vorübergehend gewohnt hat. Dem preußischen Generalfeldmarschall musste hier ein Denkmal gesetzt werden. War es ihm doch zum Jahreswechsel 1813/14 gelungen, auf einer heimlich gebauten Lastkahnbrücke mit seinen Truppen den Rhein zu überqueren und so das wichtigste Hindernis zwischen seinem und dem napoleonischen Heer zu überwinden. Dies zur neueren Geschichte.

Das mittelalterliche Stadtbild zeugt vom einstigen Wohlstand. Kaub war Zentrum des rheinischen Schieferabbaus sowie vor allem auch Schiffer- und Lotsenstadt. Beide Berufe sind symbolhaft im Stadtwappen dargestellt. Andere Berufe stehen in direktem Zusammenhang mit ihnen wie Treidler, Leinenreiter, Halfterer sowie die Wahrschauer. Letztere hatten die Aufgabe, als vorausschauende Reiter an unübersichtlichen Flusskrümmungen den Bergfahrer durch Zeichen zu warnen, um eine Kollision mit einem Talfahrer zu verhindern. Die Bezeichnung kommt aus dem niederdeutschen „warsch(o)uwen" und bedeutet: warnend benachrichtigen. Flößer und Fischer waren weitere Berufsstände. Heute regeln radargesteuerte Lichtsignale den Verkehr.

Schon sehr früh musste sich Kaub durch eine Mauer mit Türmen schützen. Von der mittelalterlichen Stadtbefestigung zeugen noch heute eindrucksvoll der Wehrgang und einige Türme – im Westen der Weseler Torturm, der Mainzer Torturm im Zentrum und der Runde oder Dicke Turm im Osten der Altstadt. Ein Gang durch romantische Gassen wie „Auf der Mauer" oder die Metzgergasse vermitteln einen Eindruck, wie in früheren Zeiten das Straßenleben ausgesehen

Hotel & Restaurant „Zum Turm"
Harald Kutsche
Zollstraße 50, 56349 Kaub
Tel. 0 67 74 / 9 22 00
Fax. 0 67 74 / 92 20 11

Parfait von frischer Hühnerleber

Kaninchen im Topf mit gefüllten Klößen

In Wein gedünstete rote Weinberg-pfirsiche mit Lorbeer und Pfeffer

Für 12 Portionen
30 g Sultaninen
1 Tasse schwarzer Tee
10 g grüne Pfefferkörner
400 g frische Hühnerleber
400 g Butter
1 Schalotte
1 Msp. durchgepresster Knoblauch
Salz
10 ml Weißwein
10 ml Madeira
10 ml Portwein
10 ml Cognac
150 g frischer, ungesalzener Speck
  in dünnen Scheiben
frisch gemahlener weißer Pfeffer
frisch geriebene Muskatnuss
etwas Gewürzsalz oder Pökelsalz
1 Msp. gerebelter Majoran
2 Eier
10 ml Trüffelsaft
2 frische Lorbeerblätter
2 Thymianzweige

haben muss. Der von 1899 bis 1929 in Kaub schaffende russische Maler Erich Nikutowski hatte sein Atelier im Mainzer Torturm. Heute bietet das *Hotel & Restaurant Zum Turm* die beste Gelegenheit, Geschichte noch einmal Revue passieren zu lassen, selbstverständlich bei einem Glas Wein auf der Rheinterrasse. Harald Kutsche hat sein historisches Haus mit familiärem Ambiente ausgestattet. In seiner Küche, die einige als Geheimtipp handeln, werden marktfrische Produkte aus der Region direkt vom Erzeuger oder aus den Pariser Markthallen bezogen. Feinschmecker kommen auf ihre Kosten und ganz sicher zurück.

Parfait von frischer Hühnerleber

Die Sultaninen über Nacht im schwarzen Tee einweichen, die Pfefferkörner in Wasser legen.
Am nächsten Tag die Leber durch ein feines Haarsieb streichen.
Die Butter (bis auf 10 g) in einer Pfanne zerlaufen lassen, dann den Schaum abschöpfen. Die Schalotte abziehen und fein hacken. Den durchgepressten Knoblauch mit etwas Salz zerreiben und beides in der restlichen Butter glasig dünsten. Mit Weißwein ablöschen und völlig einkochen lassen.
Madeira, Portwein und Cognac in einer Sauteuse zur Hälfte einkochen lassen. Zur Seite stellen.
Eine Terrinenform mit den Speckscheiben auslegen. Den Backofen auf 120°C vorheizen.
Die passierte Masthuhnleber in einen Mixer geben, mit Salz, Pfeffer, Muskat, Gewürz- oder Pökelsalz, Majoran, der Schalotten-Knoblauchreduktion und den eingekochten Spirituosen würzen, den Mixer einschalten und nach und nach die Eier und die abgeschäumte lauwarme Butter dazugeben, mit Trüffelsaft aromatisieren. Die Masse in die ausgekleidete Terrinenform füllen, die Oberfläche glatt streichen und mit den abgetropften Sultaninen und Pfefferkörnern belegen. Die überlappenden Speckseiten darüber klappen und mit Lorbeerblättern und Thymian belegen.
Die Form in ein heißes Wasserbad stellen und im vorgeheizten Backofen ca. 1 Stunde pochieren.
Vor dem Aufschneiden einige Stunden, besser noch über Nacht, abkühlen und ruhen lassen.

Kaninchen im Topf mit gefüllten Klößen

Das Kaninchen in Teile zerlegen und ausbeinen. Aus den Knochen einen hellen Fond herstellen.

Die Linsen gründlich waschen. Die Zwiebeln und die Knoblauchzehe abziehen. Die Zwiebeln würfeln und die Knoblauchzehe zerdrücken. Das Gemüse waschen, putzen und klein schneiden. Die Petersilie waschen und hacken. Die Hälfte der Zwiebeln in der Hälfte des erhitzten Öls kurz anziehen lassen, die Linsen zufügen, mit Wasser aufgießen und zum Kochen bringen, bis sie fast weich sind.

Das restliche Öl in einem Topf erhitzen, die restlichen Zwiebelwürfel darin andünsten und die Knoblauchzehe zugeben. Das Gemüse zufügen und unter ständiger Bewegung etwas Farbe nehmen lassen. Die Kaninchenteile darauf setzen, mit dem Fond aufgießen, aufkochen und die Hitze sofort reduzieren. Die Flüssigkeit muss während des gesamten Garvorgangs bei offenem Topf unter dem Siedepunkt gehalten werden. Nach etwa 25 Minuten Salz, Gewürze, Kräuter und die Linsen zufügen und weiter garen, bis das Kaninchen und das Gemüse weich sind.

Die rohen Kartoffeln waschen, schälen und reiben. Mit den übrigen Zutaten zu einem festen Teig verkneten. In eine Handvoll Kartoffelmasse etwas Preiselbeeren geben, zum Kloß formen und dann in kochendem Salzwasser jeweils 8 Minuten ziehen lassen.

1 küchenfertiges Kaninchen
100 g rote Linsen
2 Zwiebeln, 1 Knoblauchzehe
100 g Stangensellerie
100 g Lauch
100 g weiße Rübchen
1 Bund glatte Petersilie
4 EL Olivenöl
3/4 Liter heller Kaninchenfond
Salz, frisch gemahlener Pfeffer
1 Lorbeerblatt, 1 Zweig Thymian

Für die Klöße:
600 g rohe Kartoffeln
600 g Pellkartoffeln
1/2 Liter Milch
100 g Mehl, 3 Eier
Majoran, Salz, Pfeffer
gekochte Preiselbeeren

In Wein gedünstete rote Weinbergpfirsiche mit Lorbeer und Pfeffer

Weinbergpfirsiche, Wein, Zitronenschale, Pfeffer, Vanilleschote, Zucker und Lorbeerblätter in einen großen Topf geben und gut aufkochen. Mit einem Teller beschweren und zugedeckt mindestens 2 Stunden ziehen lassen.

Zum Servieren den Riesling mit etwas Speisestärke andicken. Die Weinbergpfirsiche schälen, auf einem Teller anrichten und mit der sämigen Rieslingsauce übergießen.

Als Digestif den im Holzfass gereiften Traubenbrand „Loreleyfeuer" vom Secthaus Delicat, St. Goarshausen reichen.

12 rote Weinbergpfirsiche
1 Liter kräftiger Rieslingwein
1 Stück unbehandelte Zitronenschale
2 TL schwarzer Pfeffer
1 Vanilleschote
150 g Zucker
6 Lorbeerblätter, wenn möglich frisch
Speisestärke

Abendlicht

Ein Spaziergang vom Mainzer Torturm durch die Zollgasse führt am Runden Turm vorbei zum *Weinhaus Zur Pfalz*. Man kann es nicht verfehlen, denn dort, wo das Schilderhäuschen steht, beginnt die Privatstraße *„Flaschenhals-Trestergasse 1"*. *Familie Bahles* betreibt ein Weingut. Hier kann man sich mit Muße dem Verkosten edler Tropfen aus eigenem Anbau hingeben und dabei seinen Blick aus dem Fenster über Rhein und Pfalzgrafenstein schweifen lassen. Zur Einstimmung auf eines der leckeren, kleinen regionalen Gerichte empfiehlt sich ein Winzersekt und als Abschluss ein Spätburgunder-Eiswein-Tresterbrand im Holzfass gereift, aus eigener Brennerei. Peter Josef Bahles ist aktives Mitglied der vor wenigen Jahren ins Leben gerufenen „Freistaat Flaschenhals Initiative" – FFI.

Über den Weinbergen erhebt sich die alte Burg Gutenfels, um 1200 von den Falkensteinern erbaut. Im Dreißigjährigen Krieg zerstört, wurde die Ruine 1888 vom Kölner Architekten Gustav Walter erworben und restauriert. Die stattliche Anlage mit zwei Gebäuden, Torbau, Bergfried, Zinnen und Holzlauben im Burghof beherbergt heute ein Schlosshotel. Von hier oben kann man einen großartigen Blick auf Kaub und den Rhein mit der Pfalz genießen.

Vom Kirchplatz in Kaub führt die Blücherstraße bergauf über den Rhein-Panorama-Wanderweg zur Schwedenschanze mit dem sagenhaften Dreiburgenblick. Gegenüber auf der anderen Seite des Rheins erkennt man Oberwesel mit seiner Schönburg. Auf dem Rückweg empfiehlt es sich, eine Pause in Dörscheid im *Landgasthaus Blücher* einzulegen. Familie Fetz verwöhnt ihre Gäste mit Spezialitäten aus Küche und Keller. Internationale und heimische Gerichte, besonders von Wild aus eigener Jagd, bereichern die Speisekarte. Dazu gibt es eine große Auswahl eigener Weine, denn das *Weingut Sonnenhang* mit seinen Lagen Dörscheider Wolfsnack, Kauber Backofen und Dörscheider Kupferflötz gehört zum Familienbesitz. Der Weinbau hat bei den Fetz Tradition. Viele goldene Preismünzen – Landes- und Bundesweinprämierungen – sind der Lohn für fachgerechte, harte und zielstrebige Arbeit. Die Palette reicht von Wein und Sekt über Edelobstbrände aus der eigenen Brennerei bis hin zu Riesling- und Riesling-Trester-Trüffel aus weißer Schokolade, eine eigene, überraschende Kreation. Nach so viel Gutem ist man geneigt, doch noch sitzen zu bleiben und auf der Terrasse den schönen Tag bei einem guten Tropfen ausklingen zu lassen. Wenn es gar zu spät werden sollte, kann man auch in der Pension übernachten.

Landgasthaus Blücher
Familie Fetz
56348 Dörscheid
Tel. 0 67 74 / 2 67
Fax. 0 67 74 / 82 19

Oma Linas Wildschweinsülze

1 Wildschweinkopf
2 – 4 Wildschweinfüße
3 Zwiebeln, 3 Karotten
2 Stangen Lauch
1/2 Sellerieknolle
60 g Butterschmalz
Salz, schwarze Pfefferkörner
Wacholderbeeren
2 Nelken
2 Lorbeerblätter
1 TL gem. Piment
abgeriebene Muskatnuss
gemischte Kräuter wie Majoran,
    Thymian, Oregano, Basilikum
Essigessenz nach Geschmack
weiße Gelatine oder Aspik

Wildschweinkopf und Wildschweinfüße mit kaltem Wasser bedecken und so lange wässern, bis das Wasser klar ist. Mit frischem kaltem Wasser in einen Topf geben und bei mäßiger Temperatur zum Kochen bringen. Das geronnene Eiweiß abschöpfen. So lange kochen lassen, bis das ganze Eiweiß geronnen ist. Das Gemüse waschen, putzen und klein schneiden. In einer weiten großen Pfanne in Butterschmalz andünsten, bis es leicht goldgelb ist. Das Gemüse zu Wildschweinkopf und -füßen geben. Salz, leicht zerdrückte Pfefferkörner, Wacholderbeeren, Nelken und Lorbeerblätter zufügen. Etwa 3 Stunden köcheln lassen.

Wenn das Fleisch gar ist, dieses von den Knochen lösen, in Würfel schneiden und den Fond passieren. Gut mit Salz, Pfeffer, Piment, Muskatnuss und Kräutern abschmecken. Mit Essigessenz ziemlich sauer abschmecken. Die Brühe abmessen und nach Packungsinhalt die dementsprechende Gelatine in kaltem Wasser einweichen. Nach einigen Minuten ausdrücken, auflösen und in die Brühe rühren. Das Fleisch in Terrinen, Schüsseln oder auch Dosen füllen und mit der Brühe aufgießen. Erkalten lassen – das dauert etwa 2 Stunden – und aufschneiden. Mit Salz oder Bratkartoffeln und Zwiebelsauce oder Remoulade servieren.

Was heute einem Besucher in diesem gemütlichen Eckchen am Rhein als Werbeidee erscheinen mag, war einst Realität. Den „Freistaat Flaschenhals" hat es tatsächlich gegeben. In schwerer Zeit nach den Wirren des Ersten Weltkriegs entstand vom 10. Januar 1919 bis zur Besetzung durch französische Truppen am 25. Februar 1923 ein einzigartiger Kleinstaat. Die Westmächte hatten nämlich nicht nur die Gebiete bis zum linken Rheinufer besetzt, sondern auch Brückenköpfe am rechten Ufer gebildet. Um Koblenz, das von Amerikanern besetzt war, sowie um Mainz mit französischer Besetzung wurden Halbkreise mit einem Durchmesser von 30 Kilometern geschlagen, so dass zum Rhein hin nur noch ein flaschenförmiger Gebietsstreifen unbesetzt blieb, eine Enklave also, die von der Außenwelt völlig abgeschnitten war. Am Rhein reichte sie vom Bodenthal bei Lorch bis zum Roßstein bei Kaub. Die Verwaltung des Freistaates, der, wie berichtet, vom übrigen Deutschland abgeschnitten war, wurde mit Tatkraft, aber auch mit einem gewissen Humor vom Lorcher Bürgermeister Pnischeck organisiert, der auch das Freistaatgeld einführte, heute bei Sammlern eine begehrte Rarität. Die Sprüche auf den kleinen Notgeldscheinen spiegeln die Stimmung der etwa 8000 Einwohner wider:

Nirgends ist es schöner als
in dem Freistaat Flaschenhals.

In Lorch am Rhein, da klingt der Becher,
denn Lorcher Wein ist Sorgenbrecher.

Als der Franzmann zog zum Rhein,
ging vom Nollig viel Gestein.
(Hiermit ist der Lorcher Bergsturz von 1920 gemeint.)

Die vor einigen Jahren von dem Lorcher Frank Gilbert Sullek ins Leben gerufene „Freistaat Flaschenhals Initiative" (FFI) will vor allem Weinbau und Fremdenverkehr im Gebiet um Lorch und Kaub fördern. Ein wichtiger Schritt wird die Errichtung einer eigenen Botschaft des historischen Freistaats Flaschenhals im Berliner Regierungsviertel sein. Doch zurück zum Rhein.

In gepflegten Restaurants und Gutsschänken sowie urigen Straußwirtschaften kann der Gast eine breite Palette freistaatlicher Weine, Winzersekte und Edelbrände zu Speisen aus heimischen Bächen, Feldern und Wäldern genießen. Für Spaziergänger und auch Wanderer gibt es viel Interessantes im Freistaat Flaschenhals zu entdecken. Die Burg Nollig, hoch über Lorch an der Wispermündung, geht in ihren Anfängen als Teil der Stadtbefestigung bis in das 11. Jahrhundert zurück. Die Kirche St. Martin aus dem 13. Jahrhundert, die später erweitert wurde, zählt zu den bedeutendsten gotischen Kirchen des Rheingaus, der hier beginnt. Beachtenswert ist der reich verzierte Hochaltar von 1483. Mitte des 16. Jahrhunderts ließ sich der Kaiserliche Feldmarschall Johann Hilchen das schöne Renaissance-Gebäude, das so genannte Hilchenhaus, errichten. 1926 kam es in den Besitz der Grafen von Kanitz, die das vom letzten Krieg stark mitgenommene Haus restaurierten und gleichzeitig in ein Hotel mit Ausschank ihres Weingutes umwandelten.

„Altes Haus"

Wenn die kleinen Veilchen blühen

Fahr' Schiffer mich nach Bacharach,
nach Bacharach am Rhein.
Da weiß ich unterm Rebendach
ein stilles trautes Trinkgemach,
da schenkt man guten Wein
zu Bacharach am Rhein.

So lautet ein Volkslied aus dem Mittelalter, als Bacharach mit seiner Burg Stahleck noch Sitz der Pfalzgrafen war. Der Holz- und Weinhandel sowie vor allem der Rheinzoll garantierten Reichtum. Der von hier stammende Rheinwein war so renommiert, dass sich schon Papst Pius II. Mitte des 15. Jahrhunderts jährlich mehr als 1000 Liter Wein aus Bacharach nach Rom bringen ließ. Wenn auch Burg und Stadt im 17. Jahrhundert mehrmals durch Kriege sowie 1872 durch einen verheerenden Stadtbrand heimgesucht wurden, mangelt es heute trotzdem nicht an malerischen Gebäuden. Der alte Posthof, die alte Münze, die kurpfälzische Amtskellerei – heute als Rathaus genutzt – sowie das Alte Haus am Marktplatz sind von einer mit vielen Türmen besetzten Stadtmauer umgeben. Die etwas erhöht im Weinberg gelegene Ruine der gotischen Werner-Kapelle gilt als Wahrzeichen der Stadt. Die Burgruine Stahleck aus dem 12. Jahrhundert wurde vom „Rheinischen Verein" in den Jahren 1925 bis 1927 als Jugendherberge auf den alten Fundamenten wieder aufgebaut.

Im *Weinhaus Altes Haus* von 1368 mit seinen hübschen Ecktürmchen und der blumenumrankten, bunten Fachwerkfassade mag im Laufe der Zeit gar mancher köstliche Tropfen getrunken worden sein. Berühmte Namen zieren die Gästebücher, die zum Teil Opfer des letzten Krieges wurden. Maler, Poeten und Musiker haben sich darin eingetragen. Der französische Romantiker Victor

Weinhaus „ALTES HAUS"
Inhaberin Irina Weber
55422 Bacharach
Tel. 0 67 43 / 12 09
Fax. 0 67 43 / 91 90 67

Hugo beschrieb und zeichnete das Haus 1838 in seiner „Rheinreise". Robert Stolz, in den zwanziger Jahren des vorigen Jahrhunderts mehrfach zu Gast, machte das Alte Haus zum Handlungsort seiner Operette „Wenn die kleinen Veilchen blühen". Damaliger Besitzer war Wilhelm Weber. Seit über 100 Jahren ist nun das Haus schon in Familienbesitz. Reni Weber, die heutige Besitzerin, hängt mit Leib und Seele an ihrem alten Kleinod. Ihr größtes Anliegen ist es, dass sich ihre Gäste wohl fühlen, und so scheut sie keine Mühe, sie mit dem Besten aus Küche und Keller zu verwöhnen.

Bacharacher Riesling-Rahmsuppe mit Frühlingszwiebeln

3 Schalotten
3 Frühlingszwiebeln
1 EL Butter
1 Msp. gemahlener Anis
500 ml kräftige Fleischbrühe
250 ml trockener, säurearmer Riesling
250 ml Sahne
2 El Speisestärke
Salz, Pfeffer

Die Schalotten abziehen und würfeln. Die Frühlingszwiebeln waschen und in dünne Scheiben schneiden. Die Butter in einem Topf zerlaufen lassen. Die Schalotten und den weißen Teil der Frühlingszwiebeln in der Butter andünsten. Mit Anis bestäuben, mit der Fleischbrühe auffüllen und etwas reduzieren. Den Riesling und die Sahne angießen. Die Speisestärke mit wenig kaltem Wasser anrühren und die Suppe damit binden. Salzen, pfeffern und nur noch kurz aufkochen lassen.
Die Suppe in Tassen füllen und mit dem klein geschnittenen Grün der Frühlingszwiebeln servieren.
In Butter geröstete Weißbrotwürfel dazu reichen.

Ziegenfrischkäse mit Honig

200 – 250 g Ziegenfrischkäse
60 g Butter, 80 ml Sahne
gemahlener Koriander
3 – 4 EL Riesling Beerenauslese
50 g gehackte Walnüsse u. 12 Hälften
4 TL Waldblütenhonig
einige Blättchen Zitronenmelisse

Den Ziegenkäse mit weicher Butter und Sahne glatt rühren. Mit Koriander und einer reifen Riesling Beerenauslese aromatisieren.
Den Ziegenkäse auf einem Teller anrichten, mit gehackten Walnüssen bestreuen und reichlich mit Waldblütenhonig beträufeln.
Als Garnitur Walnusshälften und Zitronenmelisse verwenden.
Dazu als Weinempfehlung ein halbtrockener Riesling vom Mittelrhein, es darf ruhig eine Spätlese sein.

魚の燻製　盛り合わせ
鰊のマリネ　コケモモのクリーム
北欧風鮭のマリネ　マスタードソース
白ダルマガレイのマリネ

農家風ソーセージ盛り合わせ

下ライン地方のチーズ盛り合わせ

—

子牛肉のシチュー　チューリヒ風

チューリンゲン風ソーセージとザワークラウト

鮭のラグーとグリーンヌードル　香草入りクリーム

小豚背肉 辛子味の衣

—

季節のフルーツサラダ
テラミス
チョコレート・ヴァニラクリームとスグリのピューレ

Auswahl von Räucherfischen
Matjes mit Preiselbeersahne
Graved Lachs mit Senfsauce
Marinierter weißer Heilbutt
Bauernwurstplatte
Käseauswahl vom Niederrhein

—

Kalbsgeschnetzeltes Zürcher Art
Thüringer Bratwürstchen auf Weinkraut
Lachsragout auf grünen Nudeln in Kräuterrahm
Jungschweinerücken mit Senfkruste

—

Frischer Obstsalat
Tiramisu
Schokolade-Vanillecreme mit Johannisbeerpurée

1992 er Bacharacher Insel Heyles'en Werth
Riesling Kabinett halbtrocken
Weingut Fritz Bastian

1990 er Assmannshäuser Höllenberg
Spätburgunder trocken
Weingut August Kesseler

1990 er Bacharacher Kloster Fürstental
Riesling brut
Weingut Jochen Ratzenberger

Als Blücher im Januar 1814 mit seiner Armee nach Frankreich zog, kam er gleich hinter Bacharach zum Ortsteil Steeg. Hier übernachtete er im Gasthaus *Blüchertal*, wie es heute genannt wird. Schräg gegenüber liegt das *Weingut Ratzenberger, Blücherstraße 167, 55422 Bacharach-Steeg*. Senior Hans Ratzenberger, gebürtig aus Ostpreußen, erwarb das Weingut 1956. Heute wird das etwa 8,5 Hektar große Weingut von seinem Sohn Jochen, Vorsitzender des VDP – Mittelrhein (Verband Deutscher Prädikats- und Qualitätsweingüter e.V.), geführt. In harter und konsequenter Arbeit werden die Steillagen naturnah mit wildwachsenden Kräutern und Gräsern dauerbegrünt. Spitzenlagen sind Steeger St. Jost, Bacharacher Posten, Bacharacher Wolfshöhle sowie Bacharacher Kloster Fürstenberg. Unmittelbar hinter dem Haus streckt sich der Weinberg Steeger St. Jost von 1,57 Hektar Größe in reiner Südlage mit 65 bis 70 Prozent Steigung auf 120 bis 260 Meter in die Höhe. Sonneneinstrahlung in Verbindung mit der Bodenstruktur, einem Blauschieferband zwischen lehmigem Tonschiefer, bietet optimale Voraussetzungen für einen Spitzenwein. Im historischen weiträumigen Kreuzgewölbekeller lagern Weine in modernen Edelstahltanks, großen Holzfässern und in Barriques. Fast alle Weine werden betont trocken ausgebaut. Die Ertragsmenge der Trauben in den steilen Südhängen wird auf ein Minimum reduziert. Erst wenn sie zur vollen Reife gelangt sind, werden sie in aufeinander folgenden Durchgängen mehrmals ausgelesen und im Keller weiterverarbeitet. Die Riesling-Traube ist der Favorit, doch auch Spätburgunder wird neben Rotwein auch als Rosé ausgebaut. Ein weiteres Produkt des Hauses ist der nach klassischer Methode verarbeitete Riesling Brut Sekt.

Familie Ratzenberger hat im schönen Jugenstil-Gebäude komfortable ruhige Gästezimmer mit Blick auf die Spitzenlage Steeger St. Jost eingerichtet.

Für besondere Anlässe wie zum Beispiel bei Staatsbesuchen wird immer wieder Wein und Sekt aus dem renommierten *Weingut Ratzenberger* geordert. Bei einer Rheinfahrt von Bingen nach Boppard anlässlich des Staatsbesuches Ihrer Majestäten, des Kaisers und der Kaiserin von Japan, am 15. September 1993 wurde das folgende Buffet-Mittagessen an Bord der MS „Rüdesheim" serviert. Dazu wurden Weine der Weingüter Fritz Bastian, August Kesseler und Jochen Ratzenberger gereicht.

Sanftes Licht

Binger Mäuseturm

Dem Binger Loch entgegen

An steilen Abhängen des Binger- und Soonwaldes begleiten den Rhein viele romantische Burgen, einige von ihnen als Ruinen, andere restauriert und bewohnt.

Gleich hinter Bacharach, oberhalb des kleinen Ortes Rheindiebach, hat der Erzbischof Engelbert von Köln Anfang des 13. Jahrhunderts die Burg Fürstenberg errichtet. 1689 zerstört, ragt bis heute aus grünen Weinbergen nur der runde Bergfried aus der Ruine empor. Ein Bacharacher Weinhändler hat hier einen Weinkeller eingerichtet.

Mainzer Erzbischöfe ließen Anfang des 14. Jahrhunderts oberhalb Niederheimbach, Lorch gegenüber, die Heimburg, oft auch Burg Hoheneck genannt, für sich erbauen und erweitern. Ebenfalls 1689 zerstört, wurde sie Ende des 19. Jahrhunderts vom neuen Besitzer Hugo Stinnes im neugotischen Stil wieder aufgebaut.

Etwas weiter in Richtung Trechtinghausen stehen gleich zwei der berüchtigten Raubritterburgen auf Felssporen, die Burg Sooneck aus dem 11. Jahrhundert und kurz danach die Burg Reichenstein aus dem 12. Jahrhundert. Beide wurden 1282 durch König Rudolf von Habsburg zerstört und die Raubritter durch Erhängen bestraft. Ludwig XIV. ließ im Erbfolgekrieg gegen die Pfalz beide Burgen völlig sprengen. Burg Sooneck wurde Mitte des 19. Jahrhunderts im Auftrag König Friedrich Wilhelms IV. von Preußen im romantischen Stil als Jagdschloss wieder errichtet. Heute birgt sie ein interessantes Museum und eine Burgschänke. Zu Beginn des 20. Jahrhunderts ließ Baron Nikolaus Kirch-Puricelli die Burg Reichenstein weitgehend im ursprünglichen Stil neu erstehen. Das Burgmuseum zeigt wertvolle Kunstschätze. Ein Hotelrestaurant ist im Innern der Burg untergebracht. Unterhalb dieser Burg in Trechtinghausen steht die Clemenskapelle aus dem 13. Jahrhundert, ein bemerkenswertes Beispiel für die Architektur der Spätromanik mit alten Wandmalereien.

Eine kleine Strecke flussaufwärts entdeckt man auf einem steilen Felsvorsprung, direkt gegenüber Assmannshausen gelegen, die Burg Rheinstein. Etwa um 900 als Zollstätte für das Reich, aber erst im 13. Jahrhundert zu einer Festung ausgebaut, war sie der Ort, wo König Rudolf von Habsburg 1282 gegen die Raubritter zu Gericht saß. Den heutigen Namen verdankt die Burg dem neuen Besitzer Prinz Friedrich Wilhelm Ludwig von Preußen, der sie ab 1825 wieder aufbauen ließ. Bis dahin wurde sie Vautsburg oder Voitsburg genannt. Burg Rheinstein ist mit Burg Stolzenfels und Burg Sooneck die erste der drei Burgen, die im 19. Jahrhundert von Mitgliedern des preußischen Königshauses restauriert wurden. Der „Verein der Freunde der Burg Rheinstein" stattete alle Räume wieder im alten Stil aus. Burg, Kapelle und Gruft – ein Musterbeispiel an Burgenromantik – sind zur Besichtigung freigegeben. Der Rittersaal mit seinen spätmittelalterlichen Glasfenstern kann zu Festlichkeiten angemietet werden.

Wahrzeichen des Binger Lochs ist der Mäuseturm. Einst als Zoll- und Mautturm der Mainzer Erzbischöfe etwa im 13. Jahrhundert auf einer Rheininsel erbaut, sollte von hier aus der Schiffsverkehr auf Rhein und Nahe kontrolliert werden. Im Volksmund wurde aus Maut Mäuse, oder entstand der Name aus Mausen, gleichbedeutend mit Spähen? Die Sage jedenfalls will wissen, dass in diesem oder dem Vorgängerturm der geizige Bischof Hatto II. durch Mäuse ein schreckliches Ende fand. Von Mitte des 19. Jahrhunderts an diente der Mäuseturm als Signalstation für die enge Schiffsdurchfahrt. Mit der fortschreitenden Vertiefung der Fahrrinne erübrigte sich diese Funktion. Die Ruine Ehrenfels auf der anderen Rheinseite gehörte ebenfalls zur Zollstation. Ursprünglich dehnte sich die Burg mit ihren Nebengebäuden bis hinunter an das Ufer aus. Um 1215 erbaut und später mehrmals verstärkt, barg sie während der Kriegszeiten auch den Domschatz von Mainz.

Am Rand des Soonwaldes, nicht weit vom Rhein entfernt, liegt, wo der Guldenbach mit zwei weiteren Bächen zusammentrifft, das Städtchen Stromberg. Über dem Tal erhebt sich auf einem Bergkegel die Stromburg. Die strategisch günstige Lage hatten wahrscheinlich schon Kelten und Römer erkannt. Ein erstes schriftliches Zeugnis von der Burg liegt aus dem 11. Jahrhundert vor. Im 16. Jahrhundert war sie Sitz derer von Obentraut. Hans Elias Michael von Obentraut, ein äußerst tapferer Reiterführer im Dreißigjährigen Krieg, erhielt vom spanischen Heerführer Spinola den Namen „Miguel Alemán", der später zum literarischen Vorbild für den Deutschen Michel wurde. Anfang des 19. Jahrhunderts griffen die romantischen Dichter Achim von Arnim und Clemens

Stromburg

Johann Lafer's Stromburg
LE VAL D'OR
STROMBURG HOTEL
TURMSTUBE
55442 Stromberg
Tel. 0 67 24 / 9 31 00
Fax. 0 67 24 / 93 10 90

Johann Lafer's
TABLE D'OR
FORUM FÜR KOCHKULTUR
UND LEBENSART
Hauptstraße 3, 55442 Stromberg
Tel. 0 67 07 / 9 49 50
Fax. 0 67 07 / 94 95 45

*Geflügelleberpralinen
im Walnussmantel
mit glasierten Apfelspalten*

*Gedämpfte Saiblingsroulade
auf Blattspinat*

*Rehrücken mit Spitzkohl
und Schupfnudeln*

Riesling-Weinschaum mit Löffelbiskuit

Brentano die Geschichte des Reiterführers wieder auf. Die Burg galt lange Zeit als uneinnehmbar, bis sie 1689 doch erobert und zerstört wurde. Erst Mitte des 19. Jahrhunderts wurde sie im Sog der romantischen Burgenbegeisterung so wieder aufgebaut, wie sie sich heute präsentiert. Mit viel Liebe und Fleiß hat der neue Burgbesitzer Johann Lafer daraus ein Schmuckstück geschaffen – *Johann Lafer's Stromburg*. Sein Unternehmergeist ist zu bewundern. Das Feinschmeckerrestaurant *Le Val d'Or* wurde mit regionalen und internationalen Gerichten zu einem Magneten für Gourmets. An schönen Sonnentagen empfiehlt sich die Terrasse mit herrlichem Ausblick auf Berg und Tal. Die gepflegte *Turmstube* mit herzhaft-ehrlicher Küche wird gerne von müden Wanderern, die sich nur kurz stärken wollen oder ein gemütliches Plätzchen für Kaffee und Kuchen suchen, frequentiert. Johann Lafers Erfolgsrezept sind marktfrische Produkte von bester Qualität in Verbindung mit einer umfangreichen Weinkarte sowie ein höchst motiviertes Team. Da kann sich der Gast, der wie ein Freund behandelt wird, richtig wohl fühlen. Im *Rosensaal* können auch größere Gesellschaften aus privatem oder geschäftlichem Anlass exzellent feiern.

Das Hotel mit komfortablen, behaglichen Zimmern und einer dreigeschossigen Turmhaussuite besitzt eine Lobby mit einer gemütlichen Bar und einem Kamin. Von hier aus gelangt man bequem zu allen Einrichtungen des Hauses sowie zur Vinothek im Untergeschoss.

Damit noch nicht genug, Johann Lafer, als bekanntester Fernsehkoch, unterhält im Winzerdorf Guldental seine Kochschule für begeisterte Hobbyköche und das Fernsehstudio. Hier hat vor drei Jahrzehnten alles angefangen.

Geflügelleberpralinen im Walnussmantel mit glasierten Apfelspalten

Die Leber in Butter anbraten, die Schalottenwürfel zufügen und das Ganze kurz braten lassen. Mit dem Portwein ablöschen und ein wenig einkochen.

Die Butter weich werden lassen und die Sahne erhitzen. Butter, Sahne und Leber mit einem Mixer pürieren. Mit Salz, Pfeffer und Pökelsalz (damit es eine schöne rosa Farbe erhält) würzen.

Nun in ein ca. 4 cm tiefes Blech gießen und etwa 5 Stunden in den Kühlschrank stellen.

Die Walnüsse und Kürbiskerne fein hacken. Aus der Masse mit Hilfe eines Eisportionierers Kugeln ausstechen und diese in den Walnüssen sowie den Kürbiskernen wälzen.

Für die in Honig glasierten Apfelspalten die Äpfel vierteln, das Kerngehäuse entfernen und in gleichmäßige Spalten schneiden.

Den Zucker hellbraun karamellisieren. Den Honig beigeben, die Butter und den Sternanis zufügen und die Apfelspalten darin langsam dünsten lassen.

Dazu empfehlen wir bunten Blattsalat mit Walnussdressing.

Für die Geflügelleberpralinen:
500 g Geflügelleber
20 g Butter zum Braten
1 EL Schalottenwürfel
60 ml Portwein, rot
400 g Butter
200 ml Sahne
Salz, Pfeffer, wenig Pökelsalz
250 g Walnüsse
100 g Kürbiskerne
2 Äpfel (Boskop)
30 g Zucker
2 EL Honig
20 g Butter
1 Sternanis

Gedämpfte Saiblingsroulade auf Blattspinat

Für die Saiblingsroulade:
4 Saiblinge à 150 g
200 g Gemüse
(Lauch, Sellerie, Karotten)
2 EL Zitronensaft, Salz
200 ml Fischfond
2 Zweige Thymian
1 Lorbeerblatt

Für den Blattspinat:
500 g Spinat
1 Schalotte
1 Msp. Safran
etwa 2 EL Butter
100 ml Weißwein
100 ml Sahne
Salz, Pfeffer, Muskat
1 Knoblauchzehe, gehackt

Dill für die Garnitur

Die Saiblinge beim Fischhändler filetieren lassen. Die Filets wässern und abtrocknen, gerade schneiden, die Haut abziehen. Mit dem Messerrücken entgegengesetzt zum Lauf der Fasern über das Fleisch streichen und mit einer Grätenzange die Gräten herausziehen.

Die Gemüse waschen, putzen und in feine Streifen schneiden. In Salzwasser blanchieren, kalt abspülen und trocknen.

Die Filets mit dem Zitronensaft und Salz würzen und mit der Hautseite auf eine Arbeitsplatte legen. Mit den Gemüsestreifen belegen, aufrollen und mit einem Zahnstocher oder Rouladennadeln zusammenstecken. In einem Topf mit Dämpfeinsatz den Fischfond und die Kräuter füllen, die Saiblingsrouladen einsetzen und für ca. 8 Minuten dämpfen.

Den Spinat waschen, die Strunke heraustrennen und den Spinat in kochendem Salzwasser kurz blanchieren, abschrecken und trocknen. Die Schalotte abziehen und fein würfeln. Mit dem Safran in der Butter glasieren, mit dem Weißwein ablöschen und kurz einkochen lassen. Die Sahne angießen und so lange köcheln, bis eine sämige Sauce entsteht. Den Spinat dazugeben und mit Salz, Pfeffer, Muskat und etwas Knoblauch würzen.

Den gegarten Spinat auf einem Teller anrichten, die Saiblingsrouladen darauf legen und mit der Sauce vom Spinat beträufeln. Mit Dillsträußchen garnieren.

Rehrücken mit Spitzkohl und Schupfnudeln

Für die Wildsauce:
1 große rote Zwiebel, 2 EL Öl
200 ml Johannisbeersaft
500 ml dunkler Wildfond
Orangenlikör, evtl. 1 TL Speisestärke
Salz, Pfeffer, etwas Honig

ca. 1,4 kg Rehrücken ohne Haut,
mit Knochen
3 EL Öl
1 Zweig Thymian, 2 Wacholderbeeren

Für die Wildsauce die in Streifen geschnittene rote Zwiebel in Öl anbraten, den Johannisbeersaft, Wildfond und Orangenlikör zufügen und auf ein Viertel einkochen lassen, so dass die Sauce schön sämig wird. Bei zu dünner Konsistenz mit etwas Stärke binden und durch ein Sieb passieren. Mit Salz, Pfeffer und Honig abschmecken.

Den Rehrücken mit Salz und Pfeffer würzen. Von allen Seiten in heißem Öl gut anbraten und auf ein mit Alufolie ausgelegtes Blech mit Thymian und Wacholderbeeren setzen. Für ca. 30 – 40 Minuten in den auf 120°C vorgeheizten Backofen schieben. Herausnehmen und kurz ruhen lassen.

Die äußeren Blätter des Spitzkohls entfernen, vierteln und den Strunk herausschneiden. Den Kohl in Streifen und dann in gleichmäßige Würfel schneiden. Die Schalotten und die Knoblauchzehe abziehen. Die Schalotte fein würfeln und die Knoblauchzehe zerdrücken. Die Butter in einem Topf erhitzen. Schalotten und Knoblauch darin anschwitzen, den geschnittenen Spitzkohl zugeben und etwas Gemüsebrühe angießen. Zugedeckt 10 Minuten dünsten. Mit Salz, Pfeffer und Muskatnuss würzen. Die Tomate überbrühen, abschrecken, häuten, entkernen und das Fruchtfleisch würfeln. Die Petersilie hacken. Zum Schluss die kalte Butter, Tomatenwürfel, Petersilie und geschlagene Sahne unterrühren.

Für die Schupfnudeln die Kartoffeln waschen und in der Schale in Salzwasser gar kochen, sofort abschütten. Im Backofen bei 200°C ca. 10 Minuten ausdämpfen lassen, pellen und dann durch eine Kartoffelpresse drücken. Grieß, Mehl, Eigelb, Salz, weißen Pfeffer und Muskat zugeben und alles gut verkneten.

Die Hände mit Stärkemehl bestäuben und aus dem Teig kleine Schupfnudeln formen. Diese in ausreichend Salzwasser kochen, kurz abschrecken und in der heißen Butter glasieren. Mit Salz und Pfeffer abschmecken.

Den Spitzkohl auf Tellern anrichten. Den Rehrücken in Tranchen schneiden, darauf legen, die Schupfnudeln dazu geben und mit der Sauce überziehen.

Für den Spitzkohl:
1 Spitzkohl, ca. 400 – 600 g
1 – 2 Schalotten
1 Knoblauchzehe, 30 g Butter
50 ml Gemüsebrühe
Salz, Pfeffer, Muskatnuss
1 Tomate
2 Zweige Petersilie
30 kalte Butter
2 – 3 EL geschlagene Sahne

Für die Schupfnudeln:
450 g Kartoffeln,
  mehlig kochend
50 g Grieß, 50 g Mehl
1 Eigelb, Salz, weißer Pfeffer
abgeriebene Muskatnuss
30 g Butter

Riesling-Weinschaum mit Löffelbiskuit

Eigelb und Zucker in einer Schüssel verrühren, Weißwein und Orangensaft zugeben und alles über dem Wasserbad cremig aufschlagen. Wenn eine homogene Masse entstanden ist, vom Wasserbad nehmen, kurz weiterschlagen und mit Zimt und Nelken abschmecken.

Die Löffelbiskuits in ca. 2 cm große Würfel schneiden. Diese mit Riesling Beerenauslese tränken und in Gläser füllen.

Den Weinschaum darauf geben und mit frischer Minze dekorativ garnieren.

5 Eigelb, 50 g Zucker
250 ml Riesling
Saft von ¹/2 Orange, Zimt
Nelken aus der Gewürzmühle
8 Stück Löffelbiskuit
80 ml Riesling Beerenauslese
4 Minze-Blattspitzen

Dort, wo die Nahe in den Rhein mündet, treffen vier deutsche Weinanbaugebiete zusammen. Bingen mit seinen Weinhängen liegt in Rheinhessen. Die bekannte Lage „Hildegardisbrünnchen" gehört schon zum Naheweinbereich. Nach Norden, den Rhein abwärts, beginnt der Mittelrheinwein, und gegenüber auf der anderen Rheinseite erstreckt sich das Rheingau-Weingebiet.

Bingen war zu allen Zeiten ein Zentrum des Weinbaus und Weinhandels. Der schiefergedeckte Kran aus dem späten 16. Jahrhundert erinnert daran.

Nachdem Mitte des 19. Jahrhunderts das Rheinufer bei Bingen durch den Bau einer Kaimauer befestigt wurde und der so entstandene Hafen immer mehr Dampfschiffe aufnehmen konnte, ergriff Adam Racke, der Sohn eines Mainzer Weinhändlers, 1855 die Gelegenheit, hier in Bingen eine Wein- und Spirituosenhandlung zu gründen. Günstig für sein Unternehmen wirkte sich auch die Eröffnung der Eisenbahnverbindung nach Mainz, Köln und Bad Kreuznach aus. Bei Fleiß und Ausdauer entwickelte sich das Geschäft rasant. Schon bald erwarb er ein eigenes Weingut, das sein Sohn Georg erfolgreich bewirtschaftete. Nachdem diesem 1888 das ganze Unternehmen übergeben wurde, begann Georg Racke mit einer eigenen Spirituosenherstellung. Der Schwiegersohn Heinrich Moller-Racke trat vor dem Ersten Weltkrieg als Teilhaber ein. In Folge der Expansion des Unternehmens wurde 1934 in der Stefan-George-Straße ein Neubau bezogen, der heute noch Verwaltungszentrale und Weinkellerei ist. Im Zweiten Weltkrieg weitgehend zerstört, wurde ab 1945 an gleicher Stelle alles wieder aufgebaut, und der Sohn Harro Moller-Racke trat in die Unternehmensleitung ein. Mit Entwicklung und Einführung eines neuen Produktes, des Whiskys „Racke rauchzart", beginnt eine rasante weltweite Entwicklung hin zur Unternehmensgruppe „Pott – Racke – Dujardin GmbH + Co KG". Kurz vorher war die Zusammenarbeit mit der Sektkellerei C. A. Kupferberg & Cie. KGaA sowie den Kupferberg-Marken durch Übernahme der Aktienmehrheit in den Racke-Vertrieb erfolgt. Die Firma A. Racke ist ein Familienunternehmen, das heute von Marcus Moller-Racke, einem Ur-Ur-Enkel des Firmengründers, erfolgreich geleitet wird.

Bingens nachweisbare Geschichte geht zurück bis in die Römerzeit. Zum Schutz ihrer Handelsstraßengabelung Mainz/Koblenz-Köln und Mainz/Trier legten die Römer das Kastell „Bingium" auf der Anhöhe der späteren Burg Klopp an. Die Nahe wurde damals etwas flussabwärts mit einer Holzbrücke überspannt. Die entferntere steinerne Drususbrücke aus dem 10. Jahrhundert gilt als die älteste in Deutschland erhaltene Brücke aus dem Mittelalter.

Im 12. Jahrhundert war Bingen die Wirkungsstätte der Heiligen Hildegard. Die vielseitig interessierte Ordensfrau und hochbegabte Theologin, visionäre

Denkerin, Predigerin und Komponistin ist eine der herausragenden Persönlichkeiten des Mittelalters. Im Benediktinerinnenkloster Disibodenberg bei Sobernheim erhält sie ihre Ausbildung. Nach dem Ordensgelübde verfasst sie ihr theologisches Hauptwerk „Scivias" – Wisse die Wege. Viele mystische, visionär-theologische Schriften, aber auch solche über Natur, Heilkunde, natürliche Ernährung, Pflanzenwelt und Kräuterkunde entstammen ihrer Feder. Ihr Hauptinteresse galt dem Schöpfungsmythos, der Erforschung des Menschen als Einheit von Körper und Geist. Als Äbtissin gründet sie 1150 das Kloster Rupertsberg im Stadtteil Bingerbrück, von dem bis auf einige Kellerräume nichts mehr erhalten geblieben ist, und später ein zweites Kloster in Eibingen bei Rüdesheim. In Erinnerung an die große, heilig gesprochene Frau entstand in der Wallfahrtskirche auf dem Binger Rochusberg ein Altar, an dem die wichtigsten Stationen ihres Lebens und Wirkens dargestellt sind.

Im Laufe der Zeit wurde Bingen mehrmals zerstört. So ist es zu erklären, dass keines der Häuser älter als 1689 ist, das Jahr des großen von den französischen Truppen gelegten Brandes. Die Burg Klopp wurde Mitte des 19. Jahrhunderts wieder aufgebaut. Sie dient heute als Rathaus, der Bergfried als Heimatmuseum.

Auf dem Rochusberg, hundert Meter über dem Rhein, steht die weithin sichtbare und berühmte Rochuskapelle. Während der Pestepidemie wurde sie 1666 errichtet, aber 1795 wieder zerstört. 1814 wurde sie erneut aufgebaut und im gleichen Jahr feierlich eingeweiht. Dazu war auch Goethe per Schiff und zu Fuß gekommen, um später über seine Eindrücke in seinem „Das St. Rochusfest zu Bingen" zu berichten. Das Bild des Heiligen Rochus hat er gestiftet. 1889 brannte die Kapelle nach einem Blitzschlag aus. Das Bild konnte aber gerettet werden. Der letzte Neubau wurde 1895 geweiht, ist auch wegen der neu erworbenen Kunstwerke aus alter Zeit und wegen der einmaligen Lage der Kapelle einen Besuch wert.

Als Karl der Große um 800 in Ingelheim einen alten fränkischen Königshof zur Pfalz ausbauen ließ, spielte die verkehrsgünstige Lage sicher eine große Rolle. Um sein Großreich zusammenzuhalten, war er ständig auf Reisen. Bei einem Aufenthalt im Frühjahr hatte er bemerkt, dass auf den Hängen der anderen Rheinseite der Frühling viel früher einkehrte. Das veranlasste ihn zu der Weisung, an diesen Hängen den Weinbau zu intensivieren. Als eine der größten und bedeutendsten karolingischen Pfalzanlagen war Ingelheim im Mittelalter oft Tagungsort für wichtige Zusammenkünfte wie den Reichstag. Nach der Zerstörung durch die Franzosen sind uns nur wenige Reste erhalten geblieben, so der große Reichssaal, Wehrmauern und unterirdische Badeanlagen. Ingelheim verdankt seinen Wohlstand dem Anbau von Obst, Rotwein und Spargel.

Herbstspiegelung

Ein kleines Paradies

An den Hängen des Taunus von Lorch im Westen bis nach Wicker im Osten durchziehen Wanderwege ein von der Natur begünstigtes Fleckchen Erde. Gepflegte Weinberge, Obstbäume, in Tälern versteckte bunte Winzerorte mit alten Fachwerkhäusern und Villen, historische Schlösser und Klöster spiegeln die Vergangenheit des Rheingaus und zugleich seine Gegenwart wider.

Umrahmt von sonnigen Steilhängen liegt das Weinstädtchen Assmannshausen direkt am Rheinufer. Seit 200 Jahren zieht der Assmannshäuser „Höllenberg", der Rote, Weinliebhaber und Weinkenner, Maler, Dichter und Musiker und Rheintouristen aller Couleur in Scharen an.

> *Wer weiß wo gute Herberg sind,*
> *Der geh' voran und führe*
> *Und schneid' mir, dass ichs wieder find,*
> *Ein Spänlein aus der Türe*
> *Beim Kronenwirt mer het's nicht not,*
> *Den find ich auch im Dunkeln,*
> *Weil er mir frohen Willkomm' bot*
> *Mit flüssig gold'nem Funkeln.*
> *Drum halt' ich gerne bei ihm Rast,*
> *Den Römer froh zu heben,*
> *Und bei dem Zutrunk spricht der Gast,*
> *Freund Josef, Du sollst leben.*
>
> *Krone, 23.6.1907 Julius Wolff*

Mitte des 16. Jahrhunderts entstand in Assmannshausen ein Gasthof namens *Kronehaus*. Den erwarb 1808 der Küfer Nicolaus Strieth und gestaltete ihn zum

Krone Assmannshausen, Historischer Gasthof

Küchenchef Willi Mittler
Rheinuferstraße 10
65385 Rüdesheim-Assmannshausen
Tel. 0 67 22 / 40 30
Fax. 0 67 22 / 30 49

Entenleberparfait mit Pflaumensauce

Loup de mer auf Paprika-Fenchel-gemüse im Safransud
mit Karotten-Ingwerpüree und Pestokartoffeln

Rehrücken mit Wacholderrahm auf Wirsing,
Schupfnudeln und Preiselbeeren

Topfensoufflé mit Früchten der Saison

Weinrestaurant um. Es entwickelte sich zum Treffpunkt von Künstlern und Literaten und war bald bekannt als *Dichter- und Künstlerheim Zur Krone*. Ferdinand Freiligrath, der Rebell des Vormärz, wohnte im Mai 1844 hier und vollendete bei etlichen Flaschen „Assmannshäuser Rotem" sein politisches Manifest „Ein Glaubensbekenntnis". Das hauseigene Freiligrath-Museum im ersten Stock, das auch Dokumente von den Dichtern Victor von Scheffel und August Heinrich Hoffmann von Fallersleben enthält, bewahrt das Original des „Glaubensbekenntnisses" als Andenken für die Nachwelt. 1893 erwirbt der Küfer Josef Hufnagel das Anwesen und baut das Haus im romantisch-rheinischen Stil mit Fachwerk, Erker und Ecktürmchen aus. In den Gästebüchern finden sich klangvolle Namen und Erinnerungen an heiße Sommerabende auf der mit Glyzinien überrankten Terrasse und fröhliche Familienfeste. Prominente Dichter wie Gottfried Keller, Paul Heyse, Peter Rosegger und Gerhart Hauptmann stiegen hier ebenso ab wie Musiker und Schauspieler – so Engelbert Humperdinck, Richard Strauss, Paul Linke, Siegfried Wagner, Wilhelm Kempf, Richard Tauber und Heinrich George. In neuerer Zeit kamen Staatschefs wie Helmut Kohl und François Mitterrand hinzu.

Die romantische Atmosphäre ist trotz der Anpassung des Komforts an verwöhnte Gäste erhalten geblieben. In den gemütlichen Stübchen und eleganten Tagungsräumen finden sich wertvolle Antiquitäten und Mobiliar aus früheren Jahrhunderten. Die 1993 renovierte und zu den „Small Luxury Hotels" gehörende sowie zum „Privathotel des Jahres" gekürte Krone steht unter Denkmalschutz.

Das eichenholzgetäfelte Restaurant mit 16 Gault-Millau-Punkten ist von Feinschmeckern hochgeschätzt, denen auch Weine aus eigenem Weingut kredenzt werden. Alljährlich im März/April wird die *Krone Assmannshausen* anlässlich des „Rheingau-Gourmet-Festivals" zum Treffpunkt für Gäste aus aller Welt. Einige der weltbesten Winzer und Köche geben sich die Ehre.

Die Weinkarte mit rund 1000 Positionen erfüllt auch die ausgefallensten Wünsche. 1998 zeichnete sie der Gault Millau als „Beste Weinkarte Deutschlands" aus.

Doch auch zu anderen Saisonzeiten zeigt das Hotel seine fast unerschöpfliche Kreativität. Dann stehen traditionelle Kochkurse, winterliche Kaminabende, der „Weihnachtsmarkt der Nation" und vieles mehr auf dem Programm und laden zum Besuch ein.

Entenleberparfait mit Pflaumensauce

Zuerst alle Zutaten für die Reduktion in einen Topf geben und unter große Hitze reduzieren lassen, bis die Flüssigkeit fast ganz verkocht ist. Zum Abkühlen in den Kühlschrank stellen.

Wenn die Reduktion abgekühlt ist, zusammen mit der Entenleber durch den Wolf drehen, in ein Mixgerät geben und auf höchster Stufe mixen, nach und nach die Butter, die Sahne und das Ei hinzufügen. Wenn die Masse glatt ist, durch ein Haarsieb passieren und erst dann mit Pökelsalz und Pfeffer würzen, damit das Eiweiß nicht gerinnt und die Masse zum Passieren nicht zu fest wird.

Das Parfait in eine vorgebutterte Form geben und bei 65°C im Wasserbad im Ofen pochieren. Vor dem Servieren 1 Tag kühlen lassen.

Für die Pflaumensauce den Zucker in einem Topf karamellisieren lassen. Mit dem Portwein ablösen und so lange sieden lassen, bis der Karamell sich aufgelöst hat. Die Pflaumen hinzugeben und so lange kochen, bis der Inhalt marmeladeähnlich wird. Alles in einen Mixer geben, mixen und passieren. Anschließend zum Abkühlen in den Kühlschrank geben.

Die kalte Pflaumensauce zusammen mit dem Entenleberparfait servieren.

Hierzu empfehlen wir einen halbtrockenen oder gereiften Riesling mit Restsüße.

Für die Reduktion:
100 ml Portwein
50 ml Kirschwasser
50 ml Amaretto
100 ml Cognac
50 ml Madeira
2 abgezogene Schalotten
1 abgezogene Knoblauchzehe
1/2 geschälte Orange
2 Zweige Thymian
1/2 Apfel, entkernt und geschält

250 g geputzte Entenleber
250 g geklärte Butter
100 g Schlagsahne, 1 Ei
Pökelsalz, Pfeffer
Butter für die Form

Für die Pflaumensauce:
50 g Zucker
1/2 Flasche roter Portwein
100 g entsteinte Pflaumen

Abendliches Assmannshausen

Loup de mer auf Paprika-Fenchelgemüse im Safransud mit Karotten-Ingwerpüree und Pestokartoffeln

Dem Loup de mer die Flossen abnehmen, ihn schuppen und ausnehmen. Danach filetieren, Gräten ziehen, portionieren, die Haut leicht einritzen, mit Thymianspitzen spicken und kalt stellen.

Die Fischgräten zerkleinern. Mit fließendem Wasser so lange wässern, bis das Wasser klar abläuft. Das Gemüse für den Fischfond waschen, putzen und klein schneiden. In heißem Olivenöl anschwitzen. Die Fischkarkassen mit Thymian und den anderen Gewürzen hinzugeben, noch mal kurz mitschwitzen.

Mit dem Weißwein, Noilly Prat, Pernod und 1/2 Liter Wasser auffüllen, 20 Minuten köcheln lassen. Wenn nötig, zwischendurch abschäumen und durch ein Tuch passieren.

Für das Paprika-Fenchelgemüse Paprika und Fenchel putzen, schälen und beim Fenchel, wenn nötig, die Fäden ziehen. Fenchel, Paprika und Zwiebel gleichmäßig in Streifen (Julienne) schneiden. Das zarte Fenchelgrün hacken und beiseite stellen. Die Paprika und äußeren Fenchelschalen mit einem Teil des Fischfonds aufstellen, aufkochen und ein wenig reduzieren. Alles in einem Rotor aufmixen oder im Haushaltsmixer und durch ein Haarsieb geben. Nun die Zwiebel und den Fenchel in Olivenöl und Butter anschwitzen, mit Zucker, Noilly Prat und Pernod glasieren. Die Safranfäden dazugeben und mit Weißwein ablöschen. Kurz einmal aufkochen, dann die Paprika-Juliennes dazugeben und mit dem Paprika-Fenchelfond auffüllen. Fertig garen, abschmecken. mit der Weizenstärke binden. Kurz vor dem Anrichten die Kräuter hacken und zugeben.

Für das Karotten-Ingwerpüree die Schalotten abziehen und achteln. Die Karotten putzen und in Stifte schneiden. Die Butter erhitzen. Die Schalotten darin andünsten. Karotten und Ingwer zufügen, mit dem Zucker glasieren und abgedeckt im Ofen bei 180°C etwa 40 Minuten garen. Wenn es weich ist, mit Mehl bestäuben und noch einmal auf dem Herd anschwitzen. Alles pürieren und abschmecken. Zum Servieren Nocken abstechen.

1 Loup de mer (frz.)
Wolfsbarsch, Seebarsch
6 – 8 Thymianspitzen

Für den Fischfond:
40 g Schalotten, 30 g Sellerie
30 g Weißes vom Lauch
30 g Karotten, 3 Champignons
30 g Fenchel, 50 ml Olivenöl
1 Zweig Thymian
4 Pfefferkörner, weiß, 1 Lorbeerblatt
100 ml trockener Weißwein
50 ml Noilly Prat, 20 ml Pernod

Für das Paprika-Fenchelgemüse:
2 gelbe und 2 rote Paprikaschoten
1 Fenchelknolle, 1 große Zwiebel
50 ml Olivenöl, 20 g Butter
15 g Zucker
50 ml Noilly Prat, 20 ml Pernod
2 Safranfäden, 100 ml Weißwein
10 g Weizenstärke
je 1 Zweig Koriander und Estragon

Für das Karotten-Ingwerpüree:
125 g Karotten
2 Schalotten, 70 g Butter
10 g geschälter und geriebener Ingwer
5 g Zucker, 5 g Mehl

Für die Pestokartoffeln:
6 Kartoffeln
50 ml Olivenöl, 50 g Pinienkerne
1 Bund Basilikum
50 g geriebener Parmesan
Knoblauch, Salz
Fett zum Fritieren, 20 g Butter

Für die Weißweinsauce:
100 g Schalotten, 50 g Butter
2 Zweige Thymian
200 ml trockener Weißwein
200 ml Fischfond
1/2 Liter Sahne, 200 ml Milch
100 g Crème fraîche
50 ml Noilly Prat, 20 ml Pernod
1/4 – 1/2 Zitrone, 20 ml trockener Sekt

Zum Braten der Fischfilets:
Saft 1/2 Zitrone
Salz, weißer Pfeffer
1 TL Mehl, 3 EL Öl
1 Msp. gepr. Knoblauch
1 Zweig frischer Thymian
   und Rosmarin
30 g Butter

Für die Pestokartoffeln die Kartoffeln waschen, schälen und mit einem runden Ausstecher von 1,5 cm Durchmesser vier 2,5 cm hohe Zylinder ausstechen. Diese werden mit einem mittleren Parisienne-Ausstecher ausgehöhlt.
Für das Pesto das Olivenöl mit den gerösteten Pinienkernen in einer Moulinette pürieren, nach und nach während dieses Vorgangs die Basilikumblätter und die Hälfte des geriebenen Parmesans hinzugeben. Wenn alles püriert ist, das Pesto noch mit gepresstem Knoblauch und Salz abschmecken. Die Kartoffeln frittieren, in Butter nachsautieren, mit Pesto füllen und mit der zweiten Hälfte des Parmesans gratinieren.

Für die Weißweinsauce die Schalotten klein schneiden und mit einem Teil der Butter anschwitzen. Den Thymian zugeben und mit dem Weißwein ablöschen. Daraus eine starke Reduktion bilden. Mit Fischfond auffüllen und ebenfalls reduzieren, Sahne und Milch dazugießen und etwas einkochen.
Alles in einen Rotor oder Haushaltsmixer geben, mit Crème fraîche, Noilly Prat, Pernod und Zitronensaft abschmecken, mixen und durch ein feines Sieb in einen Topf passieren. Kurz vor dem Servieren mit dem Rest der Butter und dem Sekt aufmontieren.

Den Loup de mer mit Zitronensaft beträufeln, salzen, pfeffern und auf der Hautseite mit Mehl bestäuben. Das Öl erhitzen. Die Filets zuerst auf der Hautseite kross anbraten. Mit Knoblauch und den Kräutern würzen, wenden, die Butter zufügen und 1 – 2 Minuten weiterbraten.
Alles dekorativ anrichten!

Rehrücken mit Wacholderrahm auf Wirsing, Schupfnudeln und Preiselbeeren

Das Rehrückenfilet in 8 gleich große Stücke schneiden. Mit einem Plattiereisen die Fleischstücke flach klopfen, so dass sich schöne Medaillons (Rehnüsschen) bilden. Diese würzen und im erhitzten Öl bei großer Flamme auf beiden Seiten kross anbraten. Die Medaillons auf ein Blech legen und in einen auf 170°C vorgeheizten Ofen schieben.

Die Kartoffeln in der Schale kochen, pellen und durch eine Presse drücken. Alle Zutaten darunter mengen und mit den Händen etwa 7 – 8 cm lange, spitz zulaufende 5 mm dicke Nudeln drehen. Diese in siedendem Wasser garen und danach in Butter goldbraun anbraten.

Für die Sauce die Knochen in gleich große Stücke (am besten vom Metzger) hacken lassen und mit dem Öl in einen Bräter geben. Bei großer Flamme anrösten und Farbe nehmen lassen. Das geschälte und grob gewürfelte Gemüse mit anbraten und ausgetretenes Fett abgießen. Das Tomatenmark unterrühren und alles trockenrösten. Mit der Hälfte des Rotweins ablöschen und unter gelegentlichem Rühren reduzieren lassen, bis 1 Liter Rotwein verbraucht ist.

Knochen mit kaltem Wasser bedecken. Alles zum Kochen bringen und den sich bildenden Schaum ständig abschöpfen.

Die Hälfte der Gewürze und Kräuter einlegen. Alles 60 bis 70 Minuten köcheln lassen.

Ein Spitzsieb mit einem Passiertuch auslegen und den Fond schöpflöffelweise durchsieben. So verbleiben die Trübstoffe im Tuch.

Die Schalotten abziehen und fein schneiden. In der Butter glasig dünsten. Mit Rosmarin, Thymian und gestoßenen Wacholderkörnern würzen, mit dem restlichen Rotwein ablöschen und reduzieren lassen. Den eingekochten Wildfond dazugeben und mit Sahne auffüllen. Das Ganze so lange kochen lassen, bis es die gewünschte Konsistenz hat. Vom Herd nehmen und mit einem Stabmixer durchmischen. Passieren und mit Salz, Pfeffer, Johannisbeergelee und Crème fraîche abschmecken.

Die Zwiebel abziehen und würfeln. Den Wirsingkopf vierteln, von Strunk und Stielen befreien. In feine Streifen schneiden und diese waschen. Die Streifen im wallenden Wasser blanchieren.

700 g Rehrückenfilet
Salz, Pfeffer
60 ml Pflanzenöl

Für die Schupfnudeln:
250 g Kartoffeln
2 Eigelb, 60 g Mehl
Salz, Muskat
40 g Butter

Für die Wacholderrahmsauce:
2 kg frische Wildknochen
80 ml Pflanzenöl
500 g Zwiebeln, 200 g Sellerie
250 g Karotten, 2 Knoblauchzehen
50 g Tomatenmark
2 Flaschen Rotwein
10 g weiße Pfefferkörner
1 Bund Rosmarin
1 Bund Thymian
30 g Wacholderbeeren
200 g Schalotten, 50 g Butter
1 Liter Sahne
Salz, Pfeffer
40 g Johannisbeergelee
200 g Crème fraîche

Für den Rahmwirsing:
1 Zwiebel
1 großer Kopf Wirsing
40 g Speckwürfel, 60 g Butter
1/2 Liter Sahne
Salz, Pfeffer, Muskat

2 Williamsbirnen
1/4 Liter Weißwein
100 g Zucker
1/2 Zimtstange
1 Nelke
100 g Preiselbeeren

Anschließend im kalten Wasser abschrecken und trocknen. Den Speck in Butter anschwitzen und die Zwiebel hinzufügen. Die Sahne angießen und reduzieren, bis der Inhalt die richtige Konsistenz erreicht hat (die Sahne kann ruhig dicker sein, weil der Wirsing viel Flüssigkeit enthält). Den Wirsing nun dazugeben und mit Salz, Pfeffer und Muskat abschmecken.

Die Birnen schälen, halbieren und das Kerngehäuse entfernen. Den Weißwein, die Hälfte des Zuckers, Zimt und Nelke aufkochen lassen. Die Birnenhälften hinzugeben und so lange ziehen lassen, bis sie weich sind. Die Preiselbeeren waschen, in eine Schüssel geben und mit dem Kochlöffel so lange rühren, bis sich die einzelnen Beeren verbinden. Mit dem restlichen Zucker süßen. Danach wärmen und beim Servieren damit die heißen ausgehöhlten Birnenhälften füllen.

Topfensoufflé mit Früchten der Saison

4 Eier
400 g Topfen (Quark)
60 g Puderzucker
1 Vanilleschote
abgeriebene Schale von einer halben
    ungespritzten Zitrone
1 Msp. Salz
Butter und Zucker für die Förmchen,
    Staubzucker zum Bestreuen
Früchte der Saison

Die Eier trennen. Das Eigelb mit Topfen, der Hälfte des Puderzuckers, dem Mark der Vanilleschote und der Zitronenschale verrühren. Das Eiweiß mit der anderen Hälfte des Puderzuckers und der Messerspitze Salz steif schlagen. Den Eischnee vorsichtig unter die Topfenmasse heben.

Feuerfeste Förmchen mit flüssiger Butter ausstreichen und zuckern. Die Förmchen 3/4 voll mit der Soufflémasse füllen und für ca. 15 – 20 Minuten bei 200°C in den vorgeheizten Ofen schieben.

Im Förmchen servieren und mit Puderzucker bestäuben.

Mit saisonalen Früchten dekorieren.

In Assmannshausen hat das Weingut Krone einige der allerbesten Lagen in den Steilhängen des Höllenbergs und im Assmannshäuser Frankental. Auf 4,5 Hektar wachsen ausschließlich Spätburgunderreben. Die durchschnittlich 35 Jahre alten Rebstöcke haben zwar einen geringen Ertrag, garantieren aber eine außergewöhnliche Qualität. Es wird ein naturnaher und naturgerechter Weinbau betrieben. Dank besonderer Bodenpflege vermitteln die Fels-Schiefer-Böden dem Spätburgunder eine besondere Struktur und natürliche Fruchtigkeit. Die Trauben werden sorgsam von Hand gelesen und schonend bearbeitet. Die kraftvolle Eleganz dieser Spätburgunder-Rotweine wird durch ein langes Fasslager erreicht. Die Weine reifen durchschnittlich drei Jahre im Holzfass. Das feine Mandelaroma in Verbindung mit einer reifen Fruchtsäure und mit dem ausdrucksvollen Burgunder-Bukett lassen die Assmannshäuser Spätburgunder-Rotweine zu den besten in Deutschland gehören.

Assmannshausen ist ein idealer Ausgangspunkt für Wanderungen in den waldreichen Taunus sowie den Niederwald mit interessanten Ausblicken ins tief eingeschnittene Rheintal. Wem der Anstieg zu steil erscheint, kann einen Sessellift benutzen, der auf die Höhe zum *Jagdschloss Niederwald* führt. War es im 15. und 16. Jahrhundert ein Lehenshof der trutzigen Burg Ehrenfels am Binger Loch, so wurde es 1705 von den Mainzer Fürstbischöfen für die Familie der Grafen von Ostein – die Kammerherren der Fürstbischöfe – erworben.

Auf dem rein landwirtschaftlich genutzten Anwesen wurde um 1764 von Maximilian von Ostein das heutige Hauptgebäude als „Jagdschloss" gebaut. 1835 übernahmen die Herzöge von Nassau das Gut sowie das Jagdschloss und begannen – unter Berücksichtigung der natürlichen Gegebenheiten – den „Niederwald" parkartig zu gestalten und damit den Grundstein für den heutigen „Naturpark Rheingau Untertaunus" zu legen. Mitte des 19. Jahrhunderts waren weite Teile des heutigen Hessens preußisch, weshalb auch das Jagdschloss preußisch wurde. Das Hauptgebäude – inzwischen hessischer Staatsbesitz – wurde vor dem Krieg ein beschauliches Familien-Ferien-Hotel, dann Lazarett im Krieg und anschließend Freizeitheim für amerikanische Offiziere. Besonders zu erwähnen ist das Jagdschloss als Geburtsstätte unseres Grundgesetzes. 1948 tagten im Grünen Salon des Hauses die Ministerpräsidenten der deutschen Länder mit Konrad Adenauer, um in der beschaulichen Abgeschiedenheit, aber auch bei gutem Rheingauer Wein die Weichen für das demokratische neue Deutschland zu stellen.

Das ehemalige Jagdschloss präsentiert sich heute als elegantes Vier-Sterne-Hotel, ideal für einen erholsamen Ferienaufenthalt in romantischer Umgebung

Hotel Jagdschloss Niederwald, Restaurant Café Rheinblick
Familie Richard Müller
Auf dem Niederwald
65385 Rüdesheim am Rhein
Tel. 0 67 22 / 7 10 60
Fax. 0 67 22 / 7 10 66 66

mit zugleich allen modernen Fitness- und Freizeitangeboten. Das Pächterehepaar Müller hat eine idyllische Atmosphäre geschaffen. Im Restaurant mit behaglich eingerichtetem Ambiente reicht das Angebot von klassischen bis zu modernen Feinschmeckergerichten. Bei warmem Wetter sitzt man auf der schönen ruhigen Terrasse und lauscht den Stimmen der Waldvögel.

Rheingauer Rotweinkuchen

250 g Butter
4 Eier
300 g Puderzucker
4 g Zimt
1 Msp. Salz
1 Tütchen Vanillezucker
2 EL Kakao
8 g Backpulver
150 g Mehl
1/8 Liter Rotwein
80 g geraspelte Kuvertüre

Die weiche Butter, die Eier und den Puderzucker schaumig rühren.
Zimt, Salz, Vanillezucker, Kakao, Backpulver und Mehl vermischen, durchsieben und unter die Ei-Zucker-Masse heben. Den Rotwein und die geraspelte Kuvertüre hinzugeben und verrühren.
In den vorgeheizten Backofen geben und 10 Minuten bei 150°C und 50 Minuten bei 160°C backen.

Zwischen Denkmal und Drosselgasse

Dem Binger Loch mit seinen gefährlichen Unterwasserklippen hat im frühen Mittelalter der unterhalb des Niederwaldes gelegene Weinort Rüdesheim einen Teil seines Reichtums zu verdanken. Er war Stapel- und Verladeplatz für Güter, die ursprünglich auf Rheinschiffen transportiert und auf dem Landweg, dem so genannten Kaufmannsweg, von Rüdesheim mühsam nach Lorch geschafft werden mussten, um dort wieder auf Rheinschiffe verladen zu werden.

Die zweite Einnahmequelle war der Wein. Schon 1074 wird Rüdesheim in Verbindung mit dem Weinanbau urkundlich erwähnt. Zu dem jährlich stattfindenden Weinmarkt kamen Käufer aus ganz Deutschland und vielen anderen Ländern. Der Kaufpreis wurde jeweils vom Gemeinderat festgesetzt. Für das Verladen der Fässer auf die Schiffe war die Schröterzunft zuständig.

Vier Burgen gaben dem lukrativen Ort Sicherheit. Die Nieder- oder später Brömserburg am westlichen Ortsrand, von Wassergräben umgeben, diente vom 10. bis zum 13. Jahrhundert den Mainzer Erzbischöfen zeitweilig als Wohnung und Zufluchtsstätte. Das in ihr untergebrachte Weinmuseum ist hochinteressant und zeigt unter anderem eine einmalige Trinkgefäßsammlung.

In der Ober- oder Boosenburg präsentiert sich seit 1830 ein Weingut. Von der Vorderburg im Ortszentrum nahe am Markt steht nur noch die Turmruine. Reste der vierten Burg auf der Lach wurden erst Mitte des vorigen Jahrhunderts im Osten der Stadt bei Baggerarbeiten gefunden. Sonst sind noch ein Stück der Stadtbefestigung im Norden sowie der Adlerturm am Rheinufer erhalten geblieben. Die wehrhaft gebaute Pfarrkirche St. Jakobus diente wie viele andere mittelalterliche Kirchen nicht nur dem Gebet.

Im Laufe der Zeit verlegten die Burgherren ihre Sitze auf im Ort neu erbaute schmucke Höfe, wo es sich bequemer leben ließ. So entstanden eine Reihe von Adelshöfen. Der Brömserhof aus dem 16./17. Jahrhundert in der Obergasse mit

Rüdesheim

seinen hübschen Fachwerktürmchen beherbergt heute „Siegfried's Mechanisches Musikkabinett". Die anderen Höfe, die zu besichtigen sich lohnt, sind der Klunkhardshof aus dem 16. Jahrhundert, der Bassenheimer Hof, der Hof der Ritter zu Groenesteyn aus dem 18. Jahrhundert, aber auch und nicht zuletzt das Rüdesheimer Schloss.

Zwischen der berühmten Drosselgasse und der stillen Steingasse liegt *Breuer's Weingasthaus* und *Hotel Rüdesheimer Schloss*. 1729 erbaut, diente es zunächst dem Mainzer Kurfürsten als Hofkammer, dann als Herzoglich-Nassauisches Amtshaus, das Goethe am 15. August 1814 besichtigte, dann als Königlich-Preußisches Landratsamt und Oberförsterei. Geschichte, Kunst und Wein prägen heute das Ambiente des Hotels mit seinen gemütlichen Weinstuben und dem angrenzenden Schlossgarten. Der gegenüberliegende *Sickinger Hof*, von der adligen Familie der Brömser um 1400 als Zehnthof erbaut, ist Tagungen und Festlichkeiten vorbehalten. Familie Breuer hat sich die Aufgabe gestellt, den Gästen heimische Geschichte, Kunst und Kultur näher zu bringen. In der Küche werden bodenständige Gerichte sowie hauseigene Spezialitäten aus frischen Produkten der Region zubereitet. Zu den Speisen gibt es passende Weine aus eigenem Anbau. Das *Weingut Georg Breuer* arbeitet naturnah, mit begrenzten Erträgen und dem Ehrgeiz, die feinsten Weine des Rheingaus zu erzeugen.

Der Rheingau ist mit gutem Wein gesegnet. Was liegt da näher, als ihn auch noch zu veredeln. Bereits vor über 130 Jahren versuchte es Carl Schmoll mit der ersten Rheingauer Weinbrennerei. Ende des 19. Jahrhunderts gründete Hugo Asbach sein Unternehmen. Es sollte dazu beitragen, den Namen Rüdesheim über Landesgrenzen hinaus bekannt zu machen. Sein „Asbach Uralt" kann insbesondere im „Asbach Besucher Center" gekostet und geprüft werden.

Neben Asbach gehört die Carl Jung GmbH zu den Weinbrennereien im Rheingau, die noch im Betrieb sind. Sie blickt ebenfalls auf eine lange Tradition zurück und hat sich mit gebietstypischen Weinbränden, dem „Rheingau Riesling Weinbrand" oder dem „Rheingauer Spätburgunder VSOP Weinbrand", einen Namen gemacht.

Die „Drosselgasse" ist wie die Loreley in aller Welt bekannt. Ob in den USA, Japan oder Australien, diese Begriffe stehen für den romantischen Rhein, für Deutschland. Ein Schiffer, Dominikus Michael Meurer, richtete um 1826 in seinem Haus, dem heutigen Drosselhof, eine erste Weinstube ein. Damit war der Grundstein für die Berühmtheit dieser Gasse gelegt. Alles andere besorgen die Touristen, die hier eine Hochburg rheinischer Fröhlichkeit zu finden hoffen.

Nach den Schönheiten der Stadt erwartet den Besucher die Anmut der umgebenden Natur. Mit der Kabinenseilbahn geht es ruhig, aber stetig über grüne Rebzeilen hinweg nach oben zum Niederwalddenkmal, Gründungssymbol des Deutschen Reiches und einer der besonderen Aussichtspunkte, um den majestätisch dahinfließenden Rhein auf sich wirken zu lassen.

Oberhalb von Rüdesheim bei Eibingen, liegt weithin sichtbar, das Benediktinerinnen-Kloster St. Hildegardis mit der zweitürmigen neuromanischen Kirche. Auf den Mauern des Ursprungsklosters von 1165, am Westrand des Ortes steht die heutige Pfarrkirche. Die Reliquien der großen Äbtissin befinden sich dort in einem kostbaren Schrein.

Von hier führt ein schöner Waldwanderweg zur ehemaligen Wallfahrtsstätte „Nothgottes". Die Legende erzählt, dass ein Ritter der Familie Brömser für den Fall der glücklichen Heimkehr von einem Kreuzzug versprochen hatte, drei Kirchen zu bauen. Es wurden aber nur zwei daraus, die dritte hatte er vergessen. Eines Tages fand ein Brömser Knecht beim Pflügen ein Bildnis des betenden Heilandes und rief aufgeregt: „Noth Gottes". Da erinnerte sich der Ritter an sein Gelübde und ließ das Kirchlein Nothgottes errichten.

Die Weinexperten

Geisenheim verdankt seinen weltweiten Ruf seinem Wein und der Staatlichen Forschungsanstalt für Wein-, Obst- und Gartenbau. Sie wurde auf Initiative des Freiherrn Eduard von Lade 1872 eröffnet. Er hatte dazu seinen Grundbesitz und seine Villa Monrepos zur Verfügung gestellt. Hier entwickelte um 1882 der Professor Dr. Dr. h. c. Hermann Müller-Thurgau die nach ihm benannte Rebsorte.

Weithin sichtbar als Wahrzeichen erhebt sich über die Dächer der Weinstadt die Pfarrkirche „Heilig Kreuz". Wegen ihrer Größe und der Doppelturmfassade wird sie im Volksmund „Rheingauer Dom" genannt. Zuweilen wird Geisenheim auch „Lindenstadt" genannt, das wohl wegen der 600-jährigen Linde vor dem Rathaus. 1585 erstmals erwähnt und gestützt von gusseisernen Säulen, gilt sie als eine der wenigen erhaltenen Tanz- und Gerichtslinden; im Juli jeden Jahres ist sie Mittelpunkt des Lindenfestes.

Über den ganzen Ort verteilt findet man viele herrschaftliche Adelshöfe: das ehemalige Palais Ostein, ein Barockbau mit Mansard-Dach aus der zweiten Hälfte des 18. Jahrhunderts, den Ingelheimer Hof als Sommersitz der Grafen von Ingelheim aus dem 17. Jahrhundert, das Weingut Freiherr von Zwierlein mit Schlossweinstube und den um 1550 erbauten Stockheimer Hof, ein imposanter dreistöckiger Steinbau mit separatem Treppenturm und einem Fachwerkerker über dem Kellereingang, seit 1645 Eigentum der Grafen von Schönborn. In diesem Haus wurde ein Jahr vor Ende des Dreißigjährigen Krieges der Text für den Westfälischen Frieden entworfen.

Schloss Johannisburg

Der Spätlesereiter

„Der Johannisberg herrscht über alles", bemerkte Goethe auf seiner Reise durch den Rheingau. Das wird begreiflich, wenn man das Schloss schon von weitem auf einem Bergrücken inmitten seiner Weinberge erblickt. Umgekehrt kann man von hier oben einen bezaubernden Ausblick genießen, der besonders in der Abendstimmung mit ihrem schrägen Lichteinfall schon manchen Künstler beeindruckt und inspiriert hat.

Edle Weine prägen die Geschichte dieses Berges, seit – wie eine Legende zu berichten weiß – Karl der Große von seiner gegenüberliegenden Pfalz Ingelheim die frühe Schneeschmelze bemerkte und deshalb hier Weinreben anbauen ließ.

Um 1100 errichteten Mainzer Benediktiner auf dem Berg ein Kloster. Die Johannes dem Täufer gewidmete romanische Basilika gab dem Berg, dem Kloster und der Gemeinde den Namen Johannisberg. Nach Auflösung des Klosters 1563 gelangte das verschuldete Gut 1716 in den Besitz der Fürstabtei Fulda. Nach Abriss der Klostergebäude mit Ausnahme der Kirche sowie des alten Kellers wurde eine großzügige Barockschlossanlage errichtet. Die vernachlässigten Weinberge wurden mit großem Eifer durch Anpflanzung von mehreren Hunderttausend Stöcken der Rebsorte Riesling erneuert. Ab 1775 füllte man die besten Weine auf Flaschen. Im gleichen Jahr führte ein Zufall zu einer wichtigen Entdeckung: Der Johannisberger Reiterkurier war verspätet mit der Leseerlaubnis aus Fulda zurückgekehrt. Die Gutsverwaltung war verzweifelt, denn die überreifen Trauben waren bereits geschrumpft und in Fäulnis übergegangen. Diese erste unfreiwillige Spätlese machte die Winzer jedoch mit der „Edelfäule" bekannt – Auslese, Beerenauslese und Trockenbeerenauslese begründeten alsbald den Weltruhm des Rheingauer Rieslings. 1802 wurde mit der Fürstabtei Fulda auch Schloss Johannisberg säkularisiert. Nach verschiedenen Eigentümern erhielt am 1. Juli 1816 Staatskanzler Clemens Wenzeslaus Lothar Fürst von Metternich-Winneburg, der sich um den europäischen Frieden verdient gemacht hatte, das Anwesen als Schenkung, allerdings mit der Auflage, den zehnten Teil der Weinernte an das Österreichische Kaiserhaus beziehungsweise dessen Rechtsnachfolger abzugeben.

Das Schloss kann nicht besichtigt werden. Doch Tatiana Fürstin von Metternich-Winneburg hält das Schloss für Kulturveranstaltungen offen. Jedes Jahr finden Aufführungen des Rheingau-Musik-Festivals im repräsentativen Fürst-von-Metternich-Saal statt, die Musikfreunde aus aller Welt anziehen. Für Weinliebhaber führt die Weinbau-Domäne Schloss Johannisberg Kellerführungen und Weinproben durch. Auf der Terrasse der Gutsschänke kommen sowohl das Auge als auch der Gaumen auf ihre Kosten. Direkt unterhalb der Schlossterrasse verläuft der 50. Breitengrad, durch ein Zeichen markiert. Er gilt allgemein als nördliche Grenze des Weinbaus.

Goethe zu Gast
bei den Brentanos

Die nächsten Weinorte, Winkel, Mittelheim und Oestrich, sind förmlich zusammengewachsen. In letzter Zeit gesellte sich noch Hallgarten hinzu, und alle sind nun zu einer einzigen Gemeinde verschmolzen. Dennoch kann jeder Ort seine eigene Geschichte erzählen.

Das älteste Steinhaus in Winkel, das „Graue Haus", wurde Ende des 11. Jahrhunderts unter Verwendung von Steinen früherer Bauten des 9. Jahrhunderts errichtet. Bis 1330 war das „Graue Haus" Wohnsitz des Geschlechts derer von Greiffenclau, deren Stammbaum sich bis 1097 zurückverfolgen lässt. Mitten im Ort liegt die Pfarrkirche St. Walpurgis, die erstmals 850 erwähnt wird. In jenem Jahr hatte der Mainzer Erzbischof Hrabanus Maurus während einer Hungersnot die Bewohner mit Nahrungsmitteln versorgt. Zur Erinnerung an ihn, den „Praeceptor Germaniae", den Lehrer Deutschlands, wurde ein Denkmal vor der Kirche errichtet. Gut essen kann man im ehemaligen Zehnthof von 1591, wo bis Anfang des 19. Jahrhunderts die Zehntabgaben in Form von Wein, Feldfrüchten, aber auch in Barbeträgen erhoben wurden. Seit drei Generationen hat sich hier das *Weingut Johannes Ohlig & Sohn* etabliert.

Das *Brentano-Haus*, 1751 von der Familie Ackermann aus Bingen erbaut, wurde 1806 von der Frankfurter Kaufmanns- und Winzerfamilie Brentano erworben und ist bis heute in Familienbesitz. Es wurde zu einem Treffpunkt der Romantiker. An den Besuch Goethes erinnert das im Original erhaltene Goethe-Zimmer.

Auch der bis heute unveränderte Salon war Zeuge vieler enthusiastischer Gespräche. Neben anderen zählen die Gebrüder Grimm, Wieland, Savigny und Beethoven zu den Gästen des Hauses. Die Baron von Brentano'sche Gutsverwaltung baut im Gutskeller den Wein aus eigenen Winkler Lagen zu Qualitätsweinen aus. Zudem kann man einen „Goethegeist" – ein Riesling-Hefebrand – und einen „Alten Weinbrand Brentano", im Holzfass gereift, verkosten. Im Sommer finden

Brentano-Haus

hier literarisch-kulinarische Abende statt, und die „Italienische Terrasse" mit Ausblick über Weingärten auf den Rhein steht ebenfalls zur Verfügung. *Beate und Florian Kreller* verwöhnen ihre Gäste mit frisch zubereiteten Gerichten der ländlichen Küche und zusätzlich mediterranem Akzent. Man kann sich hier wie in der Toskana fühlen.

Der weithin sichtbare, aus Weinbergen herausragende Wohnturm des Schlosses Vollrads geht auf das frühe 14. Jahrhundert zurück. Er wurde benannt nach einem Vorfahren, dem Ritter Vollradus in Winkela. Die Vollrads beerbten die reichen Herren von Winkel aus dem Geschlecht derer von Greiffenclau und übernahmen gleichzeitig ihren Namen. Im 17. Jahrhundert ließ Georg Philipp Greiffenclau von Vollrads das Herrenhaus errichten. Auf der umgebenden Anbaufläche von etwa 500 Hektar werden ausschließlich Rieslingreben bewirtschaftet; die Weine dürfen sich mit gewichtigen Auszeichnungen schmücken: mit dem vom Land Hessen verliehenen Staatsehrenpreis 1998, und 1999 mit sechzehn Gold- und zwei Silbermedaillen.

Die von Weingärten umgebene um 1135 erbaute romanische Kirche St. Ägidius in Mittelheim ist die älteste und bedeutendste Kirche des Rheingaus. Sie zeigt eine spätgotische Skulptur des Heiligen Urban, des volkstümlichen Patrons der Winzer.

Das Wahrzeichen von Oestrich ist zweifellos der Alte Holzkran, erbaut im 16. Jahrhundert und Mitte des 18. Jahrhunderts umgebaut. Er diente hauptsächlich dem Verladen von Weinfässern. Die spätgotische Pfarrkirche St. Martin mit ihrem romanischen Turm, das Rathaus aus dem beginnenden 16. Jahrhundert sowie viele alte Fachwerkhäuser prägen das Bild des Weinorts.

Schon seit drei Jahrzehnten, noch bevor naturnaher Anbau in Mode kam, verzichtet Wilfried Querbach im Weinberg auf chemische Mittel. Das Weingut bewirtschaftet mehr als 8 Hektar in den Spitzenlagen: Oestricher Lenchen, Doosberg, Klosterberg und Hallgartener Schönhell sowie Winkler Hasensprung und Dachsberg.

Am Rheinufer, von Weingärten umgeben, liegt das Schloss Reichartshausen. Seit 1152 im Besitz von Kloster Eberbach wurde es von den Mönchen als Gut bewirtschaftet. Die Gutsgebäude von 1742 beherbergen heute eine private Wirtschaftshochschule, die European Business School (EBS).

Mittelpunkt des Winzerortes Hallgarten ist die Pfarrkirche St. Mariae Himmelfahrt mit dem romanischen Turm aus dem 12. Jahrhundert. Haupterwerbsquelle des Ortes war schon im frühen Mittelalter der Weinbau; die zu Beginn des 15. Jahrhunderts in zarter Form aus Ton geschaffene Madonna mit Weinkrug an der Nordwand der Kirche sollte den erfolgreichen Weinanbau mit ihrem Schutz weiter garantieren.

Sommergewitter

Das Weindorf in der Burg

Das Image des alten Weindorfes Hattenheim ist geprägt von Adelshöfen und vielen malerischen Fachwerkhäusern, die sich um die Burg aus dem 12. Jahrhundert und die Pfarrkirche St. Vincent gruppiert haben. Zweimal im Jahr während des Burg- und Winzerfestes sowie der Rheingauer Schlemmerwochen stellen in der Burg die Hattenheimer Winzer ihre Weine vor. Ein besonderer Tipp ist das 1894 erbaute *Kronen-Schlösschen*. 1989 wird es liebevoll zu einem luxuriösen Landhotel umgebaut. Traumhaft schöne Marmorbäder, alte Holztäfelungen und viele Antiquitäten finden sich dort. Ein historisches Restaurant, Säle mit Wandmalereien, Stuckdecken, Fayence-Ofen und venezianische Leuchter schaffen ein besonderes Ambiente.

An schönen Sommertagen bietet sich die Gelegenheit, auf den Terrassen oder im Park unter einer alten Platane zu verweilen. Seit 1993 wird das Haus von Patrik Kimpel sehr erfolgreich geführt. Im gleichen Jahr wurde er vom „Feinschmecker" zum „Aufsteiger des Jahres" gewählt. Darauf folgend bekam er hohe Auszeichnungen für seine kreative, leichte Küche.

1994 wurde Patrik Kimpel in die Vereinigung der „Art de Vivre" und 1997 in die Gruppe der „Jeunes Restaurateurs d'Europe" aufgenommen, außerdem ist er Mitglied der Europäischen Union der Köche „EUROTOQUES".

Das *Kronen-Schlösschen* ist das ideale Haus für besondere Anlässe. Eine Weinprobe mit Weinen aus dem eigenen Weingut Krone und aus der Kronen-Kellerei bleibt unvergessen.

Hotel-Restaurant
Kronen-Schlösschen
Patrik Kimpel
Rheinallee, 65347 Eltville-Hattenheim
Tel. 0 67 23 / 6 40
Fax. 0 67 23 / 76 63

Geflügelleberparfait mit Quittensauce und Walnussbrioche

Zander auf Kalbskopfcarpaccio mit Tomaten-Basilikum-Vinaigrette

Kaninchenkeule auf dreierlei Linsen mit Riesling-Sauce

Warme Apfeltarte mit Karamellroyal

Geflügelleberparfait mit Quittensauce und Walnussbrioche

Für das Geflügelleberparfait:
1 – 2 Äpfel, 1 Orange
1 Schalotte
1 EL Öl
je 1 kleiner Zweig Thymian
   und Rosmarin
2 cl Portwein, 250 g Butter
250 g Geflügelleber, 20 g Ingwer
2 Eier, 125 ml süße Sahne
200 ml Amaretto, Salz, Pfeffer

Für die Quittensauce:
1 kleines Stück frischer Ingwer
1/2 Vanilleschote, 30 g Zucker
200 ml weißer Portwein
100 g Quittenmus

Für die Walnussbrioche:
260 g fein gesiebtes Mehl
20 g Zucker, 5 g Salz
10 g Trockenhefe, 3 Eigelb
100 ml Milch
60 g Butter (Raumtemperatur)
70 g gehackte Walnüsse
Butter für die Form
1 Eigelb und 1 EL Milch
   zum Bestreichen

Die Äpfel schälen, entkernen und in Stücke schneiden. Die Orange schälen, filetieren, entkernen und den Saft auffangen. Die Schalotte abziehen und klein schneiden. Die Schalotte mit Apfel und Orange in Öl anschwitzen. Nun den Thymian- und Rosmarinzweig dazugeben und mit Portwein und Orangensaft ablöschen. Alles zur Hälfte reduzieren und kalt stellen.

Die Butter in einem Topf erhitzen, klären, durch ein Sieb passieren und warm stellen. Jetzt die Leber von den Sehnen befreien und zusammen mit dem Ingwer, den Eiern und der Reduktion im Mixer kurz pürieren. Die Sahne zugeben, passieren und nochmals im Mixer mit der heißen Butter langsam aufschlagen.

Mit Amaretto, Salz und Pfeffer abschmecken und in einer Terrine ca. 50 Minuten bei 150°C im Wasserbad pochieren.

Den frischen Ingwer schälen und fein hacken, die Vanilleschote aufschneiden und das Mark auskratzen. Zucker in einem Topf leicht karamellisieren, mit Portwein ablöschen. Das Quittenmus, den Ingwer und die Vanille zufügen, bei mäßiger Temperatur köcheln lassen und zum Schluss durch ein feines Sieb passieren.

Für die Brioche Mehl, Zucker, Salz, Hefe, Eigelb, Milch und Butter in der Maschine zu einem glatten Teig verarbeiten.

Die Walnüsse dazugeben und 20 Minuten an einem warmen Ort gehen lassen. Jetzt den Teig noch einmal kurz durchkneten, in eine gebutterte Kastenform füllen und mit einer Eigelb-Milchmischung bestreichen. Noch einmal gehen lassen, bis der Teig die Form zu 2/3 gefüllt hat.

Bei 180°C im Ofen etwa 20 Minuten goldgelb backen.

Zander auf Kalbskopfcarpaccio mit Tomaten-Basilikum-Vinaigrette

Das Wurzelgemüse waschen, putzen und zerkleinern.

Den Kalbskopf mit dem Wurzelgemüse und den Gewürzen weich kochen, herausnehmen, warm in eine Terrinenform pressen und erkalten lassen.

Die Eiertomaten überbrühen, abschrecken, häuten und die Kerne herausnehmen. Das Fruchtfleisch in Würfel schneiden. Aus Pesto, Balsamico, Olivenöl, Salz und Pfeffer eine Vinaigrette anrühren.

Frisée und Rucola waschen und putzen.

Den Zander in Öl auf der Haut anbraten und in Butter nachbraten.

Zum Anrichten den Kalbskopf auf der Aufschnittmaschine dünn aufschneiden und kreisförmig auf den Teller legen. Die Vinaigrette darüber geben.

Ein Salatbouquet in der Mitte auf dem Teller anrichten und den Zander darauf legen. Mit getrockneten Tomaten und frittiertem Basilikum garnieren. Die Schalottenbutter und die Kalbsjus um die Kalbskopfscheiben verteilen.

Tipp: Schalottenbutter kann man leicht selbst herstellen. Sie verfeinert Suppen, Saucen, Fisch, Fleisch, Gemüse und Pilze. Abgezogene fein gehackte Schalotten werden mit der gleichen Menge weicher Butter vermischt.

400 g Wurzelgemüse (Sellerie, Lauch, Schalotten, Karotten)
1/2 vorbereiteter Kalbskopf
schwarze Pfefferkörner, Salz
1 Lorbeerblatt
4 Eiertomaten, 20 g Pesto
4 EL alter Balsamico
4 EL Olivenöl, Pfeffer
1/2 Kopf Frisée, 2 Bund Rucola
4 Zanderfilets zu je 60 g
2 EL Öl, 1 EL Butter
8 getrocknete Kirschtomaten
4 Blätter Basilikum
100 ml Schalottenbutter
100 ml Kalbsjus

Kaninchenkeule auf dreierlei Linsen mit Riesling-Sauce

Für die Kaninchenkeulen:

1 kl. Apfel
2 kleine Zwiebeln
4 Kaninchenkeulen
6 Scheiben Weißbrot
(ohne Rinde, in Würfel geschnitten)
40 g Butterschmalz, 10 g Butter
20 ml Calvados
1 Bund Estragon, 2 Eigelb
Salz, Pfeffer
1 Rosmarinzweig

Für die Linsen:

2 Schalotten
20 g Lauch
20 g Sellerie
20 g Karotten
20 g Dörrfleisch
etwas Butterschmalz
40 g Champagnerlinsen
40 g grüne Linsen
40 g rote Linsen
100 ml Liter Kalbsfond

Für die Sauce:

2 Schalotten, 20 g Butter
200 ml Rheingau Riesling, trocken
200 ml Kalbsfond
200 ml Crème double
Salz, Pfeffer

Den Apfel schälen, vom Kerngehäuse befreien und würfeln. Die Zwiebeln abziehen und hacken.

Die Kaninchenkeulen hohl auslösen. Die Hälfte der Weißbrotwürfel in etwas Butterschmalz anbräunen. Die Apfelwürfel in Butter andünsten und mit Calvados ablöschen. Den Estragon waschen, zupfen und die Blätter klein schneiden. Weißbrot, Apfel und Estragon mit dem Eigelb vermischen. Die Masse mit Salz und Pfeffer abschmecken. In die Keulen füllen, in Form binden und in einer Pfanne in dem restlichen heißen Butterschmalz kurz anbraten. Die Zwiebeln und den Rosmarinzweig zum Fleisch geben und im 200°C heißen Ofen etwa 15 Minuten braten.

Die Schalotten abziehen und fein hacken. Das Gemüse in kleine Würfel schneiden. Für die Linsen das Dörrfleisch würfeln und in Butterschmalz auslassen. Die Schalotten und das Gemüse zugeben, anschwitzen und nacheinander die Linsen zufügen, zuerst die Champagnerlinsen, dann die grünen und zum Schluss die roten Linsen. Nach kurzem Andünsten mit dem Kalbsfond auffüllen und zugedeckt köcheln lassen.

Für die Sauce die Schalotten abziehen und fein hacken. In Butter goldgelb anschwitzen, mit Riesling ablöschen und mit Kalbsfond auffüllen. Um die Hälfte einkochen, Crème double angießen und noch einmal einkochen. Abschmecke und vor dem Anrichten kräftig aufmixen.

Zum Anrichten die Linsen auf die Teller verteilen und mit der aufgeschäumten Sauce überziehen. Die Kaninchenkeulen in Scheiben schneiden und auf die bunten Linsen geben.

Dazu empfehlen wir einen Rheingau Riesling, möglichst der gleiche, der zum Kochen genommen wurde.

Warme Apfeltarte mit Karamellroyal

Die Äpfel vom Kerngehäuse befreien und in Spalten schneiden. Den Zucker in einem Topf schmelzen. Butter und Zitronensaft im geschmolzenen Zucker auflösen. Die Äpfel in die Zuckermischung geben. Die Apfelspalten mit Calvados ablöschen, abtropfen lassen und den Fond auffangen.

Für die Royal den Fond mit Sahne auffüllen und mit den Eiern und dem Eigelb zur Rose abziehen (vgl. S.147).

Den Blätterteig auf 23 cm Durchmesser ausrollen. Mit dem Messer vom Rand 1 cm leicht einritzen und einen Kreis ziehen. Den inneren Kreis mit Äpfeln belegen und backen – bei 200°C etwa 18 Minuten, bis der äußere, schmale Rand sich gehoben hat und stabil ist. Aus dem Ofen nehmen, mit der Royal aufgießen und bei 200°C etwa 7 Minuten fertig backen.

Warm servieren!

Empfehlung: Die übrige Royal als Saucenspiegel um die Tarte gießen.

2 Äpfel
260 g Zucker
160 g Butter
2 EL Zitronensaft
80 ml Calvados
200 g flüssige Sahne
2 Eier
3 Eigelb
4 Blatt Blätterteig, tiefgefroren

Zwischen malerischen Fachwerkhäusern liegt das *Weinhaus und Hotel Zum Krug*. Mitte der zwanziger Jahre des vorigen Jahrhunderts wurde das 1720 errichtete Bauernhaus, das durch sein schönes Fachwerk auffällt, zum Weinhaus umgebaut. Die vornehm-rustikale Einrichtung zeigt das Bild einer typischen Rheingauer Weinstube. Wenn Sie sich für eines der köstlichen Menüs entschieden haben, stehen Ihnen 600 Weine aus dem riesigen Weinkeller zur Auswahl. Damit die Wahl nicht zur Qual wird, braucht man nur den stets präsenten Chef des Hauses, *Josef Laufer*, zu fragen. Er wird Sie so gut und treffend beraten, dass Sie bestimmt noch einmal zu diesem Ort guter Erinnerungen zurückkehren möchten.

„Vom Einfachen das Beste", so lautet die Devise der Franz-Keller-Küche in der *Adler Wirtschaft*. Man ist immer wieder überrascht, was – mit großer Sorgfalt und Raffinesse – der Kochkünstler, der seine Lehrjahre in Frankreich bei Paul Bocuse und dem fast ebenso bekannten Michel Guérard absolviert hat,

Hotel-Weinhaus „Zum Krug"
Josef Laufer
Hauptstraße 34
65347 Eltville-Hattenheim
Tel. 0 67 23 / 9 96 80
Fax. 0 67 23 / 99 68 25

Die Adler Wirtschaft

Franz Keller
Hauptstraße 31
65347 Eltville 3 (Hattenheim)
Tel. 0 67 23 / 79 82
Fax. 0 67 23 / 8 78 67

seinen Gästen serviert – ein Augen- und Gaumenerlebnis. Dabei beschränkt er sich fast ausschließlich auf frische Produkte aus der Region, zum guten Teil sogar vom eigenen Hof mit artgerechter Haltung, wo Franz Keller Schweine, Hühner, Gänse und Enten züchtet. Dazu kommt ein eigenwilliges Ambiente. So sind die Tische aus alten eichenen Weinpressen hergestellt. Originelle Exponate zieren die Wände. Im Sommer steht eine Gartenterrasse zur Verfügung. Zum Wohlfühlen beim Essen gehört eben auch die passende Umgebung. Die umfangreiche Weinkarte enthält sorgfältig zusammengestellte Weine aus dem Rheingau, auch eigens für die *Adler Wirtschaft* abgefüllte Fassweine bekannter Weingüter. Natürlich darf man auch einen Badener wählen, schließlich stammt Franz Keller vom Kaiserstuhl.

Winzerinnen-Salat

Für etwa 6 Portionen
Für die Salatsauce:
2 Kartoffeln
Kräuter wie Petersilie, Kerbel,
  Schnittlauch
2 Schalotten
2 Knoblauchzehen
3 EL Weißweinessig
Salz, Pfeffer
1 TL scharfer Senf
8 EL Speiseöl
etwas trockener Weißwein nach Bedarf

2 Endiviensalatköpfe
1 Bund Brunnenkresse
4 Tomaten
6 – 8 Weißbrotstückchen
35 g Butter, 3 Eier

Die Kartoffeln waschen, in der Schale kochen und pellen. Die Kräuter waschen, trockentupfen, die Blättchen von den Stielen zupfen und hacken. Den Schnittlauch in Röllchen schneiden.

Für die Sauce die Schalotten und die Knoblauchzehen abziehen. Die Schalotten hacken und eine Knoblauchzehe zerdrücken. Weißweinessig, Salz, Pfeffer und Senf in einer großen Schüssel verrühren. Das Öl nach und nach zufügen. Die warmen Kartoffeln zerdrücken und einrühren. Schalotten, Kräuter und Knoblauch zugeben. Eventuell Weißwein zufügen.

Den Endiviensalat waschen, in grobe Streifen schneiden und trocknen. Die Brunnenkresse waschen, putzen und zerkleinern. Die Tomaten überbrühen, häuten und in Spalten schneiden. Mit dem Endiviensalat sowie der Brunnenkresse in die Schüssel geben. Eine Stunde durchziehen lassen. Nochmals gut abschmecken.

Das Weißbrot in kleine Stücke schneiden. Die Butter in einer Pfanne erhitzen und die Brotstücke goldgelb rösten. Mit der restlichen angeschnittenen Knoblauchzehe einreiben.

Die Eier 4 Minuten kochen, abschrecken, pellen und warm auf den Salat geben.

Kaninchenkeulen in Schalotten

Die Kaninchenkeulen in Olivenöl, Pfeffer, Estragon und Salbei 24 Stunden marinieren. Aus den Wirbelknochen zwischen den Keulen eine Brühe herstellen. Dazu das Gemüse waschen, putzen und klein schneiden. Die Knochen in Olivenöl leicht anbräunen. Mohrrüben, Lauch, Zwiebel zufügen, mit Wasser ablöschen und salzen. Nach ungefähr 1 Stunde die Brühe passieren.
Die Schalotten abziehen. Die Keulen aus der Marinade nehmen, salzen und in Butter und Traubenkernöl anbraten. Die Schalotten zugeben. Mit der Brühe und Rotwein ablöschen. Die Keulen sollten gut bedeckt sein. Nach dem ersten Aufkochen den Topf mit einem Deckel verschließen und im Backofen bei etwa 180°C 45 Minuten schmoren lassen.

Anmerkung: Der Rotwein sollte möglichst viel Farbe haben und sehr trocken sein. Die Schalotten sind ohnehin sehr mild im Geschmack. Die Herbe des Weines setzt dann einen interessanten Akzent beim Kaninchenfleisch.
Möglichst mit einer Beilage wie Nudeln oder Salzkartoffeln sowie einem leichten Gemüse servieren.

6 frische Kaninchenkeulen
gut 1/4 Liter Olivenöl
frisch gemahlener schwarzer Pfeffer
2 – 3 Zweige frischer Estragon
2 – 3 Zweige frischer Salbei
2 Mohrrüben
1 kleine Stange Lauch
1 Zwiebel, gespickt mit 1 Nelke
Salz
20 Schalotten
50 g Butter
4 EL Traubenkernöl
1/2 Liter Rotwein

Im *Domänenweingut Schloss Schönborn* finden alljährlich an zwei Terminen besondere kulinarische Veranstaltungen mit dem Thema „Fisch und Wein" statt. Es ist das Wochenende vor Ostern und eins im September. Dann gesellen sich zu den Weinen aus renommierten Lagen Fische wie Wels (Waller), Karpfen, Schlei, Hecht und Zander, die lebend aus den fränkischen Zuchtbetrieben des Grafen von Schönborn-Wiesentheid angeliefert werden. Die Weine selbst können auf eine Tradition von über 650 Jahren zurückblicken. Auf einer Rebfläche von etwa 50 Hektar wachsen 91 Prozent Riesling, 6 Prozent Spätburgunder und 3 Prozent Weißburgunder. Die Weinlagen, unter anderem Marcobrunn, Pfaffenberg, Nußbrunn, sind über zwölf Rheingauer Gemarkungen verstreut. Dementsprechend vielfältig ist auch das Angebot an Weinen. Der 500 Jahre alte Fassweinkeller kann nach vorheriger Anmeldung besichtigt werden. VDP – (Verband Deutscher Prädikats- und Qualitätsweingüter e.V.) – Weinprobe ist möglich.

Herbststimmung am Rhein

Prinzessin Marianne

An der Gemarkungsgrenze zwischen Hattenheim und Erbach wurde 1810 die Quelle, die aus der Stützmauer des Weinbergs Marcobrunn sprudelte, in Buntsandsteinsäulen gefasst. Goethe erwähnt sie in seinem Bericht.

Dort wo der Eberbach in den Rhein mündet, liegt eine kleine Ansiedlung, die bereits 980 urkundlich als Weinort erwähnt wird. Der Bach hatte dem Ort seinen Namen gegeben, doch war daraus bereits im 14. Jahrhundert infolge sprachgeschichtlicher Abschleifung Erbach geworden. Das spätgotische Rathaus, die schönen Fachwerkhäuser sowie eine Vielzahl alter Höfe führen den Besucher weit zurück in die Geschichte. Die spätgotische Pfarrkirche St. Markus aus dem 15. Jahrhundert wurde im Barock ausgebaut und erweitert. Sehr viel jüngeren Datums ist die evangelische Kirche, die 1865 von der Prinzessin Marianne von Preußen, der damaligen Besitzerin von Reinhartshausen, gestiftet wurde. Das Schloss am Westausgang des Ortes, 1754 an der Stelle dreier Gutshöfe erbaut, wurde Mitte des 19. Jahrhunderts von der Prinzessin erworben und erhielt nach dem Umbau den Namen Schloss Reinhartshausen. Die ungewöhnliche und fortschrittlich denkende Frau machte Reinhartshausen zu einem kulturellen Anziehungspunkt. Sie besaß eine Sammlung von 600 Gemälden, die in einem eigens dafür eingerichteten Museum, den heutigen Festsälen, untergebracht waren. Die großzügige und gastfreundliche Atmosphäre zog viele Gäste an und bot jungen Künstlern Unterkunft und Raum für ihre Entfaltung. Über 100 Gemälde, Grafiken, Aquarelle und Gouachen sowie verschiedene Steinplastiken aus dieser Sammlung sind noch heute zu bewundern. Schloss Reinhartshausen blieb bis 1987 im Besitz des Geschlechts der Preußen. Von 1987 bis 1998 war die Familie Leibbrand Eigentümer; sie ließ das Schloss grundlegend restaurieren und um den Westflügel erweitern. Seit 1999 befindet sich das *Hotel & Weingut Schloss Reinhartshausen* im Besitz

Hotel Schloss Reinhartshausen
Direktor Sebastian Heinemann
Hotel Schloss Reinhartshausen
Hauptstraße 43
65346 Eltville-Erbach
Tel. 0 61 23 / 67 60
Fax. 0 61 23 / 67 64 00

Restaurant Marcobrunn
Chantal & Alfred Friedrich
Hotel Schloss Reinhartshausen
65346 Eltville-Erbach
Tel. 0 61 23 / 67 64 32
Fax. 0 61 23 / 67 64 30

der Freunde von Reinhartshausen GbRmbH. Die im Rhein vorgelagerte, drei Kilometer lange Insel gehört ebenfalls dazu. Sie wurde 1902 zu Ehren der Prinzessin auf den Namen Mariannenaue umbenannt. Sie steht unter Naturschutz, auf ihr werden 24 Hektar Wein, Riesling, Weißburgunder und Chardonnay, ökologisch bewirtschaftet. Mit 72 Hektar im Kernbesitz ist Schloss Reinhartshausen ein großes Weingut mit hervorragenden Lagen wie Marcobrunn, Schloßberg, Wisselbrunnen und Nußbrunn. Diese ausgewählten Prestigelagen mit einem ganz eigenen Charakter werden separat vinifiziert. Alle anderen Lagen und Qualitäten werden zu dem Cuvée Schloss Reinhartshausen Riesling vermählt. Der Ausbau aller Weine erfolgt unter Leitung von August Kessler streng qualitätsorientiert. In der schön eingerichteten Vinothek können die Weine von Schloss Reinhartshausen verkostet und erworben werden.

Das historische Hotel mit eleganten Gästezimmern und Suiten sowie mit Festsälen für Feiern aus privaten oder offiziellen Anlässen, Konferenzräumen mit modernster Tagungstechnik lässt keine Wünsche offen. Die Möglichkeiten zum Ausspannen sind vielfältig. Gepflegte Tradition und exklusive Gastlichkeit, verbunden mit einer zeitgemäßen Küche, lassen den Gast mehr finden, als sein Herz begehrt. Vom lichtdurchfluteten Wintergarten oder im Sommer von der Terrasse gesellt sich zu den Gaumenfreuden ein herrlicher Blick über die Parkanlagen auf Rhein und Mariannenaue.

Fast jeden Monat sorgt das Team um *Direktor Sebastian Heinemann* für neue Überraschungen; so wird zum Beispiel im Mai zum Spargelfest oder ein anderes Mal zum Rheingau-Musikfestival eingeladen.

In den alten Gewölben des Schlosskellers mit rustikaler Atmosphäre werden zu Weinen aus der Region herzhaft-bodenständige Gerichte gereicht.

Ebenfalls im Schloss, im historischen Ostflügel, befindet sich das stilvoll-elegante *Restaurant Marcobrunn* mit Ausblick auf den Schlosspark. Alles fügt sich zu einem passenden Ambiente für ein festliches Mahl zusammen. Alfred Friedrich und seine den Service leitende Frau Chantal bieten kulinarische Genüsse auf höchstem Niveau. Die Weinkarte präsentiert eine enorm große Auswahl an Weinen des Rheingaus, aber auch gute Weine aus der Pfalz und Baden. Doch auch Bordeaux-Weine haben wegen ihrer Vorzüglichkeit eine Chance.

Wolfsbarsch auf Bohnenragout und Chorizo

Die Schalotte abziehen und klein schneiden.
Eingeweichte Haricots Cocos mit Schalotte, Speck und Lorbeerblatt ansetzen. Etwas Bohnenkraut dazugeben und mit Hühnerfond weich kochen. Wenn die Bohnen weich sind, mit Salz und Pfeffer aus der Mühle würzen. Die flüssige Sahne zugeben, Lorbeer und Bohnenkraut entfernen und sämig einkochen lassen. Die Schnibbel- und Bobbybohnen getrennt blanchieren.
Das Wolfsbarschfilet in vier Teile schneiden. Die Haut einritzen und in Olivenöl mit etwas Rosmarin braten.
Nun die blanchierten Schnibbel- und Bobby Bohnen sowie 80 g Chorizo-scheiben zugeben, kurz erwärmen und mit geschlagener Sahne vollenden.
Den Wolfsbarsch auf dem Bohnenragout anrichten und mit dem Chorizo-Öl und dem Bohnenkrautöl umkränzen.
Dazu servieren wir Kartoffelravioli.
Ein Weißburgunder rundet den Genuss ab.

Chorizo-Öl:
Chorizo schälen und in Würfel schneiden. Mit der Knoblauchzehe und dem Olivenöl kurz erhitzen und 20 Minuten ziehen lassen. Passieren und im Einmachglas aufbewahren.

Bohnenkrautöl:
Den Blattspinat putzen und waschen. Das Bohnenkraut zupfen und beides in Salzwasser weich blanchieren. In Eiswasser abschrecken, gut ausdrücken und mit dem Olivenöl mixen. Durch ein Spitzsieb passieren und im Einmachglas aufbewahren.

1 Schalotte
Haricots Cocos
  (über Nacht in Wasser einweichen)
1 Scheibe geräucherter Speck
1 Lorbeerblatt
1 Zweig Bohnenkraut
1/2 Liter Hühnerfond
Salz, Pfeffer
1/8 Liter Sahne
100 g Schnibbelbohnen
100 g Bobby Bohnen
400 g Wolfsbarsch, filetiert
Olivenöl
1 Zweig Rosmarin
80 g Chorizo (spanische Wurst)
1 EL geschlagene Sahne

Für das Chorizo-Öl:
120 g Chorizo
1 Knoblauchzehe
1/4 Liter Olivenöl

Für das Bohnenkrautöl:
100 g Blattspinat
100g Bohnenkraut
Salz
1/4 Liter Olivenöl

Restaurant Pan zu Erbach

Angelika und Reinhold Heckl
Erbacher Straße 44, 65346 Erbach
Tel. 0 61 23 / 6 35 38

Spargel und Shrimps
in Waldmeister-Vinaigrette

Kalbfleisch
in geräucherter Forellen-Sauce

Rieslingkaltschale mit Holunderblü-
ten und Sommerbeeren

Im Sommer laden der idyllische Innenhof und an weniger warmen Tagen ein kleines aber gemütlich eingerichtetes *Restaurant im Pan zu Erbach* mit Kaminfeuer zum Besuch ein.

Hier vereinigen sich hohe Kochkunst und Weinkultur zu einem besonderen Erlebnis. Angelika Heckl sorgt mit künstlerischem Verständnis für ein angenehmes Ambiente, während Reinhold Heckl, ein wahrer Meister seines Fachs, eine anspruchsvolle Küche mit frischen saisonalen Gerichten erfindungsreich zu variieren weiß. Sorgsam abgestimmte Menüfolgen werden von besten Weinen des Rheingaus und vieler anderer Länder begleitet. Die Weinkarte präsentiert eine Auswahl von über 100 Weinen. Viele Sonderveranstaltungen sollen im Laufe des Jahres den Gästen Wein und Essen näher bringen. „Panem et Vinum" – unter diesem Motto präsentieren Rheingauer Winzer in zweimonatigem Wechsel ihre besten Weine. Fein abgestimmt damit werden diese Kreszenzen mit unkomplizierten Speisenfolgen aus marktfrischen heimischen Produkten kombiniert und serviert.

In seiner erfolgreich betriebenen KochKunstSchule-Rheingau bietet Reinhold Heckl den Teilnehmern in Frühjahrs- und Herbstprogrammen Kochkurse an, in denen sich die Ideen von „Panem et Vinum" widerspiegeln.

Spargel und Shrimps
in Waldmeister-Vinaigrette

Für 10 Portionen
3 kg Spargel
Salz, 1 Msp. Zucker
500 gegarte Tiefseegarnelen,
evtl. Tiefkühlware
2 Bund frischer Waldmeister
1/2 Liter trockener Rheingau-Riesling
60 g Zucker
100 ml Olivenöl
frisch gemahlener Pfeffer
Saft 1 Zitrone

Den Spargel sorgfältig schälen und schräg in 2 cm Stücke schneiden. Die Spargelköpfe ganz lassen. Den Spargel knapp mit Salzwasser bedecken und mit 1 Messerspitze Zucker für 5-10 Minuten bei mäßiger Temperatur kochen lassen. Der Spargel sollte noch bissfest sein.
Die Tiefseegarnelen zufügen. Falls sie tiefgekühlt sind, in den heißen Spargelsud geben, ansonsten diesen erst abkühlen lassen. Dem abgekühlten Spargel so viel Brühe entnehmen, dass die Stücke nur knapp bedeckt sind. Vom Waldmeister die Wurzeln abschneiden und die Blätter gut waschen. Mit dem Wein und 60 g Zucker aufkochen, erkalten lassen und den Waldmeister 2 Stunden darin ziehen lassen, dann passieren.
Den Waldmeister-Rieslingfond zu den Spargeln und Garnelen geben. Das Olivenöl zufügen. Mit Salz, Pfeffer und Zitronensaft abschmecken

Kalbfleisch in geräucherter Forellen-Sauce
(Kaltes Gericht für warme Sommerabende)

Die Zwiebeln und die Knoblauchzehe abziehen. Die Zwiebeln klein schneiden und die Knoblauchzehen zerdrücken. Das Gemüse waschen, putzen und klein schneiden. Zwiebeln, Suppengrün, Knoblauch und Thymianzweig farblos in Öl anschwitzen. Das Kalbfleisch salzen, pfeffern und zufügen. Riesling, Lorbeerblatt und Nelke zum Fleisch geben. Im gut geschlossenen Bräter etwa 1 1/2 Stunden bei 160°C im Ofen garen. Das Fleisch herausnehmen, in Klarsichtfolie wickeln und kalt stellen. Den Dünstfond auf ca. 200 ml einkochen, durch ein Sieb gießen und abkühlen lassen.

Den Dünstfond, die enthäuteten Forellenfilets, Eidotter, Senf, Essig, 1/2 TL Kapern, 5 Sardellenfilets in einem Mixbecher pürieren. Das Öl in dünnem Strahl untermischen, die Crème fraîche dazugeben und mit Salz, Pfeffer, etwas Zitronensaft und Zucker abschmecken.

Die roten Zwiebeln abziehen und in Ringe schneiden. Das Fleisch in etwa 3 mm dicke Scheiben schneiden und einen flachen Teller damit auslegen. Mit der Forellen-Sauce dick bestreichen. Die Forellen-Sauce mit Zwiebelringen, restlichen Kapern und Sardellenfilets garnieren.

Reichlich Weißbrot dazu reichen.

Unsere Weinempfehlung: Ein erfrischender 1996er Grauburgunder Spätlese trocken, der „Winzer von Erbach eG"

Für 10 Portionen
2 Zwiebeln
1 Knoblauchzehe
2 Bund Suppengrün
1 Thymianzweig, 3 EL Öl
2 kg schieres Kalbfleisch
  (Unterschale, Rolle oder Rücken)
Salz, Pfeffer
1/2 Liter trockener Rheingau Riesling
1 Lorbeerblatt, 1 Nelke

6 Stück geräucherte Forellenfilets
5 Dotter von gekochten Eiern
1 TL Senf, 2 EL Weinessig
1 TL Kapernbeeren, 10 Sardellenfilets
1/2 Liter Traubenkernöl
200 g Crème fraîche
Salz, Pfeffer, 1/2 Zitrone, Zucker
2 rote Zwiebeln

Rieslingkaltschale mit Holunderblüten und Sommerbeeren

Die gewaschenen Holunderblüten mit dem Zucker und Wein erhitzen (nicht kochen), vom Herd nehmen, 2 Stunden ziehen lassen und den Sud durch ein Sieb gießen.

800 ml Holunderblüten-Essenz mit dem Perlsago aufkochen und auf kleiner Flamme ca. 20 Minuten unter häufigem Rühren köcheln lassen. Vom Herd nehmen. Die Buttermilch unterrühren und kalt stellen.

Kurz vor dem Servieren die vorbereiteten Beeren (Erdbeeren, Johannisbeeren, Brombeeren, Himbeeren, Blaubeeren) in beliebigem Mischungsverhältnis dazugeben.

Für 10 Portionen
5 große Dolden Holunderblüten
400 g Zucker
1/2 Liter trockener Rheingau Riesling
50 g Perlsago
1 Liter reine Buttermilch
1 kg Beeren

Kloster Eberbach

Wiege der Weinkultur

Auf einer einsamen Waldlichtung oberhalb von Erbach und Hattenheim liegt das Kloster Eberbach. Der Heilige Bernhard von Clairvaux ließ 1136 hier in der Abgeschiedenheit des Rheingaugebirges eine Zisterzienserabtei errichten. Die Devise „ora et labora" – bete und arbeite – führte sehr bald die Eigenwirtschaft wie Ackerbau, Viehhaltung und Weinbau zum Erfolg und zur Unabhängigkeit. Schon 1186 konnten die gewaltige romanische Basilika sowie der größte Teil der Klosterbauten fertiggestellt werden. In den folgenden Jahrhunderten entwickelten sich das Kloster und vor allem der Weinanbau zu einem riesigen Wirtschaftsbetrieb mit eigener Handelsflotte und vielen Niederlassungen. Zeitweise lebten hier bis zu 300 Mönche und Laienbrüder, weswegen man schon 1225 ein eigenes Hospital errichtete. Der Weinbau wurde wirtschaftliche Grundlage des Klosters. Mit viel Geschick und Umsicht erwarben die Mönche Ländereien der Umgebung, um sie dann zu roden, zu kultivieren und mit Rebstöcken zu bepflanzen. So entstand im 13. Jahrhundert als Hausweinberg die berühmte Lage „Steinberg". Das Besondere an ihr ist die umschließende Mauer. Sie wurde von den Mönchen als Schutz gegen Traubendiebe errichtet, erzeugt jedoch auch ein Sonderklima, das sich vorteilhaft auf die Traubenreife auswirkt. Mit großer Sorgfalt wurden die Kellerwirtschaft und der Ausbau der Weine betrieben. Anfang des 17. Jahrhunderts wurde mit Hilfe eines Rohrleitungssystems der Most von den Keltern in die Fässer gefüllt, um den schädlichen Lufteinfluss zu vermeiden. Kurz danach ersetzten die Mönche die schwerfällig arbeitenden Baumkeltern durch platz- und zeitsparende Dockenkeltern, die noch bis 1953 in Betrieb waren. Im Laiendormitorium kann man sie besichtigen. Mit einer Länge von 83 Metern war das Laiendormitorium der größte Saalbau und Schlafsaal Deutschlands im Mittelalter.

Kloster Eberbach,
Hotel und Klosterschänke
Familie Marschollek
65346 Eltville
Tel. 0 61 23 / 9 23 00
Fax. 0 61 23 / 92 30 90

Kürbissuppe mit geröstetem Speck

Eberbacher Weinfleisch

Spundekäs'

Mönchspudding

Zur Überbrückung schlechter Weinjahre legten die Mönche für besonders gute Weine ein gesondertes Kellerlager mit dem Namen „Cabinet" an. Hier mussten die Weine mindestens fünf Jahre lagern. Einige der ersten Erbacher Cabinetsjahrgänge ließ man über 20 Jahre reifen. In schlechten Jahren versteigert, erzielte man mit Höchstpreisen einen gewissen Ausgleich.

Mit der Säkularisation 1803 wurde auch das Kloster Eberbach aufgelöst. Das gesamte Inventar wurde „verscherbelt". Die jahrhundertealte Weinbauerfahrung ging jedoch nicht verloren. Die Domänenverwaltung des Hauses Nassau setzte die Tradition in einem Teil der Gebäude fort – heute „Hessische Staatsweingüter Kloster Eberbach".

Das ehemalige Zisterzienserkloster Eberbach ist mit seinen eindrucksvollen Bauten aus dem 12. bis 14. Jahrhundert eines der bedeutendsten mittelalterlichen Kunst- und Kulturdenkmale Deutschlands. Hier wurde Umberto Ecos Roman „Der Name der Rose" verfilmt. Das Wirtschaftsgebäude des Klosters ist heute Hotel mit Gesellschaftsraum. Davor steht das Gebäude *Historische Klosterschänke* mit Restaurant, Tagungs- und Gesellschaftsräumen sowie historischem Gastraum mit Kreuzgewölbe. Bei gutem Wetter steht eine Gartenterrasse unter Platanenbäumen mit Naturspielplatz für Kinder zur Verfügung. Kloster Eberbach bietet eine breite Palette von Veranstaltungen rund um Wein und Kultur an. In der Klosterkirche mit ihrer beeindruckenden Akustik finden geistliche und weltliche Konzerte international renommierter Künstler statt. Das Laiendormitorium bildet einen würdigen Rahmen für Weinversteigerungen, die VDP-Messe „Guts Wein", für Konzerte und Vorträge. Weinverkostungen finden von April bis Oktober an jedem Wochenende im Cabinet-Keller statt.

Am ersten Sonntag im Dezember wird in der Basilika die Erntedankfeier der Rheingauer Winzer abgehalten. Weitere Veranstaltungsschwerpunkte sind das Steinberger Hoffest, „Brot und Wein" im Steinberg am schwarzen Häuschen und Weinsensorik-Seminare. Für authentische Rheingauer Gastlichkeit im stilvollen Rahmen zeichnet Familie Marschollek.

Kürbissuppe mit geröstetem Speck

Den Kürbis in grobe Stücke schneiden und mit der Hälfte der Butter und der Hälfte des Rieslings im Ofen bei 150°C abgedeckt garen, bis er sich mit einem Esslöffel von der Schale lösen lässt.

Die Zwiebel fein würfeln und in einem Topf in der restlichen Butter glasig schwitzen. Den Kürbis hinzugeben und mit Fleischbrühe und dem restlichen Riesling auffüllen. Etwa 15 Minuten köcheln lassen. Die Suppe mit der Sahne im Mixer pürieren und dann in einem Topf nochmals aufkochen. Mit Salz, Pfeffer, Muskat und Zucker abschmecken.

Zum Servieren mit in der Pfanne geröstetem Speck, Croûtons und gehackter Petersilie garnieren.

etwa 500 g Kürbis
60 – 70 g Butter
1/4 Liter Wein, Riesling
1 kleine Zwiebel
gut 1/2 Liter Fleischbrühe
1/4 Liter süße Sahne
Salz, Pfeffer
abgeriebene Muskatnuss
1/2 – 1 EL möglichst brauner Zucker
80 g magerer Speck
Croûtons, 1/2 Bund Petersilie

Eberbacher Weinfleisch

Den Schweinenacken in 2 cm große Würfel schneiden. Mit Salz und Pfeffer würzen und mit Mehl bestäuben. Das Röstgemüse (Gemüsezwiebel, Karotten und Sellerie) schälen und in walnussgroße Stücke schneiden.

In einem gusseisernen Bräter etwas Öl erhitzen und die Fleischwürfel darin braun anbraten.

Die angebratenen Fleischwürfel aus dem Bräter nehmen und das Röstgemüse im Bräter braun braten. Das Tomatenmark hinzugeben und sofort mit etwas Riesling ablöschen. Das Ablöschen mit Riesling mehrmals wiederholen, um eine dunkelbraune Farbe zu erhalten. Die Fleischwürfel zu dem Saucenansatz geben und mit Fleischbrühe auffüllen. Lorbeerblätter und Nelken zufügen und mit einem Deckel verschließen. Im Ofen bei 220°C ca. 1 Stunde gar schmoren.

Das weich geschmorte Fleisch aus der Sauce nehmen und die Sauce durch ein feines Sieb passieren. Fleisch und Sauce nochmals zusammen aufkochen und die Sahne hinzugeben. Mit Riesling, Salz und Pfeffer abschmecken und mit frischen Kartoffelknödeln servieren.

1 kg Schweinerücken ohne Knochen
  und Schwarte
Salz, Pfeffer
Mehl
300 g Gemüsezwiebel
200 g Karotten
200 g Knollensellerie
Öl zum Braten
2 EL Tomatenmark
1/2 Liter Rheingauer Riesling
  halbtrocken
1/2 Liter Fleischbrühe
2 Lorbeerblätter
2 Nelken
1/4 Liter flüssige Sahne

Spundekäs'

50 g Zwiebeln (etwa eine halbe)
500 g Frischkäse, 100 g magerer Quark
Salz, Pfeffer, 1 TL Paprika

Die Zwiebel in feine Würfel schneiden. Alle Zutaten verrühren und mit Salzgebäck oder warmem, frisch gebackenem Brot servieren.

Mönchspudding

Für die Sauce:
200 g blaue Trauben
400 ml Rotwein,
    vorzugsweise Assmannshäuser
50 g Zucker
1 Zimtstange, 1/2 Vanilleschote

Butter und Zucker für die Formen
125 g Rosinen oder
    entsteinte Backpflaumen
3 EL Kräuterbrand oder Kräuterlikör
4 Eier, 125 g Butter
3 EL Honig
125 g geriebenes Brot
125 g gemahlene Haselnüsse
1 Msp. Salz
1/4 Liter süße Sahne
Puderzucker zum Bestäuben

Die Trauben halbieren, entkernen und mit Wein, Zucker, Zimtstange und aufgeschnittener und ausgeschabter Vanilleschote in einen Topf geben, über Nacht abgedeckt stehen lassen.
Vier Förmchen mit Butter ausstreichen und mit Zucker ausstreuen. Die Rosinen mit dem Kräuterbrand oder Kräuterlikör begießen.
Die Eier trennen. Eigelb und weiche Butter verrühren, den Honig zufügen und weiterrühren. Das geriebene Brot und die gemahlenen Haselnüsse hineingeben und unterrühren. Die Rosinen oder Backpflaumen unterheben. Das Eiweiß mit Salz steif schlagen und unterziehen. Die Masse in die Förmchen füllen und auf die Tischplatte stoßen. In dem auf 120°C erhitzten Ofen im Wasserbad 2 Stunden garen. Die Temperatur sollte nicht höher gestellt werden, da das Wasser nur sieden darf.
Die Sahne steif schlagen. Den Pudding stürzen, mit Puderzucker bestreuen und mit der Traubensauce anrichten. Die Sahne dazu reichen.

Tipp: Sehr zu empfehlen für Kinder ist auch eine Sauce aus rotem Traubensaft, der mit angerührter Speisestärke, Zimtpulver und Vanillemark kurz aufgekocht wird. Nach dem Erkalten die gezuckerten blauen Weintrauben unterrühren.

Weinberg der Ehe

Das auf drei Seiten von Weinbergen umgebene Kiedrich liegt geschützt in einer Mulde unterhalb der Ruine der Kurmainzer Burg Scharfenstein. Das Besondere an diesem schon im 10. Jahrhundert erwähnten Weinort ist der historische Ortskern. Von Kriegen und Zerstörungen verschont, spiegelt er eindrucksvoll mittelalterliche Wohnkultur wider. In zentraler Lage zwischen gut gepflegten Fachwerkhäusern und Adelshöfen steht der von einer Mauer umgebene Kirchbereich mit der Pfarrkirche St. Valentin aus dem 14. und 15. Jahrhundert und in ihr die vermutlich älteste noch spielbare Orgel Deutschlands. Auf dem Kirchhof findet man das Grab des englischen Baronet John Sutton. Er war Mitte des 19. Jahrhunderts auf seiner Bildungsreise an den romantischen Rhein auch in den Rheingau nach Kiedrich gekommen. Von dem kleinen spätgotischen Ort begeistert, ließ er sich hier nieder und versuchte mit großem finanziellen Aufwand der inzwischen barockisierten Pfarrkirche ihr ursprüngliches Aussehen wiederzugeben. Besonders hatte es ihm die alte Orgel angetan und die jahrhundertealte Choralschule, die er förderte. Noch heute singen jeden Sonntag die Chorbuben während des Choral-Hochamtes die gregorianischen Gesänge nach gotischen Hufnagelnoten. Diese Choralpflege gilt weltweit als einmalig.

Wie sehr man hier mit dem Wein lebt, zeigt der „Weinberg der Ehe": Brautpaare, die sich in Kiedrich standesamtlich trauen lassen, werden Besitzer eines Riesling-Rebstockes. Regelmäßig zum Kiedricher Rieslingfest am letzten Wochenende im Juni treffen sich die „Kiedricher Paare", um den Wein aus „ihrem" Weinberg zu verkosten.

Das in der Nähe der Pfarrkirche von einem Park umgebene alte hübsche Fachwerkhaus mit seinen drei Bauteilen ist das hochgerühmte *Weingut Robert Weil*. Der ältere Mittelteil war das Wohnhaus des Baronet John Sutton bis zu dessen Tod 1873 und wurde 1879 von Dr. Robert Weil erworben. Das Weingut bewirtschaftet 60 Hektar Weinberge mit Rieslingreben, davon 3 Prozent Pinot Noir. Die Weinberge gruppieren sich rund um den Kiedricher Gräfenberg und gehören zu den großen Lagen des Rheingaus. Sie werden nach Maßgabe eines umweltschonenden Weinanbaus bearbeitet. Hinzu kommen Anschnittsbegrenzung in den ertragsmindernd geführten Weinbergen, das Ausdünnen nach der Blüte, zeitgerechtes Entblättern der Traubenzone und die Negativ-Selektion. Darin liegt die Qualitätsphilosophie des Weingutes. Es wird heute in der vierten Generation durch Wilhelm Weil, Absolvent der Forschungsanstalt Geisenheim, den Urenkel des Gründers Dr. Robert Weil, geleitet. Konsequent wird, wie seit den Tagen der Gründung des Weingutes, der Weg fortgeführt, absolute Qualitätsansprüche an Weinberg und Keller in bewährter Tradition mit neuen Erkenntnissen zu paaren. In kurzer Zeit hat Wilhelm Weil das alte und renommierte Weingut in die Spitzenposition des Rheingaus gebracht.

Wilhelm Weil ist zweiter Vorsitzender des VDP-Rheingau, zweiter Vorsitzender der Vereinigung CHARTA-Weingüter, erster Vorsitzender der Prüfungskommission des VDP-Rheingau und erster Vorsitzender des Weinbauvereins Kiedrich.

Kiedrich

Weinstöcke im Rheingau

Wein, Sekt und Rosen

Mit Recht kann Eltville als die Wein-, Sekt- und Rosenstadt bezeichnet werden. Der Name hat seinen Ursprung in der lateinischen Bezeichnung „alta villa" – hoch gelegener Ort: nämlich auf den Schuttfächern des Kiedricher- und des Sülzbaches an der Mündung in den Rhein. 954 erstmals urkundlich erwähnt, erhielt Eltville 1332 die Stadtrechte und ist somit die älteste Stadt im Rheingau. Damit begann auch eine erste Blütezeit. Ein Rundgang durch die Altstadt vermittelt einen einzigartigen Einblick in die bewegte Stadtgeschichte. Der Bau der Kurfürstlichen Burg wurde um 1330 von Erzbischof Balduin von Trier begonnen und 1348 fertiggestellt. Danach diente sie über 150 Jahre den Mainzer Erzbischöfen und Kurfürsten als Sommerresidenz. Erhalten ist der markante Bergfried von 1487, das Wahrzeichen der Stadt. In ihm sind heute die Historische Sammlung Eltville und eine Gedenkstätte für den Erfinder der Buchdruckerkunst mit beweglichen Lettern, Johannes Gutenberg – eigentlich Johann Gensfleisch zur Laden – untergebracht, der für seine Verdienste 1465 zum Hofedelmann mit lebenslänglicher Rente ernannt wurde. Unter der Leitung Gutenbergs gründeten die Brüder Bechtermünz eine Druckerei, die 1467 das erste Deutsch-Lateinische Wörterbuch herausbrachte. Im Grafensaal sind neben beeindruckenden Handschriften aus dem Kloster Eberbach auch die Gutenberg-Bibel, das „Catholicon" und das „Vocabularius ex quo" aus der Druckerei der Brüder Bechtermünz ausgestellt. In den Räumen der Gedenkstätte werden im Sommer Drucktage veranstaltet.

In der Kurfürstlichen Burg finden Konzerte, Vorträge und die Eltviller Burghofspiele statt. Die umliegenden Rosengärten schmücken sich von Mai bis Oktober mit 300 Rosensorten. Im ganzen Stadtgebiet sind es über 20.000 Rosenstöcke, die mit ihrem Duft und ihren Farben eine außergewöhnliche Atmosphäre erzeugen.

Ein gutes Beispiel mittelalterlicher Baukunst ist die Pfarrkirche St. Peter und Paul, die von 1353 bis 1434 erbaut wurde und deren weithin sichtbarem spätgotischem Turm nach einem Blitzschlag eine barocke Turmhaube aufgesetzt wurde.

Direkt am Rheinufer ist in der Villa Hajo Rüter die zur Seagram Deutschland gehörende Mumm-Akademie untergebracht. Sie widmet sich fördernd und aktiv gestaltend gesellschaftlich-kulturellen Aufgaben wie Konzerten, Lesungen und Ausstellungen. Jeweils von Anfang Juli bis Ende August kann man hier „Kunst im Park" mit zeitgenössischen Plastiken und Skulpturen besichtigen.

Zahlreiche Adelshöfe, malerische Patrizierhäuser sowie Fachwerkhäuser des 16. und 17. Jahrhunderts legen von reicher Vergangenheit Zeugnis ab. Der Gräflich Eltzsche Hof liegt zwischen der Rosen- und der Martinsgasse. Der Stockheimer Hof, um 1550 erbaut, wurde 1711 durch den Freiherrn Langwerth von Simmern erworben. In der Nähe liegt der Hof Bechtermünz aus dem 15. Jahrhundert. Wechselnde Besitzer kauften oft angrenzende Grundstücke hinzu und errichteten neue Bauten.

Über den Leinpfad am Rhein gelangt man zur Burg Crass. Das außerhalb der Stadtmauer gelegene Gebäude, im Kern romanisch und gotisch, ist das älteste der Stadt. Ab 1496 Wohnsitz der Freiherrn von Dehrn, wurde es Mitte des 19. Jahrhunderts neugotisch verändert.

Eltville, weltweit bekannt als Stadt der Rosen, versteht sich vor allem als Stadt des Weins und des Sekts. Die Eltviller Weine erfreuen sich großer Beliebtheit, und der Eltviller Sekt genießt Weltruf. *Matheus Müller* begann in der ersten Hälfte des 19. Jahrhunderts als einer der ersten am Rhein mit der Produktion schäumender Weine nach der „méthode champenoise". Schon bald zählten die Sektmarken mit dem „MM"-Emblem auf den Etiketten zur Spitzenklasse. Auch dieses traditionsreiche Unternehmen gehört heute zur Seagram Deutschland GmbH mit Sitz in Hochheim.

Ebenfalls einer alten Tradition verpflichtet ist die 1868 in Berlin gegründete Sektkellerei *Schloss Vaux*, heute mit Sitz in Eltville. In den achtziger Jahren des 19. Jahrhunderts erwarb die Gesellschaft das unweit von Metz an der Mosel gelegene Schloss Vaux einschließlich ausgedehnter Weinberge. Als nach dem Ersten Weltkrieg dieser Besitz aufgegeben werden musste, kaufte sich die Kellerei in Eltville ein. Seit dieser Zeit hat sich Schloss Vaux einen Ruf als Hersteller hochwertiger Lagensekte aus großen Rheingauer Weinen erworben, die mit handwerklicher Sorgfalt im traditionellen Verfahren produziert werden.

Mit Thomas Manns Roman „Bekenntnisse des Hochstaplers Felix Krull" ging Eltville als Sektstadt in die Weltliteratur ein; die Titelfigur wurde hier als Sohn eines Sektfabrikanten geboren.

Wiesbaden – Von römischen Thermen zur Weltkurstadt

Die vielen Thermalquellen sind es, die der Stadt ihren Namen gegeben haben und die sie wegen ihrer heilenden Wirkung weltweit beliebt gemacht haben. Schon die Römer errichteten auf dem so genannten Heidenberg ein Kastell und großzügige Badeanlagen, die nicht nur der Gesundheit, sondern auch dem gesellschaftlichen Leben dienen sollten. Ihre Siedlung nannten die Römer nach dem germanischen Stamm der Mattiaker „Aquae Mattiacae". Im 4. Jahrhundert kamen die Franken. Sie errichteten einen Königshof und führten das Badeleben fort. 829 wird erstmals die befestigte Siedlung Wisibada erwähnt. Ab dem 13. Jahrhundert nutzen die Grafen von Nassau die Stadt als ihren Sitz. Ganz allmählich vollzieht sich die Weiterentwicklung zur Kurstadt Wiesbaden. Der Kochbrunnen am Kranzplatz, der 15 Thermalquellen zusammenführt, wird 1366 als „Brühbrunnen" erwähnt. Er wird im 19. Jahrhundert Mittelpunkt der Wiesbadener Trinkkur. Vorausgegangen waren schwere Zeiten wie der Schmalkaldische Krieg und etwas später der Dreißigjährige Krieg, in dem die Stadt völlig zerstört und fast entvölkert wurde. Nur ganz langsam erholte sie sich. Erst Mitte des 18. Jahrhunderts mit der Verlegung der Residenz von Usingen in das neu erbaute Schloss Biebrich wird Wiesbaden Hauptstadt des Herzogtums Nassau. In dem prachtvoll angelegten Schlosspark findet in jedem Jahr das Pfingstturnier des Wiesbadener Reit- und Fahrclubs statt. In der ersten Hälfte des 19. Jahrhunderts entstanden viele Neubauten wie das Stadtschloss im spätklassizistischen Stil; heute ist es Sitz des hessischen Landtags. Zur gleichen Zeit wird das Kurhaus mit dem herrlichen Kurpark sowie den Brunnen- und Theaterkolonnaden errichtet. Goethe schreibt am 13. August 1814 an seine Frau Christiane in Weimar:
„Erde, Himmel und Menschen sind anders, alles hat seinen heiteren Charakter und es wird mir täglich wohltätiger."

Lichtdunst

100 Jahre später, in der wilhelminischen Zeit, wird das Kurhaus durch einen imposanten Portikus aus sechs ionischen Säulen und Wandelhallen erweitert. Heute ist hier die Spielbank zu finden. Die Säle werden für Veranstaltungen, Konzerte und Tagungen genutzt. Stadttheater, Museum und viele Prachtbauten sind weitere Zeugen dieser für Wiesbaden glücklichen Zeit. Sie war damals Treffpunkt der internationalen High Society – Weltkur- und Weltkulturstadt.

Im Zweiten Weltkrieg nur wenig zerstört, prägen heute noch viele Bauten, ja ganze Straßenzüge aus jener glänzenden Epoche die Stadt. Auch das älteste Gebäude am Ort, das Alte Rathaus von Anfang des 17. Jahrhunderts, ist unversehrt geblieben. Das alte sowie das neue moderne Stadtbild weisen die Landeshauptstadt von Hessen mit inzwischen über 260.000 Einwohnern würdig aus.

Eine besondere Attraktion Wiesbadens ist der Neroberg. Auf ihm wurde 1525 ein Weinberg mit 4,4 Hektar in Südlage als eine der besten Lagen des Rheingaus angelegt. Mitte des 19. Jahrhunderts lässt Herzog Adolf von Nassau hier die so genannte Griechische Kapelle im russisch-byzantinischen Stil als Grabeskirche für seine Gattin, Herzogin Elisabeth Michailowna, errichten. Die fünf vergoldeten Zwiebeltürme sind weithin sichtbar. Vom Neroberg kann man einen überwältigenden Blick auf Wiesbaden, den Rhein und Mainz genießen. Dazu muss er nicht mühsam erklommen werden. Die Fahrt mit der 1888 erbauten Drahtseilbahn, angetrieben durch Wasserballast, ist ein zusätzliches Erlebnis.

Mit der Eingemeindung der ehemals rechtsrheinischen Mainzer Vororte Amöneburg und Kastel kam auch die Weinlage Kostheim 1945 zu Wiesbaden. Weitere Weinberge befinden sich in Schierstein, Dotzheim und in Frauenstein, wo ein Gedenkstein an den Besuch Goethes während seiner Aufenthalte in Wiesbaden erinnert. Wiesbaden und Wein gehören zusammen. Das kann man besonders im August während der Rheingauer Weinwoche erleben. In der Fußgängerzone, Schlossplatz, Marktstraße und Luisenplatz, wird die gesamte Palette Rheingauer Weine angeboten. Mit über 100 Ständen könnte sie die längste Weintheke der Welt sein. Das Wilhelm-Straßen-Fest am zweiten Wochenende im Juni zieht mit seiner Musik und Kunst sowie mit den üppigen Angeboten an Wein und Sekt ausgelassene und fröhliche Menschen magisch an.

Der Anfang des 20. Jahrhunderts erbaute monumentale Henkell-Sektpalast an der Biebricher Allee steht für ein renommiertes Unternehmen der Sektherstellung.

Der Gründer, *Adam Henkell*, begann 1856 in Mainz mit der Schaumweinherstellung. Seine Cuvées führten bald zu der Erfolgsmarke „Henkell Trocken".

ENTE im Hotel Nassauer Hof
Küchenchef Gerd M. Eis
Kaiser-Friedrich-Platz 3 – 4
65183 Wiesbaden
Tel. 06 11 / 13 36 66
Fax. 06 11 / 13 36 83

*Tafelspitzsülze mit Rote-Bete-Salat
und Apfelmeerrettich*

*Gebratener Kabeljau auf
Kartoffel-Pfifferlingssalat
mit Rotweinzwiebeln*

Handkäse mit leiser Musik

Gratinierte Erdbeeren

Hinzu kam der Henkell „Pikkolo"; die griffige Viertel-Flasche sorgte für rasante Verbreitung. Bis auf den heutigen Tag erfreut sie sich besonders bei älteren Damen ungeschmälerter Beliebtheit. Sie soll „gut für den Blutdruck" sein. Vor allem, wenn man/frau sich noch ein zweites „Pikkolöchen" gönnt... Die Marke „Rüttgers Club" machte den Sekt mit dem günstigen Preis zum mengenmäßigen Marktführer. Damals wie heute sind Pflege und Ausbau der Qualität oberstes Gebot im Hause Henkell.

1864 hatte Johannes *Jacob Söhnlein* die Rheingauer Schaumweinfabrik in Schierstein gegründet. Sein Motto: „Wer guten Sekt machen will, muss über die notwendigen Grundweine verfügen". So wurde 1877 ein Vertrag mit der Fürst-von-Metternich-Winneburg'schen Domäne Schloss Johannisberg abgeschlossen. Der Sekt wurde auf den Namen „Rheingold" getauft und erfreute sich bald großer Beliebtheit. Zur Traditionsmarke gesellte sich der erfolgreiche Schloss Johannisberger Sekt „Fürst von Metternich", die Hausmarke „Schloss Rheinberg" und „Söhnlein Brillant" ferner „Söhnlein von Söhnlein". Welcher Sekt schmeckt am besten? Da die Frage nicht eindeutig beantwortet werden konnte, beschlossen 1987 die langjährigen Konkurrenten Henkell & Co. und die Söhnlein Rheingold KG zusammenzuarbeiten. Sie fusionierten zu dem Großunternehmen *Henkell & Söhnlein Sektkellereien KG* mit Sitz auf Henkellsfeld in Wiesbaden-Biebrich. Weitere Übernahmen und Neugründungen in Deutschland, Österreich, Ungarn, Polen und Tschechien haben das Unternehmen in eine Spitzenposition auf dem Sektmarkt geführt.

Wenn man das Genießen nach dem Baden und Verkosten von Wein oder Sekt abrunden will, fehlt nur noch das gute Essen.

Das elegant eingerichtete Restaurant *Ente vom Lehel* im *Hotel Nassauer Hof* kann alles bieten, was das Herz begehrt. Küchenchef Gerd M. Eis verwöhnt und begeistert seine Gäste mit einer klassisch bis modernen Küche; „savoir-vivre" gestern und heute. Die Weinkarte des Hauses hält auch höchsten Ansprüchen stand. An warmen Sommertagen bietet sich die schön gestaltete Terrasse an; wer lieber ein kühleres Plätzchen sucht, findet es im *Entenkeller*.

Tafelspitzsülze mit Rote-Bete-Salat und Apfelmeerrettich

Die Mohrrüben und den Sellerie in Längsscheiben schneiden. Die Keniabohnen in Salzwasser kurz garen und in Eiswasser abschrecken.

Den Tafelspitz in etwa 4 mm dicke Scheiben schneiden. Sollte die Fleischbrühe nicht ganz klar sein, abkühlen lassen, zwei Eiweiß verquirlen, unterrühren und unter ständigem Rühren aufkochen lassen. Vorsichtig durch ein Sieb passieren. Die Gelatine etwa 10 Minuten in kaltem Wasser einweichen, gut ausdrücken und in der heißen Fleischbrühe auflösen.

Eine längliche Terrinenform mit Folie auslegen und den Boden der Terrine etwa 1 cm hoch mit dem abgekühlten, aber noch flüssigem Fleischgelee ausgießen und im Kühlschrank oder in Eiswasser erstarren lassen.

Bevor die Tafelspitzscheiben oder das Gemüse eingeschichtet werden, müssen sie in flüssigem Gelee gewendet werden und dann auf die bereits erstarrte Schicht Gelee gelegt werden. (Achtung, nicht bis ganz an den Rand legen!) Immer wieder mit etwas Gelee begießen. Wieder im Kühlschrank erstarren lassen und so abwechselnd Fleisch, Gemüse und Gelee einschichten, bis die Terrine gefüllt ist. Zum Abschluss eventuelle Hohlräume mit Gelee zugießen und im Kühlschrank gut durchkühlen lassen.

Die Terrine auf ein Holzbrett stürzen und am besten mit einem elektrischen Messer in Scheiben schneiden.

Für den Rote-Bete-Salat die Rote Bete in Salzwasser mit etwas Kümmel weich kochen, abgießen und die Schale unter fließendem kalten Wasser abreiben. In dünne Scheiben schneiden und in eine Schüssel geben. Sherryessig mit Salz, Pfeffer und Zucker verrühren. Distelöl und Kürbiskernöl unter Rühren dazugeben. Über die Rote Bete gießen und etwas durchziehen lassen.

Die Meerrettichwurzel putzen und reiben. Die Äpfel schälen und ebenfalls reiben, mit Zitronensaft und Weißwein begießen.

Die Feldsalatröschen putzen, gut waschen und trockentupfen. Tafelspitzsülze mit Rote-Bete-Salat und Apfelmeerrettich dekorativ anrichten.

Mit den Feldsalatröschen garnieren.

Gemüse für die Terrine:
200 g geputzte, gegarte Mohrrüben
150 g geputzter, gegarter Knollensellerie
100 g geputzte Keniabohnen

300 g gegarter Tafelspitz
1 Liter Fleischbrühe (Brühe vom Tafelspitz kräftig abschmecken)
nach Bedarf 2 Eiweiß
12 – 15 Blatt weiße Gelatine

Für den Rote-Bete-Salat:
200 g Rote Bete
Kümmelsamen
2 EL Sherryessig
Salz, schwarzer Pfeffer
1 TL Zucker
2 EL Distelöl
1 TL Kürbiskernöl

Für den Apfelmeerrettich:
50 g frische Meerrettichwurzel (Kren)
400 g herbe Äpfel
1 EL Zitronensaft
10 EL trockener Weißwein (Riesling)

einige Feldsalatröschen

Gebratener Kabeljau auf Kartoffel-Pfifferlingssalat mit Rotweinzwiebeln

12 – 16 Perlzwiebeln
500 ml kräftiger Rotwein
200 ml roter Portwein, 1 TL Honig
1 Zweig Thymian, 40 g Butter

350 g festkochende Kartoffeln
2 Schalotten, 150 g Pfifferlinge
50 ml Champagner-Essig
50 g Pflanzenöl, 50 ml Geflügelbrühe
1 EL Senf, Salz, Pfeffer
20 g Butterschmalz
1 Bund Schnittlauch
4 Stücke à 140 g Kabeljau
   ohne Haut und Gräten
1 Spritzer Zitrone, Salz, Pfeffer
Butter zum Braten

Die Perlzwiebeln abziehen. Den Rotwein, den Portwein und den Honig aufkochen und auf die Hälfte reduzieren. Die Zwiebeln zufügen und bei leichtem Köcheln noch einmal reduzieren, bis der Wein leicht dickflüssig eingekocht ist. Den Thymianzweig zugeben und 10 Minuten ziehen lassen. Am Schluss die eiskalte Butter unterrühren.

Die Kartoffeln in der Schale kochen und noch warm pellen und schneiden. Die Schalotten abziehen und fein würfeln. Die Pfifferlinge putzen. Essig, Öl, Geflügelbrühe, Senf und Schalotten einmal aufkochen, salzen und pfeffern und über die geschnittenen Kartoffeln gießen. Das Butterschmalz in einer Pfanne erhitzen und Pfifferlinge darin anbraten und dazugeben. Den Kartoffelsalat durchschwenken, bis er leicht bindet. Den Schnittlauch in Röllchen schneiden und darüber streuen.

Den Kabeljau mit Zitronensaft beträufeln, würzen und in schäumender Butter vorsichtig braten.

Den Kabeljau mit dem Kartoffel-Pfifferlingssalat und den Rotweinzwiebeln servieren.

Handkäse mit leiser Musik

Für das Handkäsetatar:
380 g Handkäse
   (die Reifestufe ist Geschmackssache)
1 Bund frischer junger Schnittlauch oder
   Grün von jungen Frühlingszwiebeln
1/2 TL Kümmelsamen
3 EL Distelöl, 2 EL Obstessig
3 – 4 Tropfen Kürbiskernöl
1 Msp. scharfer Senf, 1/2 TL Zucker
Salz, frisch gemahlener Pfeffer

300 g Galantiner Kartoffeln
1 TL Kümmelsamen, 1 EL Butter

Den Handkäse in feine Würfel schneiden. Den Schnittlauch abspülen, trockentupfen, in feine Röllchen schneiden und alles mit den restlichen Zutaten vermischen. 1 Stunde durchziehen lassen.

Die Kartoffeln gut in Wasser abbürsten, da man sie dann auch mit der Schale verwenden kann, und in Salzwasser mit Kümmelsamen gar kochen. Abgießen, etwas ausdämpfen lassen, aber noch warm in 1 cm dicke Scheiben schneiden. Jeweils mit einer Butterflocke belegen und mit einem Löffel Handkäsetatar bedecken und servieren.

Tipp: Die leise Musik ist der Schnittlauch, da sonst der Mainzer Handkäse mit Zwiebelwürfeln zubereitet wird.

Gratinierte Erdbeeren

Die Erdbeeren waschen und halbieren. Diese in einer Schüssel mit 50 g Zucker und dem Saft der Zitronen marinieren. Die Eier trennen.

Alle Zutaten, mit Ausnahme von Eiklar und Zucker, vermischen. Eiklar mit 1 Messerspitze Salz und dem restlichen Zucker zu Schnee schlagen und unterheben.

Die marinierten Erdbeeren auf feuerfesten Tellern anrichten und die Gratinmasse darüber verteilen. Bei Oberhitze goldgelb gratinieren und mit Puderzucker bestäuben.

600 g frische Erdbeeren
100 g Zucker
2 Zitronen
2 Eier
125 g Quark
15 g Weizenstärke
Vanillemark
abgeriebene unbehandelte
  Zitronenschale
Salz
Puderzucker zum Bestäuben

Schlemmen auf dem Bauernhof, auch das ist in Wiesbaden möglich. Die über 1000 Jahre alte *Domäne Mechthildshausen, 65205 Wiesbaden, An der Air-Base,* führt heute neben einem Hotel ein elegant-rustikales Restaurant. Alle Produkte, außer Fisch und Wein, stammen aus dem großen Biolandbetrieb. Die Philosophie des Küchenchefs: Kreationen nur aus absolut frischen regionalen Zutaten.

Die Domäne ist autark; sie verfügt über eine eigene Metzgerei, Käserei, Bäckerei, Konditorei, ein Café und eine Weinstube – und dies nicht nur für den eigenen Bedarf; alle Produkte können im eigenen Hofladen gekauft werden.

Wer hier einkehrt, tut zusätzlich ein gutes Werk. Der Betreiber und Pächter, die Jugendwerkstatt der Stadt Wiesbaden, hilft mit den Erlösen des Hofes Langzeitarbeitslosen.

LONDON, 3 DECEMBER 1998

DINNER

IN HONOUR OF HER MAJESTY QUEEN ELISABETH II.
AND HIS ROYAL HIGHNESS THE DUKE OF EDINBURGH

GIVEN BY

THE PRESIDENT OF THE FEDERAL REPUBLIC OF GERMANY
AND FRAU CHRISTIANE HERZOG

Lachsforellensülze
in Schnittlauchsauce mit Salatgarnitur

—

Klare Tafelspitzsuppe mit Einlagen

—

Lammnüßchen in Estragonsauce
mit gefüllten Artischockenböden und Pariser Kartoffeln

—

Aachener Printenauflauf
mit Apfel-Zimt-Schaum

Seatrout en gelée
in chive sauce

—

Consommé with quenelles de veau

—

Tarragon lamb noisettes
stuffed artichoke hearts and parisienne potatoes

—

„Aachener Printen" soufflé
with cinnamon and apple snow

1997er Hochheimer Hölle
Riesling Spätlese trocken
Domdechant Werner'sches Weingut, Hochheim

1996er Bürgstadter Centgrafenberg
Spätburgunder trocken
Weingut Rudolf Fürst, Bürgstadt

1995er Bacharacher Kloster Fürstental
Riesling brut Sekt
Weingut Ratzenberger, Bacharach

A good Hock
keeps off the doc

Der schönen alten Weinstadt Hochheim nähert man sich am besten vom Westen her auf der Rheingauer Riesling-Route. Nicht weit von der Mündung des Mains in den Rhein erhebt sich am Horizont die auf Weinbergen gelegene Pfarrkirche St. Peter und Paul aus der ersten Hälfte des 18. Jahrhunderts. Sie ist das Wahrzeichen der Stadt. Oben angekommen, lohnt ein Blick zurück auf Mainz und bis zum Odenwald, bevor man durch das Küsterhaus – es wurde 1746 auf das Maintor aufgesetzt – die historische Altstadt betritt.

Der Name Hochheim geht auf alemannischen Ursprung zurück, aber schon viel früher muss hier eine Siedlung gestanden haben. Das belegt ein keltisches Fürstengrab aus dem 4. Jahrhundert v. Chr. Erstmals wird Hochheim 630 n. Chr. in der Legende der Heiligen Bilhildis erwähnt. Die gebürtige Hochheimerin soll das Kloster Altenmünster bei Mainz gegründet haben. Mit dem Übergang Hochheims von dem Kölner in das Mainzer Domkapitel im Jahr 1273 blühte die Stadt auf. Die Bürger waren nun von Mainz abhängig, mussten zwar Frondienste in den Weinbergen leisten und den Zehnten abliefern, doch die Domherren taten auch viel für ihre Stadt und deren Bewohner. Aus dieser Zeit stammt der Spruch: „Bückt euch nur vor Fürstenthronen, unterm Krummstab ist gut wohnen!"

Das Straßen- beziehungsweise Gassenbild der Altstadt ist von malerischen Fachwerkhäusern geprägt. Auf dem Marktplatz steht die berühmte Hochheimer Madonna. Sie gilt als eine der schönsten Rokokoplastiken des Rhein-Main-Gebiets.

Nach einem ausgedehnten Bummel durch die malerische Altstadt ist eine kleine Pause angesagt.

Das alte *Gutshaus der Grafen von Schönborn* lädt dazu ein. Es stammt aus dem Jahre 1600. So erleben Sie bei gutem Essen 300 Jahre Geschichte eines Wein-

Haus Schönborn
der Grafen von Schönborn-Wiesentheid
Restaurant, Wein und Kunst
Arne Krüger
Aichgasse 3, 65239 Hochheim
Tel. 0 61 46 / 40 75
Fax. 0 61 46 / 29 76

gutes mit seinen früheren Kelterhäusern und dem dekorativen Hofgarten. Gleich hinter dem Haus beginnen auf dem Südabhang die Weinberge mit den gerühmten Lagen „Domdechaney" und „Kirchenstück". Hier gedeihen herrliche Rieslinge von weltweiter Bedeutung, die auch im Wein-Restaurant *Haus Schönborn* ausgeschenkt werden. Arne Krüger, bekannter Autor vieler Kochbücher, bietet eine natürliche Landhausküche, aus deren Repertoire wir ein besonders beliebtes Gericht ausgewählt haben.

Geschnetzelte Hähnchenbrust mit Sahnetomaten und Basilikum

600 g frische knochenfreie Brust
von Hähnchen
Salz
4 TL mittelscharfes Paprikapulver
Schrot von schwarzem Pfeffer
3 gestrichene EL Weizenmehl
1/2 Salatgurke
6 Champignonköpfe
3 EL Öl
50 g Butter
8 große Fleischtomaten
1/4 Liter süße Sahne
4 EL Glace de Viande*
10 Blätter Basilikum

* Glace ist ein konzentrierter Fond.

Das Fleisch in möglichst lange Streifen schneiden, etwa 1 cm dick. Mit Salz, Paprikapulver und Pfeffer würzen und mit Mehl bestäuben. Die gewaschene Gurke mit der Schale in feine Streifen und die Champignons in blattdünne Scheiben schneiden. In einer Pfanne mit Rand oder einer Kasserolle das Öl erhitzen, die Butter zufügen und das Fleisch darin schnell anbraten. Eine Bräunung ist nicht nötig.

Gurke und Champignons mit dem Fleisch zusammen anrösten, mit kaltem Wasser ablöschen und einige Minuten garen.

Die Tomaten überbrühen, abschrecken und häuten, falls nötig, in dicke Scheiben und diese in Stücke schneiden. In einem Topf mit der Sahne dünsten, mit Salz und Glace würzen.

Beim Anrichten in Schalen oder auf Tellern die gedünsteten Sahnetomaten mit Basilikum zu dem Geschnetzelten geben.

Dazu gebutterte Bandnudeln servieren.

Dieses Gericht kann mannigfach variiert werden: mit Kalbfleisch, mit Lammfleisch, mit Wildfleisch, mit anderen Gemüsen, aber immer mit den Sahnetomaten!

Jeweils am ersten Wochenende im Juli macht die Wein- und Sektstadt ihrem Namen alle Ehre. Hochheimer Winzer laden ein. Sie haben ihre Höfe geöffnet und Weinstände aufgebaut. Lebhaft und fröhlich geht es dann in den Gassen der Altstadt zu.

Das von drei Seiten mit Rebflächen umgebene Hochheim gehört mit einer Weinbergsfläche von etwa 250 Hektar zu den größten Rheingauer Weinbaugemeinden. Elf Lagen bestimmen das Geschehen: Hofmeister, Stielweg, Sommerheil, Hölle, Domdechaney, Kirchstück, Reichetal, Bergstein, Herrenberg und – last, not least – Königin-Victoria-Berg. Zu Ehren der britischen Königin, die 1850 hier zu Gast weilte, wurde mitten im Weinberg ein Denkmal errichtet. Diese Lage ist heute im Alleinbesitz des *Weinguts Hupfeld* in Mittenheim.

Direkt neben der Pfarrkirche liegt das *Staatsweingut Schloss Hochheim*. In der ehemaligen Zehntscheune des Schlösschens ist ein Weinverkaufsraum eingerichtet. Hier, aber auch in der Vinothek der Staatsweingüter Eltville, können alle Weine verkostet und erworben werden. Zu beachten ist, dass die Bearbeitung der Weinberge nach den Richtlinien ökologischen Weinbaus erfolgt. Im Juli finden im romantischen Hof alljährlich die „Schlosshoftage" statt. Dann ist auch das Rheingau-Musik-Festival zu Gast.

Mit ihrem hochwertigen Qualitätssekt aus Trauben des Rheingau-Rieslings gehört die *Sektkellerei Godefrey H. von Mumm & Co. GmbH* heute zum kanadischen Spirituosenkonzern Seagram.

Bei unserem Rundgang erweckte das Weingut Franz Künstler unsere Aufmerksamkeit. Das über 500 Jahre alte Gutshaus mit respektablem Gewölbekeller ist ein Besuch wert. In der Weinprobierstube konnten wir uns von der hohen Güte der Weine aus den besten Lagen der Umgebung überzeugen.

Frühe Liebhaber und Kenner der Hochheimer Weine und Sekte sind die Briten. Als sie nach der napoleonischen Kontinentalsperre das Festland wieder bereisen konnten, galt der Rhein als besonders „in". So besuchten sie auch die Weinstadt Hochheim. Auf ihre Insel zurückgekehrt, schwärmten sie nur noch vom „Hock". Dieser Ausdruck wurde zum Synonym für Rheinwein allgemein. So ging es auch mit dem „Old sparkling Hock", dem moussierenden Hochheimer, ein Markenzeichen, das bald Weltruf erlangte.

Anlässlich eines Festessens am 3. Dezember 1998 in London, das der deutsche Bundespräsident zu Ehren Ihrer Majestät Königin Elisabeth II. gab, wurde selbstverständlich auch ein „Hock", ein 1997er Hochheimer Hölle, Riesling Spätlese trocken, *Domdechant Werner'sches Weingut*, Hochheim gereicht.

Rheinglitzern bei Mainz

Das Goldene Mainz

Durch ihre Lage in einem Paradies der Natur, nahe am Zusammenflusse von zwei Strömen, wird Mainz immer einer der schönsten Plätze bleiben. Diese natürliche Anmut wird noch durch manche politische unterstützt, und als Stapelstadt, als Residenz des ersten Churfürsten, als Straße ins überrheinische Land hinein, als Universität, als Sitz vieler reicher Fürsten und Reichsbarone, die hier einen Theil des Jahres zu verleben pflegen, hatte sie so manche Vorteile, die den meisten ihrer Schwestern mangelten. Dies gab Reichtum und Gewerbe, und diese wieder Lebendigkeit und Glanz und Pracht. So ward diese Stadt, eine der ältesten im alten Germanien, zugleich eine der elegantesten und glänzendsten.

Das berichtet Ernst Moritz Arndt in „Reisen durch einen Theil Teutschlands" über seinen Besuch im September 1799. Bereits 1520 hatte Ulrich von Hutten vom „Goldenen Mainz" gesprochen.

Lange bevor die Römer kamen, bestand an dieser Stelle eine Kultstätte, dem keltischen Gott Mogon geweiht. Wegen der verkehrsgünstigen Lage errichteten die Römer auf einer Anhöhe um 13 v. Chr. ein Legionslager, das 44 n. Chr. erstmals als „Mogontiacum" erwähnt wird. Es entwickelte sich schnell zu einem wichtigen Stützpunkt der Provinz „Germania superior". Die so genannten Römersteine, Säulenreste des Aquädukts im Zahlbachtal, zeugen von großer Ingenieurleistung. Das Bauwerk diente zur Wasserversorgung für das „castrum" = Lager. Aus „castrum" wurde Kästrich, eines der heutigen Mainzer Stadtviertel. Reste des spätrömischen Stadttores an der Ausfallstraße „via praetoria" haben sich über die Jahrtausende erhalten. Schon Ende des ersten Jahrhunderts führte eine feste Brücke über den Rhein. Auf der anderen Seite schützte der Brückenkopf „castellum mateacorum", das heutige Kastell, den Übergang. Exponate im Römisch-Germanischen Zentralmuseum im ehemaligen Kurfürstlichen Schloss geben überzeugende Auskunft über jene Epoche. Das Mittel-

Restaurant Brasserie im Hilton Mainz

Küchenchef Dirk Maus
Rheinstraße 68, 55116 Mainz
Tel. 0 61 31 / 24 51 29
Fax. 0 61 31 / 24 55 89

Unser Gutenberg-Menü:

Fasanenmousse mit Armagnac

Süßmaissuppe mit Schinken

Lammkoteletts im Teig

Kartoffel-Graubrotflan
mit Lavendelcreme-Eis
an Riesling-Weinschaum

Unser Oster-Menü:

Filet vom Rheinzander
mit Kartoffelspiralen, Tomaten,
sautiertem Basilikum und
gebratenen Wachteleiern

Carré vom Weidelamm
in grüner Kräuterkruste,
Zucchinitorte
und buntes Paprikagemüse

Spielerei vom Osterei – gefüllt mit
feiner Rosenblüten-Sahnecreme
auf Himbeer-Spiegel

rheinische Landesmuseum, untergebracht in der ehemaligen Deutschordenskommende von Anfang des 18. Jahrhunderts, heute Landtagsgebäude, zeigt unter anderem viele frühgeschichtliche und römische Funde aus Mainz und Umgebung.

Nach Abzug der Römer kamen die Franken. Aus der Synthese germanischer, römischer und christlicher Elemente entstand die fränkische Kultur. Die Stadt, ab Ende des 4. Jahrhunderts unter der Herrschaft der Merowinger, wurde im 6. Jahrhundert Bischofssitz. Der Heilige Bonifatius gründete 745 das Erzbistum Mainz. Im Mittelalter waren die Mainzer Erzbischöfe auch Reichserzkanzler und als Landesherren zugleich Kurfürsten. Zur Wahrung der Interessen am Handelsverkehr oder zum Schutz gegen die Fürsten wurden Städtebünde gegründet. Als Mainz 1245 Zentrum des Rheinischen Städtebundes wurde, begann die Zeit des „Goldenen Mainz". Es entstanden reiche Bürgerviertel, Adelspaläste, Pfarr- und Ordenskirchen. Um 1450 eröffnete Johannes Gensfleisch, besser bekannt unter dem Namen seines elterlichen Hofes Gutenberg, eine Druckerei. Der revolutionäre Erfinder des Buchdrucks mit beweglichen Lettern gilt als der berühmteste Sohn der Stadt. Im Gutenberg-Museum, einem Anbau hinter dem Renaissancepalais „Römischer Kaiser" von Mitte des 17. Jahrhunderts, ist die 1452 bis 1455 gedruckte Gutenbergbibel aufbewahrt.

In Erinnerung an Gutenberg hat Küchendirektor Dirk Maus, *Hilton Mainz*, ein Gutenberg-Menü kreiert.

Fasanenmousse mit Armagnac

Das Fasanenfleisch auslösen und zweimal durch den Fleischwolf drehen. Knochen, Haut und Sehnen aufheben. Beste Fleischqualität haben Tiere unter einem Jahr. Mit den Knochen einen Fond ansetzen. Dazu das Gemüse waschen, putzen und klein schneiden. Die Schalotten abziehen und grob hacken. Das Öl erhitzen, den Speck zugeben sowie Thymian, Schalotten, Pilze, Karotte und Sellerie. Die Knochen zugeben, ebenfalls stark anrösten. Mit Armagnac ablöschen, flambieren und die Flüssigkeit eindampfen lassen.

Demi-Glace zufügen (notfalls Consommé und etwas geröstetes Mehl) und den Fond langsam einkochen lassen. Mit so viel Wasser auffüllen, dass die Knochen bedeckt sind. Langsam reduzieren; es sollen 200 ml Flüssigkeit übrig bleiben.

Die Reduktion erhitzen, das Fasanenfleisch ganz schnell in die kochende Flüssigkeit geben. Sofort mischen, so dass das Fleisch knapp gar wird. Alles aus dem Topf nehmen und mit den Gewürzen pikant abschmecken. Die Gelatineblätter in kaltes Wasser legen. Mit 2 Esslöffel Wasser lösen und die Flüssigkeit mit Worcestersauce und Trüffelwasser zum Fleisch mischen. Das Eiweiß steif schlagen und locker darunter ziehen. Im Kühlschrank dem Rand entlang fest werden lassen. Die Masse mit geschlagener Sahne und Trüffelwürfelchen mischen. Eine Terrinenform nur zur Hälfte füllen, glatt streichen und im Kühlschrank während mindestens 40 Minuten fest werden lassen.

Die Mousse mit Kastanienpüree servieren. Am Tisch mit heißen Löffeln ausstechen und Orangensauce sowie Toast dazu servieren.

Für 15 – 20 Portionen
400 g Fasanenfleisch von Schenkeln (netto) ohne Knochen, Haut und Sehnen
10 Pilze (frische Champignons)
1 Karotte, 1 kleines Stück Sellerie
3 Schalotten
1 EL Olivenöl
1 Tranche geräucherter Speck
1 Zweig Thymian
3 – 5 EL Armagnac
100 ml Demi-Glace
Salz, Pfeffer
1 Msp. Cayennepfeffer

5 Blatt Gelatine
1/2 EL Worcestersauce
1 EL Trüffelwasser
200 ml Eiweiß
200 ml süße Sahne
1 Trüffel, in kleine Würfel geschnitten
200 g frische Kastanien, gegart, mit etwas Sahne püriert und gewürzt

Süßmaissuppe mit Schinken

Die Zwiebel abziehen und hacken. Das Gemüse waschen, putzen und klein schneiden. Die Butter erhitzen. Die Zwiebel darin andünsten, das Gemüse zugeben und einige Minuten garen. Den Mais zufügen, ebenso Lorbeerblatt und Nelke. Mit Geflügelbrühe auffüllen und alles zusammen etwa 40 Minuten kochen lassen. Lorbeerblatt und Nelke herausnehmen und die Suppe passieren. Den Mais fein pürieren, die Brühe wieder dazugießen und aufkochen. Mit Salz, Pfeffer und Muskat abschmecken. Den Schinken in ganz feine Streifen schneiden. Die Sahne schlagen und locker in die Suppe schwingen. Die schaumige Suppe über die Schinkenstreifen geben.

1 Zwiebel, 1 Karotte, 1 Stück Sellerie
10 g Butter, 200 g Süßmais
1 kleines Lorbeerblatt, 1 Nelke
800 ml entfettete Geflügelbrühe
Salz, Pfeffer, abgeriebene Muskatnuss
100 g Schinken, 200 ml Rahm

Lammkoteletts im Teig

Für 4 – 6 Portionen
1 Portion Teig aus:
230 g Mehl
60 g Butter
¹/₂ TL Salz
100 ml saure Sahne
1 TL ungewürzter Essig

8 – 12 Lammkoteletts
Salz, Pfeffer
1 Zweig frischer Thymian
1 Msp. Knoblauch
Senf

Für den Lammfond:
1 Karotte
1 Stange Lauch, wenig Sellerie
1 Zwiebel
1 Nelke
1 Knoblauchzehe
2 – 3 Steinpilze
500 g – 1 kg Knochen
1 Thymianzweig
Olivenöl
1 Speckschwarte
100 ml Armagnac
100 ml Rotwein
80 g Butter

Den Teig am besten einen Tag voher zubereiten und über Nacht ruhen lassen. Mehl, Butter und Salz feinbröselig verreiben und die Sahne sowie den Essig zugeben. Mit wenig Mehl ganz dünn auswallen.

Das Fleisch vom Metzger so vorbereiten lassen, dass das Kotelettstück sauber ausgelöst wird und nur das Kotelettfleisch an den Knochen zurückbleibt. Die Knochenenden müssen sauber (ohne Fleisch) vorstehen. Das Fleischstück mit Salz, Pfeffer, feingehacktem Thymian und etwas gepresstem Knoblauch würzen. 2 bis 3 Minuten unter den heißen Grill legen, damit sich die Poren schließen. Herausnehmen, auskühlen lassen und das Fleisch mit Senf bestreichen.

Das Fleisch in den dünn ausgerollten Teig einpacken, so dass die Knochen hervorstehen. Auf ein Backblech legen und im 200°C heißen Ofen 20 Minuten backen.

Für den Lammfond das Gemüse waschen, putzen und klein schneiden. Die Zwiebel und die Knoblauchzehe abziehen. Die Zwiebel mit der Nelke spicken. Den Knoblauch zerdrücken. Die Steinpilze putzen.

Die Lammknochen mit den Gemüsen und Gewürzen im Olivenöl kräftig anbraten. Die Speckschwarte zufügen. Die Pilze hineingeben und mit Armagnac und Rotwein ablöschen. Die Flüssigkeit ganz eindampfen lassen. So viel Wasser zufügen, dass alle Knochen davon bedeckt sind (etwa 2 Liter). Langsam eindampfen lassen. Wird die Flüssigkeit bis auf etwa 100 ml reduziert, so bekommt man einen konzentrierten, kräftigen Fond. Passieren, abkühlen lassen und entfetten.

Mit der schaumig gerührten Butter heiß aufschwenken und die Sauce zum Fleisch servieren.

Tipp: Lammfond kann im Haushalt auf Vorrat hergestellt und eingefroren werden.

Kartoffel-Graubrotflan mit Lavendelcreme-Eis an Riesling-Weinschaum

Die Kartoffeln in der Schale kochen, pellen und nach dem Abkühlen fein reiben oder warm durch die Kartoffelpresse drücken. Das Graubrot fein reiben. Die Eier trennen. Butter und 100 g Zucker leicht schaumig rühren. Das Eigelb nach und nach zufügen. Mit Salz, Zitronenschale, Nelke, Zimt und Anis würzen. Das Eiweiß mit dem restlichen Zucker zu Schnee schlagen. Alle Zutaten vorsichtig vermischen. Das geschlagene Eiweiß unterziehen.

Die Masse in gefettete und leicht mit Zucker ausgestreute Timbalen füllen. Bei 170°C etwa 40 Minuten im Wasserbad pochieren.

Für das Lavendelcreme-Eis die Milch mit Zucker und aufgeschnittener, ausgekratzter Vanilleschote aufkochen. Die Lavendelblüten dazugeben und 10 Minuten ziehen lassen, passieren und mit Eigelb zur Rose abziehen (vgl. S.147). Die Sahne dazugeben und 24 Stunden reifen lassen. In der Eismaschine gefrieren lassen.

Für den Riesling-Weinschaum Eigelb und Zucker im Wasserbad cremig schlagen. Wein und Marsala zufügen. Mit dem Zitronensaft abschmecken und kurz weiterschlagen.

Kartoffel-Graubrotflan mit Lavendeleis und Weinschaum servieren.

Dieses Dessert eignet sich gut für eine größere Gesellschaft.

Tipp: Im Haushalt ohne Eismaschine kann das Lavendelcrème-Eis durch Vanille-Eis (Fertigprodukt) ersetzt werden.

Für etwa 20 Portionen
250 g Kartoffeln
250 g Graubrot
9 Eier
250 g Butter, 250 g Zucker
Salz
abgeriebene unbehandelte Zitronenschale
je 1 Msp. Nelken, Zimt, Anis
100 g gemahlene Mandeln
30 ml Kirschwasser
Butter und Zucker für die Timbalen

Für das Lavendelcreme-Eis:
1 Liter Milch
375 g Zucker
1/2 Vanilleschote
Lavendelblüten, Menge nach Geschmack
22 Eigelb
1/2 Liter süße Sahne

Für den Riesling-Weinschaum:
22 Eigelb
225 g Zucker
350 ml Riesling vom Rhein
50 ml Marsala
40 ml Zitronensaft

Oster-Menü

Filet vom Rheinzander mit Kartoffelspiralen, Tomaten, sautiertem Basilikum und gebratenen Wachteleiern

1 mittelgroßer Zander
¹/₂ Zitrone
Salz, Pfeffer
4 EL Olivenöl
2 Zweige Thymian
1 Knoblauchzehe
3 mittelgroße Kartoffeln
Fett zum Ausbacken
8 Kirschtomaten
4 Blätter Basilikum
200 ml Sahne
100 ml Fischfond, 20 g Butter
4 Wachteleier

Den Zander von der Mittelgräte mit einem Küchenmesser auslösen und die Seitengräten entfernen. Die Untergräten mit einer Grätenzange herausziehen und die Haut mit einem scharfen Messer leicht einritzen. Mit Zitronensaft, Salz und Pfeffer würzen und in einer Pfanne in 3 EL Olivenöl mit Thymian und zerdrücktem Knoblauch bei mittelgroßer Hitze braten.

Die Kartoffeln schälen, auf einer Aufschnittmaschine in dünne Scheiben schneiden und mit einem Küchenmesser diese wiederum in feine Streifen schneiden. Die Streifen über einem mit Backpapier verkleideten Zylinder aufdrehen und im Fettbad goldgelb ausbacken, leicht salzen.

Die Tomaten an der Unterseite einritzen. Das Basilikum fein schneiden. In einem kleinen Topf das restliche Olivenöl erhitzen und die Tomaten sowie das Basilikum kurz ansautieren, bis die Haut anfängt, sich zu lösen. Im Backofen bei 180°C 5 Minuten garen. Sahne und Fischfond zusammen verkochen, mit Butter mixen und über den Fisch gießen. Tomaten und Basilikum dazulegen. Als Garnitur gebratene Wachteleier servieren.

Carré vom Weidelamm in grüner Kräuterkruste, Zucchinitorte und buntes Paprikagemüse

150 g Butter
6 Scheiben Toastbrot
2 Eigelb, 100 g Petersilie
je 2 Zweige Rosmarin und Thymian
1 Knoblauchzehe, Salz, Pfeffer
1 kg Lammcarré
Olivenöl oder Butterschmalz

Die Butter mit der Küchenmaschine aufschlagen, bis sie weiß ist. Von den Toastscheiben die Rinde entfernen und das Toastbrot fein bröseln, mit dem Eigelb unter die Buttermasse mischen.

Petersilie, Rosmarin, Thymian und Knoblauch fein hacken und zu der Masse geben. Mit Salz und Pfeffer würzen.

Das Lammfleisch in einer Pfanne in Olivenöl oder Butterschmalz anbraten, die Buttermasse darauf geben und im Ofen bei etwa 150°C 15 Minuten garen.

Aus Mehl, Ei, Butter und einer Messerspitze Salz einen Teig herstellen und im Ofen blind vorbacken; in einen kleinen Tortenring einsetzen. Die Zucchini in Scheiben schneiden und würzen. Den Teigboden damit belegen. Eigelb und Sahne mischen, mit Salz, Pfeffer und Muskat würzen und in den Tortenring füllen, bis alle Zucchini bedeckt sind. Im Backofen bei 80°C langsam stocken lassen.

Die Paprika halbieren, waschen, Kerne entfernen, zur Julienne (in Streifen) schneiden, mit Schalottenwürfeln in der Pfanne andünsten, mit Salz und Pfeffer würzen.

Das Fleisch in die Mitte des Tellers setzen, ein Stück Zucchini-Torte und Gemüse beilegen und mit Lammfond ummalen.

Für die Zucchinitorte:
100 g Mehl, 1 Ei
100 g Butter, Salz
2 kleine Zucchini
1 Eigelb, 200 ml Sahne
Pfeffer, Muskat

Für das Paprikagemüse:
je 1 gelbe, rote und grüne Paprika
1 Schalotte
Olivenöl zum Andünsten
125 ml Lammglace (Fond)

Spielerei vom Osterei – gefüllt mit feiner Rosenblüten-Sahnecreme auf Himbeer-Spiegel

Die Kuvertüre auf 40°C erwärmen, 1/3 davon auf eine Marmorplatte gießen und mit einer Palette wachsweich verstreichen, wieder zusammenziehen, in die restliche aufgelöste Kuvertüre geben und auf 29°C temperieren (dieser Vorgang ist erforderlich, damit die Schokolade nicht grau wird).

Die Eiform mit einem weichen Pinsel vier bis fünf Mal mit der Schokoladenmasse auspinseln, dazwischen die Masse immer wieder erstarren lassen, anschließend die Form zum Lösen etwa eine Stunde in den Kühlschrank stellen. Dann je zwei Ei-Schalen mit etwas Schokolade zu einem Ei zusammenkleben, mit einem warmen Messer eine Öffnung in die Ei-Unterseite schmelzen.

Zucker, aufgeschnittene Vanilleschote und Eigelb mit etwas Milch anrühren, die restliche Milch aufkochen und dazugeben. Die Vanillemilch zur Rose abziehen, das heißt im Wasserbad aufschlagen, bis die Creme dickflüssig ist (siehe Seite 147). Die Gelatine einweichen, zur Creme geben und auf etwa 30°C temperieren. Die Blütenblätter der Rosen etwas über dem Stiel abschneiden und in feine Streifen schneiden; Rosenwasser und Weißwein dazugeben. Die Sahne steif schlagen und unter die Creme ziehen; in die vorbereiteten Schokoladeneier einfüllen. Zwei Stunden im Kühlschrank stocken lassen.

Himbeeren und Puderzucker zusammenmischen und mit etwas Himbeergeist und Zitronensaft abschmecken.

Das Rosen-Ei nun auf einen Sockel von Mandelnougat stellen und nach Belieben mit der Himbeersauce garnieren.

Für die Schokoladeneier:
400 g weiße Kuvertüre
Eiform (Plastikform gibt es in Haushaltswarengeschäften)
200 g Mandelnougat

Für die Creme:
80 g Zucker, 1/2 Vanilleschote
4 Eigelb, 250 ml Vollmilch
10 Blatt Gelatine
4 rote Rosen aus biologischem Anbau
50 ml Rosenwasser
50 ml Weißwein, trocken
1 Liter Sahne

Für die Himbeersauce:
100 g Himbeeren
30 g Puderzucker
Himbeergeist
Zitronensaft

Ein Rundgang durch die Stadt wird zu einer Erlebniswanderung durch 2000 Jahre Stadtgeschichte. Am besten beginnt man mit dem Dom St. Martin und St. Stephan. Die um 975 unter Erzbischof Willigis begonnene Bautätigkeit hat sich über mehrere Jahrhunderte hingezogen. Schließlich bekam der Dom 1793 seinen mächtigen Vierungsturm. Der monumentale Bau ist neben denen von Worms und Speyer einer der großen Kaiserdome am Rhein und zählt zu den bedeutendsten romanischen Bauwerken Deutschlands. Über den Markt mit seinem farbig leuchtenden Marktbrunnen von 1526 und der im Mittelpunkt stehenden unvollendeten Säule aus rotem Sandstein, der „Heunensäule", gelangt man zur ehemaligen Stiftskirche St. Johannes. Sie zählt zu den ältesten Kirchen der Stadt. Um 900 erbaut, wurde sie in der Spätgotik umgebaut. Übrigens: Dienstags, freitags und samstags verwandelt sich der Marktplatz in ein buntes Treiben; dann findet der auch außerhalb von Mainz bekannte und beliebte Wochenmarkt statt.

Enge Gassen mit einer Vielzahl aneinander gereihter schmaler Häuser vermitteln einen nostalgischen Eindruck. Doch ein Bummel entlang der Augustinerstraße holt einen wieder in die Gegenwart zurück. Hier laden Galerien, Boutiquen, Cafés und Bistros zum Verweilen ein. Irgendwann steht man unvermittelt vor der herrlichen Fassade der barocken Augustinerkirche von 1771 mit ihrer prachtvollen Innenausstattung. Etwas weiter durch die Kapuzinerstraße führt der Weg vorbei an der Pfarrkirche St. Ignatz zur Rheinstraße. Von der alten Stadtbefestigung sind der Holzturm, in dem 1803 der Räuber Schinderhannes auf seine Hinrichtung wartete, und der Eisenturm erhalten. Die andere Straßenseite wurde im 19. Jahrhundert aufgeschüttet, um das Rheinufer zu verbreitern. Dort erhebt sich heute das moderne Rathaus, verkleidet mit norwegischem Marmor. Hinter dem weiten Rathausplatz steht die Rheingoldhalle. Von dort führt uns die Quintinsstraße wieder stadteinwärts, vorbei an der Kirche St. Quintin, die erstmals bereits 744 erwähnt wird. Gegenüber liegt der strenge Bau der Alten Universität, 1477 gegründet und Anfang des 17. Jahrhunderts im Renaissancestil vollendet. Sobald man das Kurfürstliche Schloss passiert hat, steht man nach wenigen Schritten wieder auf dem Markt vor dem Dom.

Was sollte man noch gesehen haben? Das Stammhaus der *Sektkellerei C. A. Kupferberg & Cie.* mit seinem Sektmuseum, darin die weltweit größte Sammlung von Sekt- und Champagnergläsern und andere interessante Ausstellungsstücke und als besondere Attraktion der Jugendstilpavillon der Weltausstellung in Paris aus dem Jahr 1900.

Den Besuch der ehemaligen Stiftskirche St. Stephan sollte man ebenfalls nicht vergessen. Die im 10. Jahrhundert errichtete und im frühen 14. Jahrhundert umgebaute Kirche hält ein besonderes Kunsterlebnis bereit. 1978 bis 1981 wurde der Chor mit bunten Fenstern Marc Chagalls ausgestattet. Es sind die einzigen Fenster des Künstlers auf deutschem Boden.

Nach dem Kirchenbesuch ein kurzer Abstecher zum Schillerplatz. Dort erinnert der moderne Fastnachtsbrunnen mit seinen Bronzefiguren an die in Mainz so beliebte „fünfte Jahreszeit" mit der im Schloss stattfindenden Fernsehsitzung „Mainz bleibt Mainz, wie es singt und lacht".

Nachdem sich die Stadt Mainz in ihrer ganzen Pracht gezeigt hat, hat man Anspruch auf Ruhe und Stärkung. Einer Empfehlung folgend, sind wir in *Gebert's Weinstuben* eingekehrt. Das heute in der vierten Generation als Familienunternehmen geführte Restaurant strahlt gleich eine einladende Atmosphäre aus. Wolfgang Gebert und seine Frau Marianne wissen, wie sie ihre Gäste verwöhnen können. Jahreszeitliche Spezialitätenwochen wie zum Beispiel Fisch in der Fastenzeit, Lammgerichte zu Ostern, Spargelgerichte, Tafelfreuden der Jagdzeit oder Gebert's Martinsgans lassen bei Feinschmeckern schon beim Erwähnen die Speicheldrüsen in Aktion treten. Ein großes Angebot exzellenter Weine rundet den Genuss und auch die Reise durch den Rheingau harmonisch ab; es wird sicher nicht die letzte gewesen sein.

Gebert's Weinstuben
Familie Gebert
Frauenlobstraße 94, 55118 Mainz
Tel. 0 61 31 / 61 16 19
Fax. 0 61 31 / 61 16 62

Mainzer Handkäs' Suppe

Die Butter in einem Topf zerlaufen lassen. Das Mehl hineinschütten, goldgelb durchschwitzen und die Kalbsbrühe nach und nach unter Rühren zufügen. Einige Minuten köcheln lassen. Den Handkäse etwas zerkleinern und in die Suppe geben. 5 weitere Minuten köcheln lassen, bis sich der Käse aufgelöst hat. Mit Salz und Pfeffer würzen. Die Kräuter waschen und hacken. Die Sahne schlagen und unter die Suppe ziehen. Mit Kräutern und Kümmel verfeinern und auf vorgewärmten Tellern anrichten.
Dazu Käse-Blätterteig-Gebäck reichen.

50 g Butter, 10 g Mehl
1 Liter Kalbsbrühe
250 g Mainzer Handkäse
Salz, Pfeffer
einige Zweige Petersilie
1/2 Bund Schnittlauch
1/4 Liter Sahne
1 TL Kümmel

Wildschweinschinken

Für 6 – 8 Portionen
6 *Pimentkörner*
6 *schwarze Pfefferkörner*
6 *Wacholderbeeren*
2 *Lorbeerblätter*
1 – 2 *EL Pökelsalz*
1/2 Liter trockener oder halbtrockener
   Silvaner oder Grauer Burgunder
1 Wildschweinschinken von etwa 1,5 kg

Die Piment- und Pfefferkörner zerdrücken und mit den Wacholderbeeren, Lorbeerblättern und dem Pökelsalz sowie 1/2 Liter Wasser in einen Topf geben und aufkochen. Vom Herd nehmen, erkalten lassen und den Wein dazugießen. Den Schinken hineinlegen und 6 bis 7 Tage gut gekühlt darin liegen lassen. Den Schinken dann herausnehmen, abtrocknen und eine Stunde in frisches Wasser legen. Nach dem erneuten Abtrocknen nach Belieben kurz in den Rauch hängen.
Bei 160°C im vorgeheizten Backofen für 1 3/4 Stunden garen.
Dazu Weinkraut und Kartoffelpüree sowie Wingertsknorzen, eine Art Brötchen, reichen.

Schiff auf dem Rhein bei Mainz

Nachwort von Markus Del Monego

Wine & More
Spezialitäten vom Rhein

Weine vom Rhein werden auf der ganzen Welt getrunken. Kenner wissen die vielfältigen Charaktere zu schätzen. Rheinwein ist nämlich in der glücklichen Lage, die verschiedensten Küchen perfekt zu begleiten. Egal, ob italienisch, französisch, deutsch oder asiatisch gekocht wird, ein Riesling vom Rhein passt überall dort auf der Welt, wo eine gute Küche geschätzt wird. Aromatische Spätburgunder aus Ingelheim oder Assmannshausen und frisch-fruchtige Silvaner aus dem Rheinhessischen beweisen immer wieder aufs Neue, dass sie zu Recht ihren festen Platz unter jenen Weinen haben, die mit Speisen perfekt harmonieren. Und dies gilt nicht nur für Deutschland. Fast könnte man den Eindruck gewinnen, Weine vom Rhein eroberten die internationale Gourmet-Welt.

Dabei ergänzen sich gerade Fischgerichte und die vielfältigen Weine des Rheins ganz hervorragend. Eine Forelle blau, ganz klassisch zubereitet, kann von einem trockenen Rheingauer Riesling mit jugendlicher Frische sehr gut begleitet werden. Allgemein gilt: Gedämpfte Fischgerichte harmonieren sehr gut mit den trockenen Varianten vom Riesling, besonders wenn sie einfach mit leicht gebräunter Butter serviert werden – diese gleicht die Säure des Weins aus. Gebratener oder gegrillter Fisch benötigt Weine mit mehr Aroma und kräftigerem Geschmack. Hier bieten sich die gereiften und trockenen Riesling Spätlesen an. Ihr Reifecharakter harmoniert perfekt mit den Röststoffen des Fischgerichts und unterstreicht dessen eigene Aromen. Auch halbtrockene Rieslinge sind hier richtig, da sie im Geschmack über einen Hauch Restsüße etwas fülliger wirken, und dies, obwohl ihr Alkoholgehalt in der Regel nicht allzu hoch ist.

Weine vom Rhein passen aber nicht nur zu klassischen Fischgerichten. Wie wäre es mit einem fruchtig-trockenen Silvaner aus Rheinhessen zu delikatem Sashimi? Dieses japanische Gericht aus rohem Fisch benötigt einen sehr feinen, zurückhaltenden und eleganten Weintyp. Sushi mit Fisch bevorzugt Weine mit etwas mehr Schmelz: Die Stärke des Reises nimmt dem Wein die Süße. Nach asiatischer Art zubereitete süß-saure (Fisch-) Gerichte mögen einen Riesling Kabinett mit jugendlich frischer Frucht. Schärfer gewürzte Speisen, wie sie die thailändische Küche bereitet, vertragen eine kräftige restsüße Riesling Spätlese oder Auslese: Die Süße gleicht etwas von der Schärfe aus.

Noch immer heißt es, dass Fisch und Rotwein nicht zusammenpassen. Doch kombinieren Sie einmal einen Spätburgunder, zum Beispiel aus Ingelheim oder Assmannshausen, damit. Voraussetzung ist eine gewisse Reife des Weins, so dass die Gerbstoffe nicht zu dominant sind, und eine kräftige Würze der Speisen. Am liebsten gebratener oder gegrillter Fisch, der in einer Spätburgundersauce „schwimmt".

Die idealen Partner für Krustentiere mit ihrem süßlichen Fleisch sind die halbtrockenen oder gereiften, restsüßen Rieslinge. Hier gleicht der süßliche Geschmack der Meeresfrüchte die Restsüße der Weine aus – eine spannende Kombination. Besonders gut harmonieren Rieslinge, die einen mineralischen Charakter haben: wie zum Beispiel die Weine vom Roten Hang aus den Gemeinden Nierstein und Nackenheim. Auch die „stahlig-frischen" Weine des Mittelrheins oder die auf Schieferböden gewachsenen Weine Rüdesheims sind gute Empfehlungen.

Die Weine von den Ufern des Rheins passen natürlich nicht nur perfekt zu Fisch-, sondern auch zu Geflügelgerichten. Gerade Huhn in einer nicht zu dominanten Sauce harmoniert gut mit einem kräftigen Silvaner. Ente oder Gans profitieren von einem Riesling mit beginnender Reife oder einem Spätburgunder, der auch ausgezeichnet zu gegrillten Geflügelgerichten gereicht werden kann. Täubchen, gebacken in einer Gewürzkruste, und dazu eine reife Spätburgunder Spätlese aus Assmannshausen ist wahrhaft ein „Gedicht" und wird – wenn überhaupt – nur noch von einem Fasan auf Selleriepüree übertroffen, der von einer sehr reifen Riesling Auslese aus Rheinhessen oder dem Rheingau begleitet wird.

Was sollte zum Wild serviert werden? Da auch Wild süßliches Fleisch hat, sollten dazu Weine mit entweder sehr kräftigem Charakter oder Weine mit Restsüße angeboten werden. Im Barrique, dem kleinen Eichenfass, ausgebaute Spätburgunder mit mildem Gerbstoff passen hervorragend zu Hirsch in Wacholdersauce. Aber auch ein Rehrücken, begleitet von einer herrlich reifen Riesling Spätlese oder Auslese von der Rheinfront, aus dem Rheingau oder vom Mittelrhein, ist Genuss pur. Besonders wenn das Reh in einer Wildrahmsauce auf den Tisch kommt.

Zu dunklem Fleisch ist es durchaus möglich, Weißweine zu servieren. Probieren Sie es, es muss nicht immer Rotwein sein. Deftig gekochtes Rindfleisch oder ein feiner Tafelspitz zusammen mit einem kräftigen Silvaner oder einem ausdrucksstarken Riesling – es wird Sie begeistern. Ist das Fleischgericht kurz gebraten, passt ein Spätburgunder sehr gut. Er ist auch ideal zu geschmorten Fleischgerichten. Ein so kräftiges Gericht verlangt allerdings einen säurehaltigen Wein oder einen mit ausreichendem Gerbstoff, um den üppigen, gelatinösen Charakter der Speisen zu balancieren. Und bei der Säure kommt der Weißwein wieder ins Spiel: Zu einem rheinischen Sauerbraten kann gut ein Riesling aus dem Rheintal gereicht werden. Der Wein muss sehr kräftig und aromatisch sein. Die karamellisierten Stoffe, die durch das Schmoren entstehen, werden durch Schmelz oder Süße ausgeglichen. Der gelatinöse Charakter profitiert von der reifen Säure. Der ideale Fall für einen restsüßen Riesling mit beginnender Reife.

Salat, ob solo oder in Kombination serviert, schmeckt hervorragend zu Wein, entscheidend für die Wahl ist das Dressing. Eine Vinaigrette mit viel Essig kann dem Wein Probleme bereiten, auch eine zu süße Marinade. Die Regel lautet: Säure kann Säure ausgleichen, wenn einer der beiden Partner schwächer ist. Sind die Säuren auf beiden Seiten gleich stark, werden sie sich (unangenehm) addieren. Eine milde Vinaigrette kann daher durchaus zu einem frischen Silvaner oder Riesling passen. Eine zu säurebetonte Vinaigrette kann durch einen ordentlichen Schuss Geflügel- oder Kalbsfond deutlich abgemildert werden. Für perfekte Harmonie empfiehlt es sich, einen Teil des Essigs durch Wein zu ersetzen.

Und zum Abschluss des Menüs? Welcher Rheinwein passt zu Käse, welcher zu Mousse?

Zu einem leicht säuerlichen, frischen Ziegenkäse passt ein säurebetonter Riesling, dadurch wirkt die Kombination milder. Etwas mehr Schmelz darf ein Riesling für die Verbindung mit einem weißen Schimmelkäse, wie Camembert oder Brie, mitbringen. Spätburgunder harmonieren mit Weißschimmelkäse, aber sie begleiten auch einen Rotschmierekäse wie Epoisses oder Livarot. Wichtig: Der Gerbstoff sollte nicht zu dominant sein. Käse mit hohem Fettgehalt, wie Chaource, vertragen sich gut mit Riesling-Sekt – eine attraktive Alternative zu den in Frankreich servierten Champagnern. Kräftigere Käsetypen wie gereifte, ältere Hartkäse, alter Gruyère, Gouda oder Blauschimmelkäse wie Roquefort, wollen Weine mit höherer Restsüße, durchaus edelsüß. Damit können sowohl der süßliche Charakter der Käse als auch die salzigen oder bitteren Komponenten balanciert werden.

Kein Zweifel: Edelsüße Weine wie kräftige Auslese, Beerenauslese oder gar Trockenbeerenauslese sind ideale Begleiter für den krönenden Abschluss eines Menüs. Sie haben genug Süße, um die Süße im Dessert zu begleiten, und auch genug Fruchtaromen, die ins Dessert integriert werden können. Edelsüße Weine hoher Qualität oder mit hoher Reife zeigen Honigaromen. Testen Sie einmal ein Honigdessert dazu, Sie werden überrascht sein. Soll das Dessert eine Erfrischung sein, müssen Sie unbedingt fruchtige Sorbets oder frisches Obst mit etwas Sekt vom Rhein probieren. Dieser eignet sich nämlich nicht nur zum festlichen Aperitif.

Wenn Sie Weine und Speisen in immer neuen Kreationen kombinieren, ist das Geheimnis dabei einfach: Süße in Wein und Gericht hebt sich auf. Säure, Bitterstoffe und salziger Geschmack werden durch Süße gemildert, Säure betont die Schärfe eines Gerichts. Und: Säuren verstärken sich gegenseitig, wenn sie gleich stark ausgeprägt sind. Sind sie unterschiedlich, scheinen sie sich eher auszugleichen. Unangenehm ist die Kombination von Bitterstoffen mit Säuren, da sie sich gegenseitig verstärken.

Wenn Sie diese Grundregeln beherzigen und immer darauf achten, dass sich die Aromen des Gerichts und des Weines angenehm ergänzen, sind Ihrer Phantasie keine Grenzen gesetzt.

Viel Freude bei der kreativen Umsetzung.

Verband Deutscher Prädikats- und Qualitäts- weingüter e.V. (VDP)

VPD-Mittelrhein

Weingut Bastian
Herr Fritz Bastion
Grüner Baum – Oberstr. 63, 55422 Bacharach
Tel. 0 67 43 /12 08, Fax. 0 67 43 /28 37

Weingut Toni Jost – Hahnenhof
Herr Peter Jost
Oberstr. 14, 55422 Bacharach
Tel. 0 67 43 /12 16, Fax. 67 43 /10 76

Weingut Lanius-Knab
Familie Jörg und Anne Lanius
Mainzer Str. 38, 55430 Oberwesel
Tel. 0 67 44 /81 04, Fax. 0 67 44 /15 37

Weingut Helmut Mades
Herr Helmut Mades
Bobachstr. 35–36, 55422 Bacharach-Steeg
Tel. 0 67 43 /14 49, Fax. 0 67 43 /31 24

Weingut Ratzenberger
Herr Joc hen Ratzenberger
Blücherstr. 167, 55422 Bacharach 2
Tel. 0 67 43 /13 37, Fax. 0 67 43 /28 42

VPD-Rheingau

Weingutsverwaltung Geheimrat Aschrott'sche Erben
Herr Schwab
Kirchstr. 38, 65239 Hochheim
Tel. 0 61 46 /22 07, Fax. 0 61 46 /73 35

Weingut C. Belz
Herr Karl Ries
Kiedricher Str. 20, 65343 Eltville
Tel. 0 61 23 /21 34, Fax. 0 61 23 /6 16 53

Baron v. Brentano'sche Gutsverwaltung
Baron Udo von Brentano
Am Lindenplatz 2, 65375 Oestrich-Winkel
Tel. 0 67 23 /20 68, Fax. 0 67 23 / 8 77 93

Georg Breuer
Herr Bernhard Breuer
Geisenheimer Str. 9, 65385 Rüdesheim
Tel. 0 67 22 /10 28 /-27, Fax. 0 67 22 /45 31

Weingut Erbslöh
Herr Werner Vogel
Rheinstr. 20, 65366 Geisenheim
Tel. 0 67 22 /9 95 20, Fax. 0 67 22 /99 52 14

Weingut August Eser
Herr Eser
Friedensplatz 19, 65375 Oestrich-Winkel
Tel. 0 67 23 /50 32, Fax. 0 67 23 /8 74 06

Weingut Oekonomierat J. Fischer Erben
Frau H. Fischer
Weinhohle 14, 65343 Eltville
Tel. 0 61 23 /28 58

„Georg-Müller Stiftung" – Weingut der Stadt Eltville
Herr Broßmann
Eberbacher Straße, 65347 Eltville-Hattenheim
Tel. 0 67 23 /20 20

Weingut Jakob Hamm
Herr Karlheinz Hamm
Hauptstr. 60, 65375 Oestrich-Winkel
Tel. 0 67 23 /24 32, Fax. 067 23 /8 76 66

Weingut Prinz von Hessen
Herr Klaus Herrmann
Grund 1, 65366 Geisenheim-Johannisberg
Tel. 0 67 22 /81 72, Fax. 0 67 22 /5 05 88

Weingut Hupfeld, Königin Victoriaberg
Herr Hupfeld
Rheingaustr. 113, 65375 Oestrich-Winkel
Tel. 0 67 23 /33 07, Fax. 0 67 23 /45 56

Weinbaudomäne Schloss Johannisberg
Herr Wolfgang Schleicher
Schloss Johannisberg, 65366 Geisenheim-johannisberg
Tel. 0 67 22 /82 16, Fax. 0 67 22 /63 87

Weingut Johannishof
Herr Hans-Hermann Eser
Im Grund 63, 65633 Geisenheim-Johannisberg
Tel. 0 67 22 / 82 16, Fax. 0 67 22 / 63 87

Weingut Graf von Kanitz
Herr Ralf Bengel
Rheinstr. 49, 65391 Lorch
Tel. 0 67 26 /3 46, Fax. 0 67 26 /21 78

Weingut August Kesseler
Herr August Kesseler
Lorcher Str. 16, 65385 Aßmannshausen
Tel. 0 67 22 /25 13, Fax. 0 67 22 /4 74 77

Weingut Baron zu Knyphausen
Gerko Freiherr zu Knyphausen
Klosterhof Drais, 65346 Eltville-Erbach
Tel. 0 61 23 /6 21 77, Fax. 0 61 23 /43 15

Weingut Robert König – Landhaus Kenner
Herr Robert König
65385 Rüdesheim-Assmanshausen
Tel. 0 67 22 /10 64, Fax. 0 67 22 /4 8656

Weingut Franz Künstler
Herr Gunter Künstler
Freiherr-vom-Stein-Ring 3, 65239 Hochheim
Tel. 0 61 46 /82 57-0, Fax, 0 61 46 /57 67

Weingut Hans Lang
Herr Hans Lang
Rheinallee 6, 65347 Eltville-Hattenheim
Tel. 0 67 23 /24 75, Fax. 0 67 23 /79 63

Gutsverwaltung Fürst Löwenstein
Erwein Graf Matuschka-Greiffenclau
Schloss Vollrads, 65375 Oestrich-Winkel
Tel. 0 67 23 /6 60, Fax. 0 67 23 /18 48

Gutsverwaltung Graf Matuschka-Greiffenclau, Schloss Vollrads
Erwein Graf Matuschka-Greiffenclau
65375 Oestrich-Winkel
Tel. 0 67 23 /6 60, Fax. 0 67 23 /18 48

Weingut Adam J.F. Nass
Herr Nass
Hallgartener Platz 2, 65375 Hallgarten
Tel. 0 67 23 /33 66, Fax. 0 67 23 /8 81 37

Weingut Dr. Heinrich Nägler
Frau Wiltrud Nägler
Frierichstr. 22, 65385 Rüdesheim/Rhein
Tel. 0 67 22 /28 35, Fax. 0 67 22 /4 73 63

Weingut Eberhard Ritter und Edler von Oetinger
Herr Christoph von Oetinger
Maximilianshof-Rheinallee 2, 65346 Eltville-Erbach
Tel. 0 61 23 / 6 26 48, Fax. 0 61 23 / 6 17 43

Weingut Detlev Ritter und Edler von Oetinger
Herr von Oetinger
Rheinallee 1, 65346 Eltville-Erbach
Tel. 0 61 23 / 6 25 28, Fax. 0 61 23 / 6 26 91

Weingut Balthasar Ress
Herr Stefan Ress
Rheinallee 7, 65347 Eltville-Hattenheim
Tel. 0 67 23 / 30 11, Fax. 0 67 23 / 17 11

Administration Prinz Friedrich von Preußen
Herr A. Kesseler
Schloss Reinhartshausen, Hauptstr. 41, 65346 Eltville-Erbach
Tel. 0 61 23 / 67 63 33, Fax. 0 61 23 / 42 22

Reitz'sches Weingut
Herr Christian Reis
Rheingaustr. 128-130, 65375 Oestrich-Winkel
Tel. 0 67 23 / 20 01

Domänenweingut Schloss Schönborn
Herr Günter Thies
Hauptstr. 53, 65347 Eltville-Hattenheim
Tel. 0 67 23 / 9 18 10, Fax. 0 67 23 / 91 81 91

Freiherrlich Langwerth von Simmern'sches Rentamt
Baron von Langwerth
Langwerter Hof, Kirchgasse 6, 65343 Eltville
Tel. 0 61 23 / 30 07, Fax. 0 61 23 / 30 09

Verwaltung der Staatsweingüter Eltville
Herr Dr. Karl-Heinz Zerbe
Schwalbacher Str. 56-62, 65343 Eltville
Tel. 0 61 23 / 9 23 00, Fax. 0 61 23 / 92 30 90

Weingüter Geheimrat J. Wegeler Erben, Gutshaus Oestrich
Herr Norbert Holderrieth
Friedensplatz 9, 65375 Oestrich-Winkel
Tel. 0 67 23 / 70 31, Fax. 0 67 23 / 14 53

Weingut Robert Weil
Herr Wilhelm Weil
Mühlberg 5, 65399 Kiedrich
Tel. 0 61 23 / 23 08, Fax. 0 61 23 / 15 46

Domdechant Werner'sches Weingut
Dr. Franz W. und Oda Michel
(Rathausstr. 30), PF 1205, 65234 Hochheim
Tel. 0 61 46 / 20 08, Fax. 0 61 46 / 6 11 53

Weingut Freiherr von Zwierlein
Herr Mathias Decker-Horz
Schloss Kosakenberg, Bahnstr. 1, 65366 Geisenheim
Tel. 0 67 22 / 83 07, Fax. 0 67 22 / 73 54

VPD-Rheinhessen

Weingut J. Neus
Herr Ulrich Burchards
Bahnhofstr. 96, 55218 Ingelheim/Rh.
Tel. 0 61 32 / 7 30 03, Fax. 0 61 32 / 26 90

P.A. Ohler'sches Weingut
Herr Bernhard Becker
Gaustr. 10, 55411 Bingen
Tel. 0 67 21 / 1 48 07

Weingut Villa Sachsen GdbR
Herr Harald Eckes
Mainzer Str. 184, 55411 Bingen
Tel. 0 67 06 / 94 44 11, Fax. 0 67 06 / 9 44 24

Schloss Westerhaus
Herr Dr. Heinz von Opel
Schloss Westerhaus, 55218 Ingelheim
Tel. 0 61 30 / 66 74/218, Fax. 0 61 30 / 66 08

Herbstnachmittag am Rhein

Rezepte der Region

1. Salate

Feldsalat mit Äpfeln und Trauben

Die Sahne schlagen. Joghurt, saure Sahne und Senf verrühren. Mit Salz, Pfeffer und Calvados abschmecken. Die geschlagene Sahne unterziehen und kühl stellen.

Den Feldsalat gründlich waschen und putzen. Die Trauben waschen und entkernen. Den Käse in schmale Stifte schneiden oder raffeln. Die Äpfel waschen, das Kerngehäuse entfernen und in dünne Scheiben schneiden, eventuell noch einmal halbieren. Die Walnüsse hacken. Feldsalat, Trauben und Äpfel gefällig auf Salattellern anrichten. Den Käse und die Walnüsse darüber streuen und mit der Salatsauce übergießen.

Für die Salatsauce:
1/8 Liter süße Sahne
2 EL cremiger Naturjoghurt
2 EL saure Sahne oder Crème fraîche
1 – 2 TL Estragonsenf
Salz, Pfeffer, 2 EL Calvados

125 – 150 g Feldsalat
250 g blaue Trauben
150 g Emmentaler Käse
3 Äpfel, vorzugsweise Cox Orange
80 – 100 g Walnusskerne

Löwenzahnsalat

Den Löwenzahn waschen, putzen, grobe Strünke entfernen und in mundgerechte Stücke schneiden. Apfelessig, Salz und Pfeffer verrühren. Das Traubenkernöl nach und nach zufügen. Das Toastbrot in Würfel schneiden. Das Sonnenblumenöl in einer Pfanne erhitzen. Die Butter zufügen und die Brotwürfel goldgelb darin rösten. Den Löwenzahn mit der Salatsauce übergießen. Die Brotwürfel extra dazu reichen.

400 – 500 g Löwenzahn
2 EL Apfelessig
Salz, Pfeffer
6 EL Traubenkernöl
3 Scheiben Toastbrot
1 EL Sonnenblumenöl
20 g Butter

Rheinischer Heringssalat

Für etwa 8 Portionen
5 am Vortag in der Schale
   gekochte Kartoffeln
8 Matjesfilets
150 g gekochtes Rindfleisch
150 g gekochtes Kalbfleisch
150 g gepökelte, gekochte Zunge
250 g frische, gekochte oder
   eingelegte Rote Bete
4 Gewürzgurken, 2 säuerliche Äpfel
1 EL Zitronensaft
1 EL Weißweinessig
4 hart gekochte Eier, 1 Zwiebel
5 EL Mayonnaise
5 EL süße Sahne, 5 EL saure Sahne
1/2 – 1 TL Sardellenpaste
Salz, 1 TL Zucker
frisch gemahlener weißer Pfeffer
50 g Walnusskerne

Die Kartoffeln pellen und wie Matjesfilets, Rindfleisch, Kalbfleisch, Zunge, Rote Bete und 3 Gewürzgurken in kleine Stücke schneiden. Die Äpfel schälen, vom Kerngehäuse befreien und würfeln. Mit Zitronensaft und Weinessig begießen. 3 Eier pellen und in Spalten teilen. Die Zwiebel abziehen und sehr fein würfeln oder reiben.

Mayonnaise, süße und saure Sahne sowie Sardellenpaste verrühren. Mit wenig Salz, Zucker und Pfeffer würzen. Die Hälfte der Walnusskerne hacken. Alle Zutaten gut vermischen. Etwas Brühe der Roten Bete zufügen. Zugedeckt und kühl einige Stunden, am besten einen Tag, durchziehen lassen.

Am nächsten Tag eventuell noch etwas Rote Bete Brühe nachgießen und nochmals gut abschmecken. Mit dem restlichen Ei, der restlichen Gurke und Walnusskernen garniert servieren.

Mit Rheinischem Schwarzbrot oder einem kräftigen Bauernbrot und Bier ist dies ein wahrer Genuss, vor allem nach durchzechten Nächten.

Salat aus Weißen Bohnen

225 g weiße Bohnen, 1 Lorbeerblatt
100 g magerer oder
   durchwachsener Speck
1 Zwiebel, 1 EL Öl
Salz, frisch gemahlener weißer Pfeffer
etwa 2 EL Weiß- oder Rotweinessig
1-2 Msp. getrocknetes Bohnenkraut

Die Bohnen über Nacht in kaltem Wasser einweichen. Am nächsten Tag das Wasser erneuern und die Bohnen ohne Salz mit dem Lorbeerblatt in etwa 1 Stunde weich kochen, das hängt von der Sorte und dem Alter der Bohnen ab. Den Speck in kleine Würfel schneiden. Die Zwiebel abziehen und fein hacken. Den Speck in einer Pfanne kurz braten, das Öl zufügen. Kurz die Zwiebeln darin wenden und herausnehmen. Die Bohnen abgießen. Mit Salz, Pfeffer, Essig und Bohnenkraut würzen. Speck und Zwiebeln zufügen und vermischen.

2. Suppen

Kalte Buttermilchsuppe

Die Vanilleschote der Länge nach aufschneiden. Das Mark herauskratzen und mit Zucker in die Buttermilch rühren. Die Sahne zufügen. Auf Teller geben und das Schwarzbrot hineinbröckeln.

¹/₂ Vanilleschote, 50 g Zucker
1 Liter Buttermilch
¹/₈ Liter süße Sahne
4 Scheiben Schwarzbrot

Warme Buttermilchsuppe

Buttermilch und Milch in einen Topf gießen und mit Zucker, Salz, Mehl, Speisestärke, aufgeschnittener Vanilleschote, Zimtstange und Rosinen zum Kochen bringen. Einige Minuten bei mäßiger Temperatur köcheln lassen, dann vom Herd nehmen. Die Zimtstange und Vanilleschote entfernen. Das Ei trennen. Das Eigelb mit etwas Suppe verrühren und wieder zufügen. Das Eiweiß mit Salz steif schlagen und unterziehen. Die Suppe sofort servieren.
Dazu reicht man Schwarzbrot oder gibt es in Stücke gebrochen in die Suppenteller.
Das Eiweiß mit dem Zitronensaft steif schlagen. Den Puderzucker und Vanillezucker einrieseln lassen. Die Haselnüsse unterheben. Mit Hilfe von 2 Teelöffeln kleine Klößchen abstechen und auf der Milch einige Minuten gar ziehen lassen.

Tipp: Anstelle der Rosinen entsteinte Backpflaumen nehmen. Diese dann über Nacht in Wasser einweichen. Das Einweichwasser mitbenutzen.

1 Liter Buttermilch
¹/₂ Liter Vollmilch
70 g Zucker, 1 Msp. Salz
20 g Mehl, 20 g Speisestärke
¹/₂ Vanilleschote
1 Zimtstange
40 g Rosinen, 1 Ei

Für die Klößchen:
1 Eiweiß
1 TL Zitronensaft
2 EL Puderzucker
3 TL Vanillezucker
1 EL gemahlene Haselnüsse

Weinsuppe

50 g Sago, ¹/₂ Vanilleschote
1 Stück Zimtstange von 5 cm Länge
1 – 2 Nelken, etwa 75 g Zucker
1 Msp. Salz
³/₄ Liter Riesling vom Rhein
2 Eier
nach Belieben Zucker und Zimt

Den Sago waschen, im Sieb abtropfen lassen und mit der aufgeschnittenen und ausgeschabten Vanilleschote samt -mark, Zimtstange und Nelken in einen Topf geben. ¹/₂ Liter Wasser angießen und auf kleiner Flamme etwa ¹/₂ Stunde kochen lassen, bis der Sago glasig ist. Die Gewürze entfernen. Zucker und Salz zufügen. ²/₃ des Weins angießen und nur erhitzen.
Die Eier trennen. Den restlichen Wein mit dem Eigelb verrühren und in die Suppe geben. Das Eiweiß steif schlagen und unterziehen. Nicht mehr kochen lassen. Nach Belieben mit Zucker und Zimt servieren.

Tipp: Anstelle des Rieslings kann man auch einen Müller Thurgau oder Weißburgunder nehmen. Auch ein Rotwein zum Beispiel aus Assmannshausen kommt in Frage. Der Wein kann zur Hälfte durch Traubensaft ersetzt werden.

Biersuppe

2 – 3 Scheiben Weißbrot
30 g Butter
30 g Speisestärke
¹/₄ Liter süße Sahne
1 Liter dunkles Bier
4 Eigelb
etwa 70 g Zucker
3 Msp. Zimt

Das Weißbrot in Würfel schneiden und in der Butter goldgelb braten. Die Speisestärke mit etwas kaltem Wasser verrühren. ¹/₄ Liter Wasser, Sahne, Bier, Eigelb, Zucker und Zimt in einen Topf geben. Mit einem Schneebesen tüchtig schlagen bis kurz vor den Siedepunkt.
Auf vorgewärmte Teller geben oder in einer Suppenterrine servieren. Weißbrotwürfel hineingeben oder getrennt dazu reichen.

Rheinische Brotsuppe

Das Dörrobst über Nacht in Wasser einweichen. Das Schwarzbrot gesondert mit ¹/₂ Liter Wasser übergießen.

Am nächsten Tag Dörrobst mit Einweichwasser, Zucker, Zimtstange, aufgeschnittener und ausgeschabter Vanilleschote zum Kochen bringen und bei mäßiger Temperatur etwa 40 Minuten kochen lassen. Das eingeweichte Schwarzbrot mit Nelken und Sternanis gesondert etwa genau so lange kochen lassen. Die Rosinen in Rotwein einweichen. Das Schwarzbrot durch ein Sieb streichen oder mit dem Pürierstab zerkleinern, dann sollten Nelken und Sternanis in einem Mullbeutelchen dem Brot während des Kochens beigegeben werden, so dass es leicht entfernt werden kann. Zimtstange und Vanilleschote aus dem Dörrobst entfernen und den Brotbrei dem Dörrobst zufügen, ebenso die in Rotwein eingeweichten Rosinen hineingeben.

Das Stärkemehl mit Johannisbeergelee und Sahne verrühren und in die Suppe geben, kurz aufkochen lassen und mit Zucker und Zimt abschmecken.

Tipp: Das Dörrobst in Früchtetee einweichen. Eventuell noch etwas frischen Ingwer zufügen.

250 g Dörrobst
200 g altbackenes Schwarzbrot
50 – 60 g Zucker
1 Zimtstange
¹/₂ Vanilleschote
2 – Nelken
1 Sternanis
50 g Rosinen
1/4 Liter Rotwein
1 EL Stärkemehl
3 EL Johannisbeer- oder Brombeergelee
¹/₄ Liter süße Sahne
Zucker und Zimt zum Abschmecken

Kerbelsuppe

Die Kartoffeln waschen, schälen und klein schneiden. Die Fleischbrühe zum Kochen bringen und die Kartoffeln darin etwa 20 Minuten kochen, bis sie gar sind. Alles durch ein Drehsieb (Flotte Lotte) streichen und zurück in den Topf geben.

Den Kerbel waschen, trockentupfen, die Blättchen von den Stielen zupfen und fein wiegen. Kerbel und Sahne in die Suppe rühren und kurz heiß werden aber nicht kochen lassen. Mit Salz, Pfeffer und Muskatnuss würzen. Vom Herd nehmen. Etwas Suppe mit dem Eigelb verrühren und zurückgießen.
Auf vorgewärmten Tellern anrichten.

Tipp: Zur Abwechslung kann die Suppe mit geriebenem Käse bestreut werden oder mit gerösteten Mandelblättchen. Der Kerbel kann durch andere frische gemischte Kräuter ersetzt werden.

350 g Kartoffeln
1 Liter Fleischbrühe
2 Bund Kerbel
¹/₈ Liter süße Sahne
Salz
frisch gemahlener weißer Pfeffer
abgeriebene Muskatnuss
1 – 2 Eigelb

Kartoffelsuppe
Grumbeersupp

800 g Kartoffeln
1 Mohrrübe, 1 Petersilienwurzel
1 1/2 Liter Fleischbrühe oder Wasser
möglichst 1 Schinkenknochen
Salz, weißer Pfeffer
1/2 TL getrockneter Majoran
1/2 TL Kümmel, 1 große Zwiebel
125 g durchwachsener Bauchspeck
1 altbackenes Brötchen
    oder 2 Scheiben Weißbrot
40 g Butter oder Schweineschmalz
20 g Mehl, 4 EL saure Sahne
1/2 – 1 Bund Petersilie

Die Kartoffeln waschen, schälen und würfeln. Mohrrübe und Petersilienwurzel schaben und klein schneiden. Zusammen mit den Kartoffeln und 3/4 der Fleischbrühe sowie dem Schinkenknochen in einen Topf geben. Mit Salz, Pfeffer, Majoran und Kümmel würzen.

Die Zwiebel abziehen und fein schneiden. Den Speck würfeln. Ebenso das Brötchen. Butter oder Schmalz in einem Topf erhitzen. Die Zwiebel darin andünsten, mit Mehl bestäuben und mit der restlichen Fleischbrühe ablöschen. Kurz vor Gar-Ende zu den Kartoffeln geben. Den Speck in eine Pfanne geben und auslassen. Die Brötchenwürfel darin goldgelb braten. Die Kartoffelsuppe mit der sauren Sahne verfeinern. Das Speckfett zufügen, mit gehackter Petersilie bestreuen und mit Brotwürfelchen servieren.

Rindfleisch-Gemüsesuppe mit Markklößchen

600 g Rinderbrust
2 – 3 Markknochen
1 – 2 Zwiebeln, 2 Nelken
4 Mohrrüben
1/2 Sellerieknolle mit Grün
Salz, Pfeffer
abgeriebene Muskatnuss
1 – 2 Stangen Lauch
1/2 Blumenkohl
1 Bund Petersilie

Für die Markklößchen:
etwa 90 – 100 g Rindermark
etwa 10 – 20 g Semmelbrösel
1 Ei, Salz, Pfeffer
abgeriebene Muskatnuss

Rinderbrust und Markknochen waschen. Die Zwiebeln abziehen und mit den Nelken spicken. Die Hälfte der Mohrrüben schaben. Den Sellerie waschen, putzen und grob zerkleinern, das Grün aufheben. 1 1/2 bis 2 Liter Wasser mit den genannten Gemüsen in einen Topf geben und zum Kochen bringen. Rinderbrust und Markknochen zufügen. Mit Salz, Pfeffer und Muskatnuss würzen. Etwa 1 1/2 Stunden bei mäßiger Temperatur kochen lassen. Zwischendurch den Schaum mit einem Schaumlöffel abschöpfen.

Währenddessen das restliche Gemüse waschen, putzen und klein schneiden. Das Fleisch und die Markknochen aus dem Topf nehmen und die Brühe durch ein Sieb gießen. In den Topf zurückfüllen. Das vorbereitete Gemüse in die Brühe geben und 15 bis 20 Minuten kochen lassen. Das Fleisch klein schneiden und warm stellen. Die Petersilie waschen, trockentupfen und hacken.

Das Mark aus den Knochen lösen, so dass etwa 90 bis 100 g vorhanden sind. Dies mit den Semmelbröseln, Ei, Salz, Pfeffer und Muskatnuss würzen. Einen Teil der Petersilie zufügen und aus der Masse kleine, etwa walnussgroße Klößchen formen. In den letzten 10 Minuten zufügen oder gesondert in Fleischbrühe gar ziehen lassen. Die fertige Suppe nochmals abschmecken, mit der restlichen Petersilie bestreuen und mit den Markklößchen in einer Suppenterrine oder auf vorgewärmten Tellern servieren.

3. Fisch

Muscheln Rheinische Art

Die Muscheln gründlich waschen und bürsten; die Bartbüschel entfernen. Muscheln, die geöffnet sind, wegwerfen.

Die Zwiebeln und die Knoblauchzehe abziehen. Die Zwiebeln in dünne Ringe schneiden und die Knoblauchzehe zerdrücken. Das Gemüse waschen und putzen. Die Mohrrüben und den Lauch in Scheiben, den Sellerie in Stücke schneiden.

In einem großen Topf die Butter zerlassen. Das Gemüse kurz darin andünsten, ohne dass es Farbe annimmt. Die Muscheln zufügen und 3/4 Liter Wasser und den Wein angießen; würzen und den Topf verschließen. Nach dem Aufkochen noch etwa 8 bis 10 Minuten bei mäßiger Temperatur kochen lassen. Den Topf hin und wieder etwas rütteln. Die Muscheln samt Gemüse auf tiefen Tellern verteilen, so dass jeder auch etwas Brühe erhält.

Muscheln, die sich jetzt nicht geöffnet haben, wegwerfen.

Mit einer Schalenhälfte die Muschel aus der verbleibenden Schale lösen.

Schwarzbrot und nach Belieben auch Butter dazu reichen.

In den Monaten mit „r" sind die Muscheln besonders delikat, also von September bis April.

2 kg Miesmuscheln
2 Zwiebeln
1 Knoblauchzehe
2 – 3 Mohrrüben
1 Stange Lauch
1 Stück Sellerieknolle
1 EL Butter
1/4 Liter trockener Weißwein
2 Lorbeerblätter
Salz
frisch gemahlener schwarzer Pfeffer

Rheinsalm

2 Zwiebeln
1 Petersilienwurzel
1 kleine Mohrrübe
1 kleine Stange Lauch
1 Stück Sellerieknolle
2 Lorbeerblätter, 2 Gewürznelken
10 Pfefferkörner
1 frischer Zweig Estragon
1 Msp. getrockneter Thymian
1 Msp. abgeriebene Muskatnuss
1 Msp. Fenchelsamen
1 Stück unbehandelte Zitronenschale
Salz, 1/2 Liter trockner Weißwein
1 küchenfertiger Salm von etwa 1,2 kg

Für die Sauce hollandaise:
250 g Butter
3 Eigelb, Salz
1 EL Zitronensaft
frisch gemahlener weißer Pfeffer
nach Belieben 1 Msp. Cayennepfeffer

Für die weiße Sauce:
40 g Butter, 25 g Mehl
300 ml Fischsud
200 ml süße Sahne, Salz
frisch gemahlener weißer Pfeffer
1 – 2 Msp. Cayennepfeffer
1 Eigelb
1 – 2 EL Zitronensaft
nach Belieben 1 Bund Dill

Die Zwiebeln abziehen und in Scheiben schneiden. Die Petersilienwurzel und die Mohrrübe putzen, schaben und würfeln. Den Lauch waschen, putzen und in Ringe schneiden. Den Sellerie schälen und würfeln. Das Gemüse mit den Gewürzen und Kräutern in einen Topf geben und salzen. 1/4 Liter Wasser und den Wein angießen. 20 Minuten kochen lassen.

Den Salm waschen, schuppen und in etwa 3 cm dicke Scheiben schneiden. Den Sud passieren und möglichst in einen länglichen Fischkochtopf gießen. Die Fischscheiben hineinlegen und bei mäßiger Temperatur in 15 bis 20 Minuten gar ziehen lassen.

Eine vorgewärmte Platte mit einer Stoffserviette auslegen, die Salmscheiben darauf legen, damit der restliche Sud aufgesaugt wird.

Mit zerlassener Butter und jungen Pellkartoffeln servieren oder mit einer Sauce hollandaise.

Die Butter bei mäßiger Temperatur schmelzen lassen. Sie darf nicht zu sehr erhitzt und auf keinen Fall braun werden. Die Butter etwas stehen lassen, damit sich das Eiweiß absetzt. Das Butterfett vorsichtig in ein Gefäß gießen. Das Eigelb mit 2 Esslöffeln kaltem Wasser und Salz im nicht so heißen Wasserbad mit dem elektrischen Handrührer oder einem Schneebesen zu einer Creme aufschlagen. Die Butter langsam, am besten teelöffelweise zufügen. Den Zitronensaft vorsichtig zugeben. Die Sauce wird dadurch etwas dünner. Mit Salz, Pfeffer und nach Belieben Cayennepfeffer würzen. Sofort zum Salm servieren.

Wünscht man den Butteranteil aus gesundheitlichen Gründen zu reduzieren, kann folgende Sauce hergestellt werden:

Zunächst den Fischsud durch ein Sieb passieren und 300 ml Flüssigkeit abmessen.

Die Butter in einem Topf erhitzen. Das Mehl einstreuen und goldgelb durchschwitzen lassen. Den Fischsud unter ständigem Rühren nach und nach zugeben. Ebenfalls die Sahne. Mit Salz, Pfeffer und Cayennepfeffer würzen. 8 Minuten bei mäßiger Temperatur köcheln lassen. Vom Herd nehmen. Das Eigelb mit etwas Sauce verrühren und langsam unter Rühren in die Sauce zurückgeben.

Mit Zitronensaft verfeinern und nochmals abschmecken. Den Dill waschen, trockentupfen, das Grün hacken und nach Belieben unter die fertige Sauce geben.

Heringsstipp

Den Heringen den Kopf abschneiden, sie ausnehmen, waschen und einen Tag wässern. Die Heringsmilch aufbewahren. Das Wasser sollte öfters erneuert werden. Dann werden sie einige Stunden, am besten über Nacht, in Buttermilch eingelegt.

Die Fische häuten und filetieren. Die Zwiebeln abziehen und in sehr dünne Scheiben schneiden. Die Äpfel vom Kerngehäuse befreien und ebenso wie die Gurken in Scheiben schneiden. Die Heringsmilch durch ein Sieb streichen und mit der sauren Sahne, den Pfeffer-, Senf- und Korianderkörnern verrühren.

Die Heringsfilets in einen Steinguttopf schichten und mit der sauren Sahne bestreichen. Die Buttermilch darüber gießen und 2 bis 3 Tage gekühlt ziehen lassen.

Dazu gibt es meistens Pellkartoffeln.

4 – 6 Salzheringe
1/2 Liter Buttermilch
2 Zwiebeln
2 Äpfel
2 Gewürzgurken
1/2 Liter saure Sahne
je 15 Pfeffer-, Senf- und
   Korianderkörner

Stockfisch

Den Stockfisch mit Wasser bedecken und 30 Stunden wässern. Das Wasser mehrmals erneuern. Die Kartoffeln waschen und in der Schale etwa 30 Minuten kochen, bis sie gar sind, pellen und in Scheiben schneiden. Die Zwiebeln abziehen. Eine Zwiebel in gröbere Stücke schneiden, die andere fein würfeln.

Den Stockfisch mit Milch, der in Stücke geschnittenen Zwiebel, einem Lorbeerblatt, Pfefferkörnern und Thymianzweig aufsetzen. Bei mäßiger Temperatur 10 bis 15 Minuten garen lassen. Den Fisch von Haut und Gräten befreien. Die Petersilie waschen, trockentupfen, die Blättchen von den Stielen zupfen und hacken.

Die Butter in einem weiten Topf erhitzen. Die gewürfelte Zwiebel darin andünsten, das Mehl einstreuen und goldgelb durchschwitzen lassen. Mit der durchgeseihten Milch, in der der Stockfisch gegart wurde, ablöschen. Die Brühe zufügen, aufkochen lassen und nun die Sahne hinzugießen. Mit Pfeffer und Muskatnuss würzen. Das zweite Lorbeerblatt hineingeben und 8 bis 10 Minuten köcheln lassen. Den Stockfisch sowie die Kartoffelscheiben hineingeben und kurz erhitzen. Vom Herd nehmen, die Petersilie unterrühren und nach Belieben mit einem guten Bier auftragen.

Dieses traditionelle Fastengericht wurde und wird vor allem am Aschermittwoch gern gegessen.

1 kg Stockfisch
600 g festkochende Kartoffeln
2 Zwiebeln
1/2 Liter Milch
2 Lorbeerblätter
3 Pfefferkörner
1 Zweig Thymian
1 Bund Petersilie
50 g Butter
20 g Mehl
knapp 1/2 Liter Brühe
1/8 Liter süße Sahne
frisch gemahlener weißer Pfeffer
abgeriebene Muskatnuss

Rheinaal

Für 4 – 6 Portionen
1 Flussaal
1 Zwiebel, 1 Mohrrübe
1 Stück Sellerieknolle
1 kleine Stange Lauch
1 Petersilienwurzel, 1 Bund Petersilie
3 – 4 Zweige Dill
1 Zweig Thymian, 1 Zweig Majoran
5 weiße und 3 schwarze Pfefferkörner
1/2 Liter guter Rotwein
1/4 Liter Fleischbrühe
1 Scheibe roher Schinken
1 Stück unbehandelte Zitronenschale
1 Lorbeerblatt, 1 Nelke
60 g Butter, 20 g Mehl
Salz, weißer gemahlener Pfeffer
wenig abgeriebene Muskatnuss
Paprikapulver, edelsüß
1 EL Zitronensaft

Den Aal abziehen und in Stücke schneiden. Die Zwiebel abziehen und in Ringe schneiden. Das Gemüse waschen, putzen und zerkleinern. Die Kräuter waschen, den Dill beiseite legen. Die Pfefferkörner zerdrücken.

Rotwein, Fleischbrühe, 1/8 Liter Wasser mit dem Aal, den Gemüsen, der Schinkenscheibe sowie den Gewürzen in einen Topf geben und zum Kochen bringen. Bei mäßiger Temperatur etwa 15 Minuten garen lassen.

Die Hälfte der Butter in einem Topf erhitzen. Das Mehl hineinschütten und goldgelb durchschwitzen lassen. Mit der durchgeseihten Garflüssigkeit nach und nach ablöschen. Dabei immer gut rühren. 8 bis 10 Minuten köcheln lassen. Die Aalstücke hineingeben. Alles nochmals kurz erhitzen. Die restliche Butter unterrühren und gut mit Salz, Pfeffer, etwas Muskatnuss und nach Belieben mit Paprikapulver abschmecken.

Die Hälfte des Dills hacken und unterrühren. Mit dem restlichen Dill garniert auftragen.

Dazu passen am besten Salzkartoffeln und Gurkensalat sowie ein guter Rotwein aus Assmannshausen.

Bachsaibling in Riesling

4 küchenfertige Saiblinge
1 EL Zitronensaft, Salz
1/2 – 1 EL Mehl
4 – 5 EL Traubenkernöl
1/4 Liter trockener Riesling vom Rhein
1/8 Liter süße Sahne
2 TL getrocknete Kräuter wie Fenchel,
    Estragon, Kerbel, Dill
frisch gemahlener weißer Pfeffer
einige Zweige frischer Kerbel

Die Saiblinge waschen, trockentupfen, mit Zitronensaft beträufeln, salzen und mit wenig Mehl bestäuben. Das Öl in einer weiten Pfanne erhitzen. Die Saiblinge hineingeben und beidseitig etwa 4 Minuten bei mäßiger Temperatur braten. Mit dem Wein ablöschen, die Sahne und die Kräuter zufügen, wenig pfeffern und etwa 5 Minuten abgedeckt köcheln lassen. Vom Herd nehmen.

Den frischen Kerbel waschen, trockentupfen, die Blättchen von den Stielen zupfen und gehackt zufügen.

Auf vorgewärmten Tellern mit Salzkartoffeln und einem Salat servieren.

4. Fleisch, Geflügel und Wild

Rheinischer Sauerbraten

Die Zwiebeln für die Marinade abziehen und würfeln. Das Gemüse waschen, putzen und klein schneiden. Wacholderbeeren, Pfeffer- und Korianderkörner leicht zerdrücken. Alle genannten Zutaten für die Marinade mit 1/2 Liter Wasser aufkochen und abgekühlt über das Rindfleisch gießen. 2 bis 3 Tage an einem kühlen Ort marinieren; dabei häufig das Fleisch wenden.

Zur Fertigstellung die Zwiebeln abziehen und fein würfeln. Das Fleisch aus der Marinade nehmen, abtropfen lassen und trockentupfen.

Butterschmalz oder Öl in einem weiten Topf erhitzen. Das Fleisch von allen Seiten darin anbraten. Die Zwiebeln zufügen und weiterbraten. Rosinen und Korinthen hineingeben und mit der Hälfte der durchgeseihten Marinade ablöschen, salzen und pfeffern. 1 Stunde schmoren lassen.

Das Apfelkraut und die Printen sowie den Rotwein 15 Minuten vor Garende zufügen. Eventuell noch etwas von der Marinade angießen, sofern die Flüssigkeit verkocht sein sollte.

Mit saurer Sahne verfeinern, nochmals abschmecken und mit Kartoffelklößen und Apfelmus servieren. Auch Rotkohl ist eine passende Beilage.

Tipp: Nuss, Schulter oder Oberschale eignen sich besonders gut.

Für die Marinade:
2 Zwiebeln, 1 Mohrrübe
1/2 Stange Lauch, 1 Stück Sellerieknolle
8 Wacholderbeeren
10 schwarze Pfefferkörner
8 Korianderkörner
1/2 – 1 TL Senfkörner, 2 Lorbeerblätter
1/2 TL getrockneter Majoran
1 Msp. getrockneter Thymian
1/2 TL getrockneter Rosmarin
1/4 Liter Rotweinessig

1 kg Rindfleisch

2 Zwiebeln
40 g Butterschmalz oder 4 EL Öl
100 g Rosinen, 50 g Korinthen
Salz, schwarzer Pfeffer
1 EL Apfelkraut (Sirup)
1 – 2 Printen
1/8 Liter Rotwein
1/8 Liter saure Sahne

Schweinefleisch auf Braumeisterart

2 – 3 Zwiebeln
1 Stück Sellerieknolle
1 Petersilienwurzel
600 – 800 g Mohrrüben
75 g Bauchspeck
2 EL Öl, 1 EL Schweineschmalz
800 – 1000 g Gulasch vom Schwein
1 EL Tomatenmark
1/4 Liter Fleischbrühe
1/4 Liter dunkles Bier
Salz, Pfeffer
Paprikapulver, edelsüß
1 Msp. getrockneter Majoran
1 Lorbeerblatt, 1 TL Kümmel
einige Zweige frischer Kerbel oder
    Petersilie
1 EL Mehl, 100 ml süße Sahne
1 EL Schmand

Die Zwiebeln abziehen und würfeln. Das Gemüse waschen, putzen und trockentupfen. Sellerieknolle und Petersilienwurzel in kleine Stücke schneiden. Den Speck würfeln.

Das Öl in einem weiten Topf erhitzen. Das Schweineschmalz zufügen. Das Fleisch portionsweise mit dem Bauchspeck darin anbraten. Die Zwiebeln, den Sellerie sowie die Petersilienwurzel zufügen, ebenso das Tomatenmark. Mit der Fleischbrühe ablöschen und das Bier zufügen. Mit Salz, Pfeffer, Paprikapulver und Majoran würzen. Das Lorbeerblatt und den Kümmel hineingeben und abgedeckt bei mäßiger Temperatur 40 Minuten garen lassen.

Zwischenzeitlich die Mohrrüben in Scheiben schneiden und zufügen. Nochmals etwa 20 Minuten abgedeckt garen.

Den Kerbel waschen, die Blättchen von den Stielen zupfen und hacken. Mehl, Sahne und Schmand verrühren und einige Minuten vor Ende der Garzeit hineinrühren. Nochmals abschmecken. Den Kerbel unterrühren und servieren.

Dazu passt als Getränk am besten das gleiche Bier, das zum Kochen genommen wurde.

Wein-Fleisch

800 – 1000 g Schweineschulter ohne
    Knochen
150 g magerer geräucherter Speck
2 Zwiebeln
1 – 2 Äpfel
Salz, Pfeffer
1/2 TL getrockneter Thymian
1/2 TL getrockneter Majoran
1 EL Kapern
1 Lorbeerblatt
1/2 Liter halbtrockener Riesling
    vom Rhein

Das Fleisch in etwa 50 g große Stücke schneiden. Den Speck würfeln. Die Zwiebeln abziehen und fein schneiden. Die Äpfel schälen und in Scheiben schneiden.

Den Backofen auf 200°C vorheizen. Das Fleisch samt Speck, Zwiebeln und Äpfeln in einen Römertopf oder ein anderes feuerfestes Gefäß geben. Mit Salz, Pfeffer, Thymian und Majoran würzen. Die Kapern und das Lorbeerblatt zufügen, den Wein angießen und abgedeckt für etwa 90 Minuten in den Backofen stellen.

Mit Landbrot, besser noch mit Kartoffelbrot oder Kartoffel-Nuss-Brot, Seite 274, servieren. Auch Krautsalat ist eine beliebte Beilage.

Variation: Sauerkraut mit in den Römertopf geben. Die Kapern sollte man dann weglassen, stattdessen etwas Kümmel zufügen.

Schmorbraten (Boeuf à la mode)

Das Fleisch waschen und trockentupfen. Den Speck in dünne Streifen schneiden. Die Knoblauchzehe und die Zwiebeln abziehen. Die Knoblauchzehe zerdrücken und die Zwiebeln in Ringe schneiden. Die Petersilie waschen, trockentupfen und hacken. Das Gemüse waschen, putzen und in Stücke schneiden. Das Fleisch mit den Speckstreifen spicken und in eine Schüssel legen. Das Gemüse, die Kräuter und Gewürze hinzufügen und mit dem Wein begießen. An einem kühlen Ort zwei bis drei Tage unter häufigem Wenden in der Marinade stehen lassen.

Das Fleisch trockentupfen. Den Bauchspeck in Würfel schneiden. Die Tomaten überbrühen, häuten und hacken.

Das Öl in einem weiten Topf erhitzen. Die Butter zufügen, ebenso den Bauchspeck. Das Fleisch von allen Seiten gut anbraten. Mit Mehl bestäuben, durchschwitzen lassen, die Tomaten zufügen und mit der Marinade samt Gemüse und der Brühe begießen, salzen und pfeffern. Bei mäßiger Temperatur abgedeckt gut 2 Stunden kochen lassen.

Währenddessen das Gemüse für die Fertigstellung waschen, putzen und in Scheiben schneiden. Wenn die Zwiebeln sehr klein sind, diese ganz lassen.

Das Fleisch herausnehmen. Die Flüssigkeit durch ein Sieb gießen und sowohl das Fleisch als auch die durchgeseihte Schmorflüssigkeit mit dem frischen Gemüse in einen Topf geben. Abgedeckt nochmals etwa 25 Minuten bei mäßiger Temperatur garen und gut abschmecken.

Das Fleisch in Scheiben schneiden. Auf einer vorgewärmten Platte mit den Gemüsen und etwas Sauce anrichten. Die übrige Sauce gesondert reichen.

Dazu schmecken am besten Spätzle oder Kartoffelpüree.

Tipp: Dazu am besten den gleichen guten Rotwein servieren wie er zum Kochen genommen wurde.

Für etwa 8 Portionen

2 kg gut abgehangenes Rindfleisch
z. B. Schwanzstück, Ober- oder
Unterschale
125 g rohen Speck
1 Knoblauchzehe, 2 Zwiebeln
1 Bund Petersilie
1 Petersilienwurzel
1 Mohrrübe, 1 Sellerieknolle
1 kleine Stange Lauch
1 Lorbeerblatt, 2 Nelken
6 schwarze Pfefferkörner
3 Wacholderbeeren
1/2 unbehandelte Zitrone
3/4 Liter Rotwein

125 g geräucherter Bauchspeck
2 – 3 Tomaten
4 EL Öl, 2 EL Butter
2 EL Mehl
1/2 Liter Fleischbrühe
Salz
frisch gemahlener weißer Pfeffer

Zur Fertigstellung:
12 kleine Zwiebeln (Schalotten)
5 Mohrrüben, 2 weiße Rüben
Macis (Muskatblüte)

Koblenzer Ratsherrenteller
Kowelenzer Ratsherrenteller

Für 6 Portionen
Für die Marinade:
2 Zwiebeln, 4 EL Öl
1/2 Liter Riesling vom Rhein
3 – 4 EL Weinessig, 2 Lorbeerblätter
10 schwarze Pfefferkörner
4 Pimentkörner, 6 Wacholderbeeren
1 – 2 Gewürznelken, Salz

6 entbeinte Schweinesteaks

Für die Sauce:
40 g Butter, 25 g Mehl
weißer Pfeffer, 1/4 Liter süße Sahne
2 TL milder oder mittelscharfer Senf

2 – 3 EL Butterschmalz

Die Zwiebeln abziehen und in Scheiben schneiden. Das Öl in einer weiten tiefen Pfanne erhitzen und die Zwiebeln einige Minuten darin anbraten. Mit Wein und Essig ablöschen. Die Lorbeerblätter, die leicht zerdrückten Pfeffer- und Pimentkörner, Wacholderbeeren und Gewürznelken zufügen, salzen und vom Herd nehmen. Etwas abkühlen lassen.

Die Steaks in eine Schale oder Schüssel legen, mit der Marinade begießen und abgedeckt mindestens 24 Stunden stehen lassen. Die Steaks anschließend trockentupfen.

Für die Sauce die Butter in einem Topf erhitzen. Das Mehl einstreuen und goldgelb durchschwitzen lassen. Mit 1/2 Liter durchgeseihter Marinade ablöschen, mit Salz und Pfeffer würzen und 8 Minuten bei mäßiger Temperatur kochen lassen. Die Sahne und den Senf hineingeben und kurz aufkochen lassen.

Das Butterschmalz in einer weiten Pfanne erhitzen. Die Steaks beidseitig etwa 5 Minuten braten.

Mit der Sauce, Gedämpften (Seite 268) und Speckböhnchen servieren.

Dazu passt der gleiche gute Riesling, der für die Marinade genommen wurde.

Knabbeldanz, Pannhas oder Pannasch

1 – 2 Stangen Lauch, 3 Mohrrüben
1 großes Stück Sellerieknolle
3 Zwiebeln, 3 Liter Wurstbrühe
600 – 700 g Rindfleisch mit Knochen
500 g Schweinebauch
1 Zweig Liebstöckel
1 frischer Zweig Majoran
1 frischer Zweig Thymian
Salz, schwarzer Pfeffer
2 Msp. gemahlene Nelken
1/2 TL gemahlener Piment
1/2 TL getrockneter Majoran
1 Msp. getrockneter Thymian
etwa 400 g Buchweizenmehl, Schmalz

Das Gemüse waschen, putzen und klein schneiden. Die Zwiebeln abziehen und hacken. Die Wurstbrühe mit dem Gemüse in einem großen Topf zum Kochen bringen. Das Fleisch mit Liebstöckel-, Majoran- und Thymianzweig einlegen, etwa 1 1/4 Stunden kochen lassen, bis das Fleisch gar ist.

Das Fleisch mit den Kräuterzweigen herausnehmen, vom Knochen lösen, klein schneiden und zurück in die Brühe geben. Diese mit den Gewürzen gut abschmecken. Nach dem Aufkochen das Buchweizenmehl unter Rühren einrieseln lassen. Bei mäßiger Temperatur etwa 25 Minuten köcheln. Vorsicht, dass nichts anbrennt! Buchweizenmehl quillt sehr auf und wird zu einem festen Brei. In Keramiktöpfe füllen, mit Schmalz bedecken und gut gekühlt aufbewahren. Bis zu 2 Wochen kann man diese Speise aufbewahren. Man schneidet Scheiben davon ab und brät sie beidseitig in Schmalz.

Dazu gibt es Rheinisches Schwarzbrot und Rübenkraut.

Huhn mit Gemüse und Perlgraupen nach Sibylla

Die Graupen in kaltem Wasser einweichen. Das Huhn gründlich säubern. Das Gemüse und die Kräuter waschen, putzen und klein schneiden. Die Zwiebel mit Nelke und Lorbeerblatt spicken. Das Huhn in einen Topf mit dem Gemüse, Pfeffer- und Pimentkörnern sowie Liebstöckelstielen und der Hälfte der Petersilie geben. 2 ½ Liter Wasser angießen und langsam zum Kochen bringen, dann salzen. Den Schaum öfters abschöpfen. Das Huhn bei mäßiger Temperatur 55 bis 60 Minuten kochen lassen.

Das Huhn herausnehmen und die Brühe durch ein Sieb gießen. Die Graupen abgießen und mit der Hühnerbrühe in einen Topf geben. Etwa 30 Minuten kochen lassen.

In der Zwischenzeit das Gemüse und die Kartoffeln für die Einlage waschen, putzen, beziehungsweise schälen und in Stücke schneiden. Zu den Graupen geben und noch 15 bis 20 Minuten kochen lassen, bis das Gemüse gar, aber noch bissfest ist. Das Hühnerfleisch von den Knochen lösen und in mundgerechte Stücke schneiden. In die Suppe geben, kurz erhitzen, mit Salz und Pfeffer abschmecken. Die restliche Petersilie in die Suppe rühren.

Sollte Flüssigkeit fehlen, etwas Geflügelbrühe angießen.

Tipp: Anstelle des Rosenkohls oder der Bohnen Wirsingkohl oder Erbsen nehmen.

100 g Perlgraupen
1 Huhn oder 1 Poularde
*   von 1,6 – 1,8 kg Gewicht*

Zum Garen des Huhns:
1 kleine Stange Lauch (nur das weiße)
1 Stück Sellerieknolle, 1 Mohrrübe
1 Petersilienwurzel
einige Liebstöckelstiele
1 Bund Petersilie, 1 Zwiebel
1 Nelke, 1 Lorbeerblatt
4 – 5 Pimentkörner
5 weiße Pfefferkörner, Salz

Für die Gemüseeinlage:
½ Stange Lauch, 1 Mohrrübe
1 kleines Stück Sellerieknolle
1 Kohlrabi, 1 weißes Rübchen
12 – 15 Stück Rosenkohl
*   oder 300 g grüne Bohnen*
2 Stangen Staudensellerie, 3 Kartoffeln
frisch gemahlener weißer Pfeffer

Hähnchen auf Winzerart

Die Hähnchen gründlich waschen, trockentupfen, halbieren, salzen und pfeffern. Die Trauben entkernen. Die Schalotten abziehen und hacken.

Das Öl in einem weiten Topf erhitzen. Die Butter zufügen und die Hähnchenteile von allen Seiten anbraten. Die Schalotten zufügen, mit Salz, Pfeffer und Thymian würzen und weiter braten lassen. Mit dem Weißwein ablöschen. Abgedeckt etwa 35 Minuten garen lassen. Die Weintrauben zufügen und weitere 5 Minuten garen. Vom Herd nehmen. Schmand und Eigelb vermischen und in die Garflüssigkeit rühren.

Gut abschmecken und mit Reis servieren.

2 Hähnchen oder 1 Poularde
Salz, weißer Pfeffer
250 – 300 g grüne Weintrauben
2 Schalotten
2 EL Traubenkernöl, 1 EL Butter
1 Msp. getrockneter Thymian
300 ml Weißwein
6 EL Schmand, 1 Eigelb

Wildschweinkeule nach Hedi

Für 8 Portionen
3 Gemüsezwiebeln
2 Knoblauchzehen
3 EL Olivenöl
3 EL Distelöl
1 vorbereitete Wildschweinkeule
  von etwa 2,5 kg
Salz, frisch gemahlener Pfeffer
3 Lorbeerblätter
10 Wacholderbeeren
1 TL Peperoncini
300 ml passierte Tomaten
350 ml Rotwein

Die Zwiebeln und die Knoblauchzehen abziehen. Die Zwiebeln klein schneiden und die Knoblauchzehen zerdrücken.

Olivenöl und Distelöl in einem Bräter erhitzen, die Keule hineingeben und von allen Seiten stark anbraten. Die Zwiebeln und die Knoblauchzehen zufügen und mitbräunen. Nun mit Salz, Pfeffer, Lorbeerblättern, zerdrückten Wacholderbeeren und Peperoncini würzen. Mit 300 ml Wasser, passierten Tomaten und Rotwein ablöschen.

Den Bräter abgedeckt in den auf 200°C vorgeheizten Backofen geben und 2 Stunden schmoren lassen; nach 1 Stunde die Keule wenden und eventuell Brühe nachgießen.

Die Keule herausnehmen und 15 Minuten ruhen lassen.

Währenddessen die Schmorflüssigkeit mit dem Mixstab pürieren und eventuell nachwürzen.

Als Beilage empfehlen sich Rosenkohl und pürierte Esskastanien.

Das Fleisch aufschneiden, in der Sauce erhitzen und mit Rotwein servieren.

Kaninchen

Für die Marinade:
1 Zwiebel, 1 Stange Lauch
1 Stück Sellerieknolle, 1 Mohrrübe
8 – 10 schwarze Pfefferkörner
5 Wacholderbeeren
2 Gewürznelken, 1 Lorbeerblatt
1 Stück unbehandelte Zitronenschale
je 1 Zweig fr. Thymian u. Majoran
6 EL Weinessig
1/4 Liter Weißwein vom Rhein

1 küchenfertiges Kaninchen
Salz, Pfeffer
1/2 Stange Lauch, 1 Mohrrübe
1 Stück Sellerieknolle, 1 Zwiebel
3 EL Öl oder 2 EL Butterschmalz
2 EL Mehl, 2 Msp. gemahlener Piment
je 2 – 3 Msp. getr. Majoran u. Thymian
1/8 Liter süße Sahne

Die Zwiebel abziehen und hacken. Das Gemüse für die Marinade waschen und klein schneiden. Zusammen mit den leicht zerdrückten Pfefferkörnern, Wacholderbeeren, Gewürznelken, Lorbeerblatt, Zitronenschale und Kräutern sowie Weinessig und Wein in eine Schüssel geben.

Das Kaninchen in 8 Stücke teilen und hineingeben. Abgedeckt für etwa 1 bis 2 Tage an einem kühlen Ort marinieren.

Die Kaninchenteile herausnehmen, trockentupfen, salzen und pfeffern.

Das Gemüse zum Braten waschen, putzen und klein schneiden. Die Zwiebel abziehen und fein schneiden.

Öl, Butterschmalz oder Schmalz in einem Bräter erhitzen. Die Kaninchenteile von allen Seiten darin anbraten. Die Zwiebel und das Gemüse zufügen. Nach einigen Minuten mit dem Mehl bestäuben, kurz durchschwitzen lassen und mit knapp 1/2 Liter durchgeseihter Marinade ablöschen. Abgedeckt bei mäßiger Temperatur etwa 50 Minuten garen lassen.

Mit Salz, Pfeffer, Piment, Majoran und Thymian gut abschmecken. Nach Belieben mit der Sahne verfeinern.

5. Gemüse

Schwarzwurzeln

Die Schwarzwurzeln gründlich waschen und bürsten. Etwa $^1/_2$ Liter Wasser zum Kochen bringen, die Schwarzwurzeln ungeschält hineingeben und 30 bis 40 Minuten kochen lassen. Das Wasser abgießen, die Schwarzwurzeln herausnehmen und jetzt erst von der Haut befreien, da dies leichter geht. Die Stangen in etwa 4 cm lange Stücke schneiden.

Die Butter in einem Topf erhitzen. Das Mehl einstreuen, durchschwitzen lassen und mit der Milch ablöschen. Die süße Sahne zufügen und 6 bis 8 Minuten bei mäßiger Temperatur kochen lassen. Die saure Sahne zugeben, mit Salz, Zucker, Pfeffer, Muskatnuss und Zitronensaft abschmecken. Die Schwarzwurzeln hineingeben und kurz aufkochen lassen. Dann vom Herd nehmen. Etwas von der Sauce mit dem Eigelb verrühren und zurück in den Topf gießen.

Als fleischloses Gericht nur mit Kartoffeln servieren, aber auch fast jede Art von Fleisch und Bratwürsten schmeckt natürlich sehr gut dazu.

750 – 800 g Schwarzwurzeln
30 g Butter
15 – 20 g Mehl
gut $^1/_4$ Liter Milch
4 EL süße Sahne
4 EL saure Sahne
Salz, $^1/_2$ TL Zucker
frisch gemahlener weißer Pfeffer
abgeriebene Muskatnuss
1 – 2 TL Zitronensaft
1 Eigelb

Steckrüben

Die Steckrüben waschen, schälen und in Stücke schneiden. Schmalz und Butter in einem Topf erhitzen, den Zucker zufügen und goldgelb werden lassen. Die Steckrüben hinzufügen, einige Minuten unter Rühren garen und mit der Brühe ablöschen. Mit Salz, Pfeffer und nach Belieben mit Muskatnuss würzen. Bei mäßiger Temperatur abgedeckt etwa 30 Minuten kochen lassen.

Zu gekochtem oder gebratenem Schweinefleisch reichen. Nach Belieben können die Steckrüben auch zu Mus zerstampft werden.

800 – 1000 g Steckrüben
25 g Schmalz
25 g Butter
25 g Zucker
$^1/_4$ Liter Fleischbrühe, Salz
frisch gemahlener weißer Pfeffer
abgeriebene Muskatnuss

Dicke Bohnen mit Speck

2 ¹/₂ kg dicke Bohnen mit Hülsen
  (etwa 700 g Bohnenkerne)
500 g durchwachsener leicht
  geräucherter Speck
1 Bund frisches Bohnenkraut
1 Zwiebel
1 EL Rapsöl
1 EL Butter
1 EL Mehl
Salz, weißer Pfeffer
abgeriebene Muskatnuss
6 EL süße Sahne

Die Bohnen enthülsen. Zusammen mit dem Speck in einen Topf geben, mit Wasser bedecken und das Bohnenkraut zufügen. Etwa 1 Stunde bei mäßiger Temperatur kochen lassen, bis die Bohnen weich sind, jedoch nicht aufplatzen.
Die Zwiebel abziehen und würfeln. Das Öl in einem Topf erhitzen. Die Butter zufügen und die Zwiebel darin andünsten. Mit dem Mehl bestäuben und etwa 350 ml Bohnenwasser unter Rühren nach und nach hineingießen. Einige Minuten köcheln lassen. Mit Salz, Pfeffer und Muskatnuss würzen. Die Bohnenkerne zufügen. Die Sahne angießen und nochmals abschmecken.
Den Speck in Portionsscheiben schneiden und mit den Bohnen servieren.
Dazu passen Salzkartoffeln.

Rheinische Milchbohnen

1 kg grüne Bohnen
Salz
2 – 3 Zweige Bohnenkraut oder
  1 TL getrocknetes Bohnenkraut
1 kg Kartoffeln
¹/₄ Liter Milch
25 g Butter
abgeriebene Muskatnuss
frisch gemahlener weißer Pfeffer

Die Bohnen waschen, putzen und schräg in etwa 4 cm große Stücke schneiden. Gut ¹/₄ Liter Wasser zum Kochen bringen, salzen und die Bohnen hineingeben. Das Bohnenkraut zufügen und bei mäßiger Temperatur 15 bis 20 Minuten kochen lassen. Die Bohnen sollten noch Biss haben.
Die Kartoffeln waschen, schälen, vierteln und in etwa 20 Minuten in Salzwasser gar kochen, dann abgießen und durch die Kartoffelpresse drücken oder zerstampfen. Mit der erhitzten Milch verrühren. Die Butter zufügen und mit Salz und Muskatnuss würzen. Das Bohnenkraut entfernen, die Bohnen mit Salz und Pfeffer abschmecken und mit wenig Kochflüssigkeit zu dem Püree geben.
Mit Rippchen oder Schweinebraten auftragen.

6. Kartoffelgerichte

Debbekooche

Die Milch erhitzen und das Brötchen darin einweichen. Den Speck würfeln. Die Zwiebeln abziehen und fein schneiden. Die Kartoffeln waschen, schälen und reiben. Das Kartoffelwasser etwas abgießen. Das Brötchen ausdrücken und zu den kartoffeln geben.

Das Öl in einer weiten Pfanne erhitzen. Den Bauchspeck und die Zwiebeln zufügen. Unter Rühren einige Minuten braten lassen und vom Herd nehmen. Kartoffelmasse samt Brötchen, gebratene Zwiebeln mit Bauchspeck und Eiern gut vermischen. Mit Salz, Pfeffer und Muskatnuss würzen.

Den Backofen auf 200°C vorheizen, am besten einen gusseisernen Bräter mit dem Öl ausstreichen. Die Masse hineingeben. Mit den Speckscheiben abdecken und ohne Deckel in den Backofen geben. 1 1/2 bis 2 Stunden backen.

Mit Apfelmus servieren.

Tipp: Gern werden auch kleingeschnittene Fleischwurst und einige Esslöffel Schmand in den Kartoffelteig gegeben oder auch Schinkenreste.

Je nach Landstrich heißt das Gericht Debbekooche, Döbbekoche, Düppekuche, Dibbekuche oder Döppekuche.

1/4 Liter Milch
1 Brötchen
350 g geräucherter durchwachsener
   Speck (Dörrfleisch)
600 g Zwiebeln, 4 – 5 Stück
2,5 kg Kartoffeln
6 EL Öl und 2 EL Öl für den Topf
2 – 3 Eier
Salz, Pfeffer
abgeriebene Muskatnuss
150 g Speck, etwa 8 Scheiben

Reibekuchen
Krebbelcher nach Irmel

2 Zwiebeln, 1,6 kg Kartoffeln
2 – 3 Eier
nach Belieben 2 EL Mehl
Salz, Pfeffer
abgeriebene Muskatnuss
einige Zweige frischer Majoran,
   ersatzweise getrockneter
nach Belieben 125 g magerer oder
   durchwachsener Bauchspeck
Öl oder Schmalz zum Braten

Die Zwiebeln abziehen und reiben. Die Kartoffeln waschen, schälen, reiben und abtropfen lassen. Die Eier aufschlagen, mit dem Mehl zufügen und mischen. Mit Salz, Pfeffer und Muskatnuss würzen. Den Majoran waschen, die Blättchen von den Stielen zupfen, hacken und zufügen. Nach Belieben den Speck in kleine Würfel schneiden und unterziehen.

Öl oder Schmalz in einer weiten Pfanne erhitzen und jeweils eine kleine Schöpfkelle voll Teig in das heiße Fett geben. Beidseitig goldgelb braten. Heiß aus der Pfanne schmecken sie am besten.

Gern wird Apfelmus oder – in einigen Gegenden – auch Rübenkraut dazu gegessen.

Ofenkartoffeln
Backesgrumbeere

1,2 kg Kartoffeln
1 EL Butter für die Form
400 – 500 g durchwachsener geräucherter Bauchspeck in Scheiben
Salz, weißer Pfeffer
1/4 Liter saure Sahne
1/4 Liter süße Sahne

Die Kartoffeln waschen, schälen und in dünne Scheiben schneiden. Eine Auflaufform mit Butter ausstreichen. Den Backofen auf 200°C vorheizen.

Die Hälfte der Kartoffeln in die Form füllen. Mit Bauchspeckscheiben bedecken und mit der anderen Hälfte der Kartoffeln abdecken, salzen und pfeffern. Die saure Sahne mit der süßen Sahne verrühren. Mit wenig Salz, Pfeffer und Zimt verrühren und auf die Kartoffeln gießen. Im vorgeheizten Backofen etwa 1 Stunde bei 200°C backen.

Gedämpte

1 kg Kartoffeln
4 – 5 EL Öl
Salz, Pfeffer

Die Kartoffeln waschen, schälen und in Stücke oder Scheiben schneiden. Das Öl in einem Bräter erhitzen. Die Kartoffeln hineingeben und salzen. Abgedeckt etwa 15 Minuten garen. Den Deckel abnehmen und die Kartoffeln einige Male wenden, salzen und pfeffern. Goldgelb und kross servieren.

Kartoffelkuchen aus der Eifel
Schales oder Scholes

Die Milch zum Kochen bringen. Die Brötchen mit der kochenden Milch übergießen. Den Speck in kleine Würfel schneiden und in einer Pfanne ausbraten.
Die Kartoffeln waschen, schälen und reiben. Die Zwiebel abziehen und ebenfalls reiben oder sehr fein hacken. Die Brötchenmasse zerdrücken. Alle Zutaten
miteinander vermischen. Mit Salz, Pfeffer und Muskatnuss würzen.
Den Backofen auf 200°C vorheizen. Eine Auflaufform oder gusseisernen Bräter
mit Öl ausstreichen. Die Masse hineingeben und in den vorgeheizten Backofen
für etwa 1 ½ Stunden stellen, bis die Oberfläche goldgelb und knusprig ist.

Tipp: 1 Stange Lauch gründlich waschen, in dünne Ringe schneiden und unter
die Kartoffelmasse geben. Nach Belieben kann die Zwiebel auch mit den Speck-
würfeln angebraten werden.

300 ml Milch, 2 Brötchen
250 g durchwachsener geräucherter
    Speck (Dörrfleisch)
2 kg Kartoffeln, 1 Zwiebel
3 Eier, Salz
frisch gemahlener weißer Pfeffer
abgeriebene Muskatnuss
1 – 2 EL Öl oder 1 EL Butter

Himmel und Erd' auf meine Art

Die Zwiebel abziehen und fein schneiden. Die Kartoffeln waschen, schälen, würfeln und in Mehl wenden. Die Äpfel vom Kerngehäuse befreien und ungeschält
ebenfalls würfeln. Den Bauchspeck in sehr kleine Stücke schneiden. Das Öl in
einer weiten tiefen Pfanne erhitzen und die Butter zufügen. Die Zwiebel darin
andünsten. Den Bauchspeck zufügen. Nach einigen Minuten die Kartoffeln hineingeben, durchdünsten lassen und dann die Äpfel dazugeben. Mit der Hälfte
der Brühe und dem Wein ablöschen. Die Kräuter waschen, die Blättchen von
den Stielen zupfen und hacken. Die Hälfte des frischen sowie den getrockneten
Thymian sofort hineingeben. Mit Salz, Pfeffer und Piment würzen. Bei mäßiger Temperatur abgedeckt etwa 30 Minuten garen lassen. Bei Bedarf die restliche Brühe angießen. Vor dem Auftragen die restlichen Kräuter unterrühren und
nochmals mit Salz, Pfeffer, Piment und Zucker abschmecken.
Mit gebratener Blutwurst servieren.

1 große Zwiebel
750 g Kartoffeln, 1 EL Mehl
375 g Äpfel mit unbehandelter Schale,
    Cox Orange, Boskop oder Elstar
150 g magerer geräucherter Bauchspeck
3 EL Öl, 30 g Butter
etwa ½ Liter Geflügel- oder Fleisch-
    brühe
¼ Liter Riesling Wein
2 Zweige frischer Thymian
½ TL getrockneter Thymian
2 Zweige frischer Majoran, Salz
frisch gemahlener schwarzer Pfeffer
3 Msp. Piment, ½ – 1 EL Zucker

Kartoffelpfannkuchen

Für etwa 10 Stück
8 Kartoffeln, etwa 1200 g
2 Eier
etwa 90 g Mehl
Salz
nach Belieben etwas
    abgeriebene Muskatnuss
etwa 8 EL Öl
nach Belieben 250 g durchwachsener
    Speck in Scheiben

Die Kartoffeln waschen, in der Schale in etwa 30 Minuten kochen, pellen und warm durch die Kartoffelpresse drücken. Mit Eiern, Mehl, Salz und Muskatnuss zu einem Teig verarbeiten. Küchelchen von 7 bis 8 cm Durchmesser formen. Die Hälfte des Öls in einer weiten Pfanne erhitzen. Die Küchelchen beidseitig einige Minuten goldgelb braten, fortfahren, bis der Teig verbraucht ist.
Sehr gern werden auch die Speckscheiben in die Pfanne gegeben und die Pfannkuchen darauf gebraten.
Dazu gibt es Rübenkraut oder Apfelmus, nach Belieben aber auch ein anderes Kompott. Manche bevorzugen eine Mischung aus Zucker und Zimt.

Kartoffelpudding
Grumbeerpudding

1,2 kg Kartoffeln
etwa 300 ml Milch
2 Brötchen
80 g Butter und
    10 g Butter für die Form
3 Eier
Salz, Pfeffer
abgeriebene Muskatnuss
1 – 2 EL Semmelbrösel

Die Kartoffeln waschen, in etwa 30 Minuten gar kochen, pellen und durch die Kartoffelpresse drücken. Die Milch erhitzen und die Brötchen damit übergießen. Die weiche Butter nach und nach mit den Eiern schaumig rühren. Die Brötchen zerdrücken und unter Rühren zufügen. Die Kartoffeln ebenfalls hineingeben. Mit Salz, Pfeffer und Muskatnuss würzen.
Den Backofen auf 180°C vorheizen. Eine Puddingform mit Butter ausstreichen und leicht mit Semmelbröseln ausstreuen. Die Masse hineingeben. Im Wasserbad 30 bis 35 Minuten garen lassen.
Stürzen und mit Kompott oder einem frischen Blattsalat servieren.
Wenn Kompott dazu gegessen wird, sollten anstelle von Salz und Pfeffer Zucker und Vanillezucker zugefügt werden.
Etwas moderner als das alte Rezept ist das der Kartoffelterrine auf der nächsten Seite.

7. Süßspeisen, Gebäck und Getränke

Assmannshäuser Rotweinschaum

Zucker, Vanillezucker, Zimt, Zitronenschale, Eigelb, Weinbergpfirsich- oder Johannisbeergelee und Rotwein in einen Topf geben und bei mäßiger Temperatur unter ständigem Rühren aufschlagen, aber nur bis kurz vor dem Siedepunkt. Vom Herd nehmen und weiterschlagen, bis der Rotweinschaum abgekühlt ist.

In Glaskelche füllen und mit Gebäck servieren.

130 g Zucker, 1 TL Vanillezucker
1 Msp. Zimt
2 Msp. abgeriebene unbehandelte
  Zitronenschale
5 Eigelb
2 EL roter Weinbergpfirsich-
  oder Johannisbeergelee
1/4 Liter Rotwein aus Assmannshausen

Haselnuss-Apfel-Auflauf

Die Äpfel waschen, vom Kerngehäuse befreien und ungeschält in eine Auflaufform oder auf ein Blech geben. Im vorgeheizten Backofen weich schmoren lassen. Nun durch ein Drehsieb passieren. Die Butter und den Zucker in einen Topf geben und goldgelb werden lassen. Aufpassen, dass die Butter und der Zucker nicht zu dunkel werden. Die Haselnüsse in einer trockenen Pfanne rösten. Ebenfalls gut aufpassen, dass sie nicht zu dunkel werden. Die Eier trennen. Den Backofen auf 190 °C vorheizen. Apfelmus, Zucker, Haselnüsse, Vanillezucker, Speisestärke und Eigelb verrühren. Das Eiweiß mit Salz steif schlagen und unterziehen. Abschmecken und eventuell noch etwas nachsüßen. Nach Belieben mit Apfelbrand verfeinern.

Eine Auflaufform mit Butter ausstreichen und Zucker ausstreuen. Den Apfelbrei hineingeben und 25 bis 30 Minuten garen.

Mit halbsteif geschlagener Vanillesahne, Vanillecreme (Seite 272) oder Weinschaumsauce (Seite 272) servieren.

5 Äpfel (z. B. Boskop oder Cox Orange)
40 g Butter
etwa 50 g Zucker je nach Süße der
  Äpfel
150 g gemahlene Haselnüsse
2 Eier
3 – 4 TL Vanillezucker
1 Msp. Salz
2 – 3 EL Apfelbrand
2 TL Butter und
  2 TL Zucker für die Form

Weinschaumsauce

150 g Zucker
1 TL Vanillezucker
2 Msp. abgeriebene, unbehandelte
    Zitronenschale
4 Eigelb
1/4 Liter trockner oder halbtrockner
    Weißwein
nach Belieben 1/8 Liter süße Sahne

Zucker, Vanillezucker, Zitronenschale und Eigelb in einen Topf geben. Diesen auf ein mit fast bis zum Siedepunkt erhitzten Wasserbadtopf stellen. Bei mäßiger Temperatur so lange schlagen, bis die Mischung cremig ist. Langsam den Wein unter ständigem Schlagen dazu gießen. Für weitere 5 bis 8 Minuten schlagen.

Diese Weinschaumsauce kann sowohl heiß als auch kalt serviert werden.

Wünscht man sie kalt, so sollte man sie über einer Schüssel mit Eiswürfeln so lange weiterschlagen bis die Sauce kalt ist.

Nach Belieben die Sahne schlagen und unterziehen.

Vanillecreme

1/2 – 1 Vanilleschote
1/2 Liter Milch
100 g Zucker
2 Eier
2 Eigelb

Die Vanilleschote aufschneiden und das Mark auskratzen. Schote und Vanillemark mit der Milch und dem Zucker in einen Topf geben, zum Kochen bringen, vom Herd nehmen und abgedeckt kalt werden lassen. Dann die Vanilleschote herausnehmen. Eier und Eigelb gut verschlagen und in die Milch rühren. Die Sauce entweder vorsichtig bei mäßiger Temperatur auf dem Herd aufschlagen oder im Wasserbad erhitzen.

Wenn sie dick wird, vom Herd nehmen und nach Belieben noch durch ein Sieb geben. Warm oder kalt servieren.

Sollte die Creme warm serviert werden, im heißen Wasserbad stehen lassen. Entweder etwas Butter zufügen oder mit Pergamentpapier abdecken, um die Hautbildung zu vermeiden.

Die Milch kann zur Hälfte durch Sahne ersetzt werden. Durch weitere Geschmackszutaten wie aufgelöste Schokolade, Kaffee, Liköre, Fruchtmark, geröstete, geriebene Nüsse usw. sind Abwandlungen möglich. Auch kann eingeweichte und aufgelöste Gelatine und geschlagene Sahne unter die Creme gezogen werden.

Tipp: Vanilleschote trocknen lassen und mit Zucker in ein verschlossenes Gefäß geben. Der Zucker nimmt das Vanillearoma an, köstlich für weitere Süßspeisen.

Rheinische Mutzen

Das Mehl auf ein Backbrett oder auf die Arbeitsplatte sieben. In die Mitte eine Vertiefung drücken. Salz, Zucker, Vanillezucker, Eier, Milch und Rum hineingeben und mit dem Mehl vermischen. Kneten, bis der Teig glatt und glänzend ist. Eine Schüssel mit warmem Wasser ausspülen, abtrocknen und den Teig 20 bis 25 Minuten darunter ruhen lassen.

Den Teig dünn ausrollen und in Rhomben von etwa 4 bis 5 cm schneiden. Diese mehrfach mit einer Gabel anstechen. Schmalz oder Öl erhitzen und die Teigstücke nacheinander hineingleiten lassen und goldgelb ausbacken. Herausnehmen, auf Küchenpapier abtropfen lassen und mit Puderzucker bestreuen.

Beim Ausbacken biegen sich die Teigstücke unterschiedlich. Dies wird gewünscht und sieht sehr gut aus.

Karneval ohne Mutzen gibt's am Rhein nicht.

250 g Mehl, 1 Msp. Salz
25 g Zucker, 2 TL Vanillezucker
2 Eier, 1 – 2 EL Milch
1 – 2 EL Rum
1 kg Schweineschmalz oder 1 Liter Öl
Puderzucker zum Bestreuen

Mutzemandeln

Den Zucker und die Butter schaumig rühren. Die Eier nach und nach zufügen. Das Mark der Vanilleschote auskratzen und mit Rum, Sahne sowie den gemahlenen Mandeln verrühren. Mehl und Backpulver vermischt zufügen. Abgedeckt etwa 30 Minuten ruhen lassen. Das Fett erhitzen. Mit 2 Teelöffeln Teig abstechen und zur Mandelform drehen. Schwimmend in heißem Fett goldgelb ausbacken.

Mit Zucker oder Puderzucker bestreuen.

125 g Zucker, 60 g Butter
3 Eier, 1/2 Vanilleschote
3 EL Rum, 6 EL süße Sahne
75 g gemahlene Mandeln
350 g Mehl, 3 TL Backpulver
Öl oder anderes Fett zum Ausbacken
Zucker oder Puderzucker zum Bestreuen

Mutzemandeln,
die besonders gut bekömmlich sind

Die Kartoffel waschen. In der Schale in etwa 30 Minuten kochen, pellen und heiß durchpressen. Die Butter zerlassen, mit Zucker, Vanillezucker, Quark, Eiern, Salz, Rum, Speisestärke, Mandeln, Mehl und Backpulver verrühren. 30 bis 35 Minuten ruhen lassen.

Das Öl erhitzen. Mit zwei Teelöffeln Teig abstechen und zur Mandelform drehen. In das heiße Fett geben und goldgelb ausbacken. Auf Küchenpapier legen und abtropfen lassen. Noch heiß mit Puderzucker bestäuben.

1 große Kartoffel von etwa 150 g
75 g Butter
50 g Zucker, 2 TL Vanillezucker
50 g Quark, 2 Eier, 1 Msp. Salz
2 EL Rum, etwa 40 g Speisestärke
100 g gemahlene Mandeln
250 g Mehl, 1 TL Backpulver
Öl oder anderes Fett zum Ausbacken
Puderzucker zum Bestreuen

Kartoffel-Nussbrot

Für 2 kleine Brote
250 g Weizenvollkornmehl
etwa 300 g Weizenmehl, Type 405
40 g Hefe
1 TL Zucker
1/4 Liter Milch
3 Kartoffeln, etwa 400 g
75 g Schichtkäse
1 Ei
4 EL Traubenkernöl
Salz
wenig abgeriebene Muskatnuss
2 Msp. gemahlener Koriander
100 g gemahlene Haselnüsse
60 g gehackte Walnüsse,
*   bei Bedarf noch zusätzlich etwa*
*   20 g Mehl*
1 EL Butter für das Blech

Weizenvollkornmehl und Weizenmehl in eine Schüssel geben, mischen und in die Mitte eine Vertiefung drücken. Die Hefe hineinbröckeln. Den Zucker zufügen und mit der Hälfte der warmen Milch zu einem Brei verrühren. Mit einem Küchentuch bedeckt an einem warmen Ort etwa 20 Minuten stehen lassen, bis die Hefe aufgegangen ist.

Die Kartoffeln waschen, mit Schale in etwa 30 Minuten weich kochen, pellen und warm durchpressen. Den Vorteig, die durchgepressten Kartoffeln, den Schichtkäse, das Ei und Öl, Salz, Muskatnuss und Koriander sowie den Rest der warmen Milch zusammen verarbeiten. Abgedeckt an einem warmen Ort mindestens 30 bis 40 Minuten aufgehen lassen.

Die gemahlenen Haselnüsse in einer trockenen Pfanne leicht rösten, dabei aufpassen, dass sie nicht anbrennen. Zunächst dauert es länger, dann geht es sehr schnell. Die Nüsse dürfen nicht zu dunkel oder gar schwarz werden. Vom Herd nehmen und etwas abkühlen lassen.

Den Backofen auf 200°C vorheizen. Den Teig halbieren. Unter die eine Hälfte des Teiges die Haselnüsse kneten. Unter die andere Hälfte die Walnüsse und noch etwa 20 g Mehl geben. Der Teig sollte nicht zu weich sein, sonst läuft er beim Backen auseinander. Ein Blech einfetten. Den Teig zu zwei Laiben formen und auf das Blech geben. Die Brote mit Hilfe eines Backpinsels mit Wasser bestreichen und etwa 50 Minuten backen lassen.

Dazu schmeckt der nachfolgende Kochkäse.

Kochkäse

350 g Schichtkäse
1/2 TL Natron, Salz
30 g Butter
1 Kartoffel, etwa 150-200 g
1/2 TL Kümmel, 1 Eigelb
1 Bund Schnittlauch

Den Schichtkäse über Nacht abtropfen lassen. Am nächsten Tag die Kartoffeln in der Schale kochen, pellen und durchpressen. Den Schichtkäse mit Natron, Salz und Butter unter Rühren bis kurz vor den Siedepunkt bringen. Vom Herd nehmen. Die noch warme Kartoffel mit dem Kümmel und das Eigelb unterrühren. Den Schnittlauch in Röllchen schneiden und zufügen. Im Kühlschrank fest werden lassen. Erkaltet ist dies ein wunderbarer Brotaufstrich.

Weingelee mit Weinbergpfirsichlikör

Den Wein mit dem Gelierzucker zum Kochen bringen. Nach Vorschrift des Herstellers etwa 3 Minuten kochen lassen. Kurz vor Ende der Kochzeit den Weinbergpfirsichlikör zufügen. Heiß in Gläser füllen und verschließen.

1/2 Liter trockener Riesling vom Rhein
500 g Gelierzucker
50 ml Weinbergpfirsichlikör

Aperitif mit Weinbergpfirsichlikör

Den Weinbergpfirsichlikör in eine Sektschale geben. Den gut gekühlten Sekt dazugießen.

Für 1 Person
40 ml Weinbergpfirsichlikör
100 ml Riesling Sekt, trocken

Kalte Ente

Die Zitrone waschen und die Schale spiralförmig abschneiden. Die Zitronenschale in ein Bowlengefäß hängen und den gekühlten Wein darüber gießen. 20 Minuten stehen lassen. Mit dem gut gekühlten Sekt auffüllen und die Zitronenschale herausnehmen.

Für 6 – 8 Personen
Schale einer unbehandelten Zitrone
2 Flaschen Rheinwein
1 – 2 Flaschen Sekt

Rosenbowle

Die Rosen vorsichtig abbrausen. Die Blütenblätter von 3 Rosen abzupfen und mit Zitronenschale, Zucker, Vanillemark und 1 Liter Wein in einen Krug geben. Gut gekühlt und abgedeckt 1 bis 2 Stunden stehen lassen. Abgeseiht in ein Bowlengefäß gießen. Den restlichen Wein zugießen und kurz vor dem Servieren mit dem Sekt auffüllen. Die verbleibende Rose im Bowlengefäß schwimmen lassen.

Für etwa 6 Personen
4 unbehandelte süßduftende Rosen
1 kleines Stück unbehandelte
  Zitronenschale
30 g Zucker
1 Msp. Vanillemark
2 Liter Rheinwein
1 Flasche Sekt

Rhein-Cocktail

Für 1 Portion
¹/₄ Teil Weinbrand
¹/₄ Teil Curaçao Triple sec
¹/₄ Teil Pflaumenlikör
¹/₄ Teil Sekt

Die Getränke mit Eisstücken schütteln, aber ohne Eis in einem Cocktailglas servieren.

Rüdesheimer Kaffee

Für 2 Portionen
100 ml süße Sahne
4 – 6 Stück Würfelzucker
80 ml Weinbrand (Asbach)
knapp ¹/₂ Liter
  frisch gekochter Kaffee
1 TL Schokoladenraspel

Die Sahne schlagen. Den Zucker in zwei vorgewärmte Rüdesheimer Kaffeetassen geben. Den Weinbrand in einer Kelle über einer Flamme erhitzen und entzünden. In die Tassen geben. Mit dem Kaffee auffüllen und umrühren. Mit einer Sahnehaube versehen und mit Schokoladenraspeln bestreut servieren.

Warmbier
Uules

Für 1 Portion
¹/₂ Liter Bier
1 EL Zucker
1 Eigelb

Das Bier erhitzen. Zucker und Eigelb unterschlagen und möglichst auch im Uul = Deckelkrug trinken.

Register der Restaurants

Restaurant Le Petit Poisson
Rudolf Ludwig Reinarz
Wilhelmstraße 23a, 53111 Bonn
Tel. 02 28 / 63 38 83, Fax. 02 28 / 9 63 66 29

Bistro im Kaiser Karl Hotel
Inhaber F. Gerhardt, I. Lieback
Vorgebirgsstraße 50, 53119 Bonn
Tel. 02 28 / 69 69 67, Fax. 02 28 / 9 85 57 77

Zur Lindenwirtin „Aennchen"
Hans Hofer
Aennchenplatz 2, 53173 Bonn-Bad Godesberg
Tel. 02 28 / 31 20 51, Fax. 02 28 / 31 20 61

Halbedel's Gasthaus
Rainer-Maria Halbedel
Rheinallee 47, 53173 Bonn
Tel. 02 28 / 35 42 53, Fax. 02 28 / 35 25 34

Restaurant Korkeiche
Inh. Gratiana Kaever
Lyngsbergstraße 104, 53177 Bonn
Tel. 02 28 / 34 78 97, Fax. 02 28 / 85 68 44

Gästehaus Petersberg
Managementgesellschaft Steigenberger Hotels AG
53639 Königswinter Petersberg
Tel. 0 22 23 / 7 42 30, Fax. 0 22 23 / 7 44 43

Gasthaus – Restaurant Sutorius
Brigitte und Richard Sutorius
Oelinghovener Str. 7, 53639 Königswinter-Stieldorf
Tel. 0 22 44 / 91 22 40, Fax. 0 22 44 / 91 22 41

Hotel/Restaurant Markt 3
Bernd Becker
Markt 3, 53604 Bad Honnef
Tel. 0 22 24 / 9 33 20, Fax. 0 22 24 / 93 32 32

Vieux Sinzig
Jean-Marie Dumaine
Kölner Straße 5, 53489 Sinzig
Tel. 0 26 42 / 4 27 57, Fax. 0 26 42 / 4 30 51

Historisches Weinhaus Templerhof
Familie Brandau
Koblenzer Straße 45, 53490 Bad Breisig
Tel. 0 26 33 / 94 35, Fax. 0 26 33 / 73 94

Hotel Restaurant „Alte Kanzlei"
Christel Herrmann, Küchenchef Lothar Müller
Steinweg 30, 56226 Andernach
Tel. 0 26 32 /9 66 60, Fax. 0 26 32 / 9 66 60

Ambiente im Hotel Fischer
Inhaberin Karin Fischer, Chefkoch René Fischer
Am Helmwartsturm 4-6, 56626 Andernach
Tel. 0 26 32 / 9 63 60, Fax. 0 26 32 / 96 36 40

Tillmanns Café – Conditorei – Confiserie – Brüderhaus-Bäckerei
Langendorfer Straße 168, 56564 Neuwied
Tel. 0 26 31 /2 52 32, Fax. 0 26 31 /2 43 23

Hotel-Restaurant „Villa Sayn"
Koblenz-Olper-Str. 111, 56170 Bendorf-Sayn
Tel. 0 26 22 / 9 44 90, Fax. 0 26 22 / 94 49 44

Weinhaus Hubertus
Inh. Dieter Spahl
Florinsmarkt 6, 56068 Koblenz
Tel. 02 61 /3 11 77, Fax. 02 61 /1 00 49 19

Café Baumann
Doris und Jean Paul Warnecke
Löhrstraße 93, 56068 Koblenz
Tel. 02 61 /3 14 33, Fax. 02 61 /3 39 29

Weindorf Koblenz
Familie Bastian
Julius-Wegeler-Straße 2, 56022 Koblenz
Tel. 02 61 /3 16 80, Fax. 02 61 /16 07 70

Maximilians Brauwiesen
Familie Ohlig
Didier Straße 25, 56112 Lahnstein
Tel. 0 26 21 / 92 60 60, Fax. 0 26 21 / 92 60 61

Panorama-Restaurant im Dorint Hotel Rhein-Lahn
Küchendirektor Andreas Pfeiffer
Zu den Thermen 1, 56112 Lahnstein
Tel. 0 26 21 / 91 20, Fax. 0 26 21 / 91 21 00 u. 91 21 01

Landgasthof „Zum Weißen Schwanen"
Familie Erich Kunz
Brunnenstraße 4, 56338 Braubach
Tel. 0 26 27 / 5 59 u. 98 20, Fax. 0 26 27 / 88 02

Weingut Matthias Müller
Mainzer Straße 45, 56322 Spay
Tel. 0 26 28 / 87 41, Fax. 0 26 28 / 33 63

Hotel Rheinvilla
Brigitte Janker
Rheinallee 51, 56154 Boppard
Tel. 0 67 42 / 80 51 51, Fax. 0 67 42 / 80 51 52

Bellevue Rheinhotel
Familie Doris und Dr. Jan Gawel
Rheinallee 41, 56154 Boppard
Tel. 0 67 42 / 10 20, Fax. 0 67 42 / 10 26 02

Landidyll Park-Hotel Bad Salzig
Familie H.-J. Joswig
Am Kurpark, 56154 Boppard
Tel. 0 67 42 / 9 39 30, Fax. 0 67 42 / 93 93 93

Schlosshotel & Villa Rheinfels
Geschäftsführer Gerd Ripp, Küchenchef Rudi Staiger
Schlossberg 47, 56329 St. Goar
Tel. 0 67 41 / 80 20, Fax. 0 67 41 / 80 28 02

Secthaus Delicat
Sect- & Weinkellerei Klaus D. Delicat
Nastätter Straße 1, 56346 St. Goarshausen
Tel. 0 67 71 /9 49 09, Fax. 0 67 71 / 9 49 08

Hotel-Restaurant „Römerkrug"

Familie Matzner
Marktplatz 1, 55430 Oberwesel
Tel. 0 67 44 / 81 76 u. 70 91, Fax. 0 67 44 / 16 77

Historische Weinwirtschaft

Iris Marx
Liebfrauenstraße 17, 55430 Oberwesel
Tel. 0 67 44 / 81 86, Fax. 0 67 44 / 70 49

Burghotel und Restaurant „Auf Schönburg"

Familie Hüttl
55430 Oberwesel
Tel. 0 67 44 / 9 39 30, Fax. 0 67 44 / 16 13

Hotel & Restaurant „Zum Turm"

Harald Kutsche
Zollstraße 50, 56349 Kaub
Tel. 0 67 74 / 9 22 00, Fax. 0 67 74 / 92 20 11

Landgasthaus Blücher

Familie Fetz
56348 Dörscheid
Tel. 0 67 74 / 2 67, Fax. 0 67 74 / 82 19

Weinhaus „ALTES HAUS"

Inhaberin Irina Weber
55422 Bacharach
Tel. 0 67 43 / 12 09, Fax. 0 67 43 / 91 90 67

Weingut Ratzenberger

Blücherstraße 167, 55422 Bacharach-Steeg
Tel. 0 67 43 / 13 37 , Fax. 0 67 43 / 28 42

Johann Lafer's Stromburg

LE VAL D'OR, STROMBURG HOTEL, TURMSTUBE
55442 Stromberg
Tel. 0 67 24 / 9 31 00, Fax. 0 67 24 / 93 10 90

Johann Lafer's

TABLE D'OR, FORUM FÜR KOCHKULTUR UND LEBENSART
Hauptstraße 3, 55442 Stromberg
Tel. 0 67 07 / 9 49 50, Fax. 0 67 07 / 94 95 45

Krone Assmannshausen, Historischer Gasthof

Küchenchef Willi Mittler
Rheinuferstr. 10, 65385 Rüdesheim-Assmannshausen
Tel. 0 67 22 / 40 30, Fax. 0 67 22 / 30 49

Hotel Jagdschloss Niederwald, Restaurant Café Rheinblick

Familie Richard Müller
Auf dem Niederwald, 65385 Rüdesheim am Rhein
Tel. 0 67 22 / 7 10 60, Fax. 0 67 22 / 7 10 66 66

Breuer's Rüdesheimer Schloss

Hotel: Steingasse 10, Restaurant: Drosselgasse
65385 Rüdesheim am Rhein
Tel. 0 67 22 / 9 05 00, Fax. 0 67 22 / 4 79 60

Hotel-Restaurant Kronen-Schlösschen

Patrik Kimpel
Rheinallee, 65347 Eltville-Hattenheim
Tel. 0 67 23 / 6 40, Fax. 0 67 23 / 76 63

Hotel-Weinhaus „Zum Krug"

Josef Laufer
Hauptstraße 34, 65347 Eltville (Hattenheim)
Tel. 0 67 23 / 9 96 80, Fax. 0 67 23 / 99 68 25

Die Adler Wirtschaft

Franz Keller
Hauptstraße 31, 65347 Eltville (Hattenheim)
Tel. 0 67 23 / 79 82, Fax. 0 67 23 / 8 78 67

Hotel Schloss Reinhartshausen

Hauptstraße 43, 65346 Eltville-Erbach
Tel. 0 61 23 / 67 60, Fax. 0 61 23 / 67 64 00

Restaurant Marcobrunn
Chantal & Alfred Friedrich
Hotel Schloss Reinhartshausen
65346 Eltville-Erbach
Tel. 0 61 23 / 67 64 32, Fax. 0 61 23 / 67 64 30

Restaurant Pan zu Erbach
Angelika und Reinhold Heckl
Erbacher Straße 44, 65346 Eltville- Erbach
Tel. 0 61 23 / 6 35 38

**Kloster Eberbach,
Hotel und Klosterschänke**
Familie Marschollek
65346 Eltville
Tel. 0 61 23 / 9 23 00, Fax. 0 61 23 / 92 30 90

ENTE im Hotel Nassauer Hof
Küchenchef Gerd M. Eis
Kaiser-Friedrich-Platz 3-4, 65183 Wiesbaden
Tel. 06 11 /13 36 66, Fax. 06 11 /13 36 83

Haus Schönborn der Grafen von Schönborn-Wiesentheid
Restaurant, Wein und Kunst
Arne Krüger
Aichgasse 3, 65239 Hochheim
Tel. 0 61 46 /40 75, Fax. 0 61 46 /29 76

Restaurant Brasserie im Hilton Mainz
Küchenchef Dirk Maus
Rheinstraße 68, 55116 Mainz
Tel. 0 61 31 /24 51 29, Fax. 0 61 31 /24 55 89

Gebert's Weinstuben
Familie Gebert
Frauenlobstraße 94, 55118 Mainz
Tel. 0 61 31 / 61 16 19, Fax. 0 61 31 / 61 16 62

Biografische Notizen

Renate Kissel ist Spezialistin für Ernährungsfragen, Köchin, Hotelfachfrau sowie Koch- und Reisebuchautorin, Mitglied der Gastronomischen Akademie Deutschlands und der Köchevereinigung Eurotoques.
Sie hat bei renommierten internationalen Köchen Erfahrungen gesammelt, die ihre erfolgreichen Bücher bereichert haben. Für ihre Arbeiten erhielt sie mehrere Auszeichnungen. Renate Kissel lebt und arbeitet in Koblenz.

Ulrich Triep, aufgewachsen in Düsseldorf und Berlin, arbeitete nach seinem Abschluss zum Dipl. Ingenieur als Verkaufsleiter für ein international orientiertes Unternehmen. Seine Leidenschaft gilt der Fliegerei, dem Segel- und Motorfliegen, dem Fall- und Gleitschirmspringen.
Zahlreiche berufliche und private Reisen beflügelten sein Interesse auch an Landschaft, Natur, Kultur und Geschichte der Länder. Seit einigen Jahren als freier Autor tätig, verarbeitet er seine Reiseerlebnisse literarisch. Ulrich Triep lebt und arbeitet in Koblenz.

Andreas Bruchhäuser, geboren 1962, studierte 1981 bis 1987 an den Kunstakademien in Frankfurt (Städelschule) und Düsseldorf.
„... In der Tradition der Freilichtmalerei spürt er mit seinen Landschaftsbildern der Inneren Schönheit der Natur nach, lässt die durch Licht erzeugten Naturräume auf sich wirken. Dabei geht er über das mehr äußerliche Erfassen verschiedener Lichtreflexe, wie es die Impressionisten zum Ziel hatten, weit hinaus ..." (Dr. Ulrike Fuchs, Kunsthistorikerin. In: Der Kunsthandel 1999)
Der in Koblenz lebende Künstler wurde 1996 in das Allgemeine Kunstlexikon „Saur" als Bestätigung seiner künstlerischen Ausdruckskraft aufgenommen.

Rezept-Register

Soweit in den Rezepten nichts anderes vermerkt ist, sind die Zutaten für vier Personen berechnet.

Die in den Rezepten angegebenen Koch- und Backzeiten können erfahrungsgemäß nur Anhaltswerte darstellen. Ich habe festgestellt, dass die Garzeiten sehr unterschiedlich sein können. Ganz abgesehen davon, dass Backöfen mit Umluft kürzere Zeiten benötigen und außerdem die Temperatur um 20 – 30° C niedriger eingestellt werden sollte. Am besten sei angeraten, gegen Ende der Garzeit eine Probe zu machen. Die Koch- oder Backdauer wird auch beeinflusst durch die Wahl des Geschirrs.

© Bouvier Verlag Bonn 2001.

Printed in Germany

Gestaltung:
ARTCOM, Königswinter, Ruth Jungbluth

Lithografie:
ARTCOM, Königswinter, Petra Hammermann

Druck und Einband:
Koelblin-Fortuna-Druck, Baden-Baden.

Die Rezepte und Vorschläge wurden von den Autoren und dem Verlag sorgfältig geprüft, jedoch kann eine Garantie
nicht übernommen werden. Eine Haftung des Verlags, seiner Beauftragten oder der Autoren für etwaige Personen-,
Sach- oder Vermögensschäden ist ausgeschlossen.

Zu Gast am romantischen Rhein : eine kulinarische Entdeckungsreise von Bonn bis Mainz / Renate Kissel/Ulrich Triep.
Ill.: Andreas Bruchhäuser. – Bonn : Bouvier, 2001

ISBN 3-416-02968-2